中国传统政治文化书系

主　编　齐　涛
副主编　蒋海升　谢　天

中国传统大一统文化

袁忠东　著

泰山出版社·济南·

图书在版编目（CIP）数据

中国传统大一统文化 / 袁忠东著；齐涛主编；蒋海升，谢天副主编. -- 济南：泰山出版社，2023.12
ISBN 978-7-5519-0685-2

Ⅰ.①中… Ⅱ.①袁…②齐…③蒋…④谢… Ⅲ.①国家统一—政治思想史—研究—中国—古代 Ⅳ.①D092.2

中国版本图书馆CIP数据核字（2021）第242666号

ZHONGGUO CHUANTONG DA YITONG WENHUA
中国传统大一统文化

策　　划	胡　威
主　　编	齐　涛
副 主 编	蒋海升　谢　天
著　　者	袁忠东
责任编辑	徐甲第
装帧设计	路渊源

出版发行　泰山出版社
　　　　　社　　址　济南市泺源大街2号　邮编　250014
　　　　　电　　话　综 合 部（0531）82023579　82022566
　　　　　　　　　　出版业务部（0531）82025510　82020455
　　　　　网　　址　www.tscbs.com
　　　　　电子信箱　tscbs@sohu.com
印　　刷　山东华立印务有限公司
成品尺寸　165 mm×240 mm　16开
印　　张　15.75
字　　数　280千字
版　　次　2023年12月第1版
印　　次　2023年12月第1次印刷
标准书号　ISBN 978-7-5519-0685-2
定　　价　69.00元

总序

政治文化是基于政治制度和政治行为而形成的政治思想、政治观念与价值取向。它既是对政治制度和政治行为的抽象，又是社会文化中的客观实在，对政治制度与政治行为产生着重要影响。中国传统政治文化则是对中国传统政治制度和政治行为的抽象，具有丰富而深刻的内涵，影响着中国传统政治的构建，也影响着近代以来中国政治道路的选择。

相当长的一个时期以来，我们对传统政治文化没有给予应有的关注，更没有给予客观的评价。多数情况下，我们将其视为封建专制主义的糟粕，将其贴上落后、保守甚至反动的标签，其中一个重要原因是受西方学术范畴与话语体系的影响。

早在启蒙运动时代，一些著名的欧洲启蒙思想家便借中国古代政治之例抨击欧洲封建专制主义。孟德斯鸠在《论法的精神》中认为，历史上存在过三种政体，即共和政体、君主政体与专制政体：共和政体是全体人民或仅仅一部分人民握有最高权力的政体；君主政体由单独一个人执政，不过遵照已确立且被固定了的法律执政；专制政体既无法律又无规章，由单独一个人按照一己的意志与反复无常的性情领导一切。他认为，中国古代就是专制政体，在这种政体下，人的命运和牲畜一样，就是本能服从与接受惩罚，即使西方的暴君统治也强过东方的专制统治。

冷战时期，有的学者基于强烈的意识形态偏见，不遗余力地揭示东方专制主义的"罪恶"，其中最具代表性的就是美国历史学家魏特夫的《东方专制主义：对于极权力量的比较研究》一书。该书认为：东方国家的治水导致了专制政体与东方专制主义，"由此产生的权力是一种极权力量。在这样的治水社会中，政治上是君主暴政，经济上消灭土地私有制，文化上是奴性状态。生活在这种治水社会中的民众必然屈从于中央集权，处在全面恐怖之中，最终陷入全面的孤独"[1]。当然，也有许多严肃的西方学者从不同角度探讨和研究中国传统政治文化，但往往不得要领，比如，近代政治学的代表性学者马克斯·韦伯曾着力于中国古代政治研究，并认定中国古代政治体制是家产官僚制。所谓家产官僚制，就是以家产制国家为基础，家产制与官僚制相结合的政治体制。马克斯·韦伯认为："当君侯以一种人身的强制，而非领主式的支配，扩展其政治权力于其家产制之外的地域与人民，然而其权力的行使仍依循家权力的行使方式时，我们即称之为家产制国家。"[2]当家产制国家继续扩大时，必然要借助于官僚制度，国家愈大，对官僚制度的依存就愈是绝对。马克斯·韦伯在《儒教与道教》一书中提到，自秦王朝开始，各王朝都是"家产官僚制"，在这一体制下，君主将国家政权作为私人权力与私人家产，置于其官僚制行政的管理之下。这一体制下的官僚不同于近代官僚，他们更像是君主的家臣与"包税人"，他们必须与君主建立人身依附关系，获准在其任职范围内充分的收益权，他们可以将其行政区内所得的收入作为俸禄，事实上

---

[1] 金寿福：《东方专制主义理论是冷战产物》，《历史评论》2020年第2期。

[2] 马克斯·韦伯：《韦伯作品集Ⅲ：支配社会学》，康乐、简惠美译，广西师范大学出版社，2004，第103页。

与其私人收入并无区别。

对于孟德斯鸠出于工具目的对东方专制主义的批判可以另当别论，但其影响力不容忽视；对于魏特夫等人的观点，学界虽进行了较为充分的讨论，但并非从根本上解决了相关理论问题；对于为数颇多的严肃学者所进行的相关研究，国内学术界也进行了积极的回应与讨论，但对中国传统政治文化研究长期未见全面深入的突破，并未构建起完整的、客观的研究体系。究其原因，在于分析工具的选择。西方学者所使用的学术范畴与话语体系，都是在对西方文明的发展研究基础上形成的，他们往往以之为标准来评判中国传统政治文化。马克斯·韦伯这位严肃的学者，尽管注意到了中国传统社会种种内在逻辑与独特存在，但仍不愿放弃其既有的范畴，而是以家产制与官僚制这两个既有范畴打造出"家产官僚制"之履，削足适履，将中国传统政治塞入其中。国内学术界与西方学术界关于中国传统政治文化的对话、对中国传统政治文化的研究，也多是借用舶来的西方政治学的理论与范畴，难免力不从心，甚至还可能带来更严重的后果。中国台湾学者林端在21世纪初不无忧虑地认为，马克斯·韦伯对中国传统政治与法律存在诸多误解，"如果这些误解不断存续下去，甚至中国人的世界也越来越接受这种误解的说法，会是很可怕的事情，到最后中国人自己不了解中国文化的特征，却顺着西方人的眼睛来看自己的中国，看自己的文化"[1]。在以往的学术讨论中，我们总是说西方人戴着有色眼镜看中国问题，实际上，最大的问题在于我们自己也戴着西式有色眼镜看自己的问题。所以，我们的当务之急是摘下这副眼镜。

摘下西式有色眼镜，我们会发现，在人类政治文明进程中，并

---

[1] 尤陈俊：《中国传统法律文化的重新解读与韦伯旧论的颠覆——〈韦伯论中国传统法律：韦伯比较社会学的批判〉评介》，《法制与社会发展》2006年第2期。

不存在唯一正确的普世的政治思想、政治观念与价值取向。习近平主席在2021年世界经济论坛"达沃斯议程"对话会上的特别致辞中指出:"世界上没有两片完全相同的树叶,也没有完全相同的历史文化和社会制度。各国历史文化和社会制度各有千秋,没有高低优劣之分,关键在于是否符合本国国情,能否获得人民拥护和支持,能否带来政治稳定、社会进步、民生改善,能否为人类进步事业作出贡献。各国历史文化和社会制度差异自古就存在,是人类文明的内在属性。没有多样性,就没有人类文明。多样性是客观现实,将长期存在。"[1]习近平总书记在中共十九届四中全会第二次全体会议上的讲话中还指出:"一个国家选择什么样的国家制度和国家治理体系,是由这个国家的历史文化、社会性质、经济发展水平决定的。"[2]

西方近代政治文明就不是资本主义时代的专利,而是在欧洲独有的历史文化基础上产生的,如美国学者拉塞尔·柯克所说:"(美国)秩序的根基可蜿蜒曲折地追溯到希伯来人对上帝之下的有目的的道德生活的认知。它们涵括了古希腊人在哲学和政治上的自我意识;罗马人的法治与社会组织经验涵育了这些根基;它们与基督教对人之责任、希望和救赎的理解盘根错节地交织在一起;它们从中世纪的习俗、学问和英勇精神中吸取生命的养料;它们紧紧地抓住16世纪酝酿的宗教情绪;它们源自英格兰千辛万苦争来的法律之下的自由;殖民时期美国一百五十年的共同体经验强化了这些根基;它们得益于18世纪的辩论;它们借着《独立宣言》和美国宪法崭露峥嵘;它们经过美国内战的严酷考验后又全面恢复生机。"[3]

---

[1] 习近平:《让多边主义的火炬照亮人类前行之路——在世界经济论坛"达沃斯议程"对话会上的特别致辞》,《人民日报》2021年1月26日第2版。

[2] 习近平:《习近平谈治国理政》(第三卷),外文出版社,2020,第119页。

[3] 拉塞尔·柯克:《美国秩序的根基》,张大军译,江苏凤凰文艺出版社,2018,第474页。

同样，中国现代政治文明也是在中国独有的社会土壤中生长起来的，其中，传统政治文化是十分重要的组成部分，如习近平总书记所指出的："像这样的思想和理念，不论过去还是现在，都有其鲜明的民族特色，都有其永不褪色的时代价值。这些思想和理念，既随着时间推移和时代变迁而不断与时俱进，又有其自身的连续性和稳定性。"①

因而，对中国传统政治文化的发掘与构建不仅可以让我们认识过去的中国，更可以助益于当代中国政治文明的发展，助益于建设中国特色社会主义制度和国家治理体系的进程。我们必须摘下西式有色眼镜去看中国自己独特的政治制度与政治行为，去把握与构建中国人自己的传统政治文化。

摘下西式有色眼镜，我们可以发现，在五千多年中华文明发展进程中，我们创造了独具风格的传统国体，"天下"与"社稷"是基本的国家范畴。

中国早期政治家们坚定地认为，"天下"是他们政治作为的地理空间，也是国家政权覆盖的地理范围。从西周王朝的"普天之下，莫非王土；率土之滨，莫非王臣"，到孔子所秉持的"修身齐家治国平天下"，陈述的是同一政治表达。在这一政治框架中，"国"只是政权存在，无论是万国时代，还是西周各诸侯国都是如此。天子是天下的最高统治者，是各国的宗主，具有至高无上的地位。对于远近不同、关系不同的各国政权，均认定为同一天下，分为五服，设定不同的责任与义务，以德怀远、万国来朝是最为理想的天下治理状态。在秦汉统一王朝时代，虽然诸侯之国消失，但天下观并未改变，历代王朝仍认定自身为天下宗主，以天下为己任。

在这一政治框架中，正统与正朔成为非常重要的政治符号，统

---

① 习近平：《习近平谈治国理政》（第一卷），外文出版社，2014，第171页。

治者都认定自己是天下正统所在,而正统的标志就是奉其正朔。正朔是历法,使用其颁行的历法,就是奉其正朔,认可其正统地位。因而,对于天下各政权,历代王朝或有征讨,但并无掠夺,只要称臣纳贡,奉其正朔,便可换来封名,获得应有的保护。

在这一政治框架下,统一的王朝是历史发展的基本形态,每一个分裂时代都是被动的,分裂时代的任何一个王朝无不以正统自居,都想让其他王朝奉其正朔,都不肯偏安一方。海内为一的大一统是每个王朝共同的追求。

中国早期政治家们还敏锐地将天下细分为社稷、民、君三个组成部分。在《孟子·尽心下》中,孟子旗帜鲜明地认为:"民为贵,社稷次之,君为轻。"这一论述的意义不仅仅是认识到了民众在社会历史中的地位,更是将社稷与君分离开来,以君主为代表的统治者只是社稷的管理者,并非社稷本身,这成为中国古代最为重要的政治传统。齐宣王曾问孟子,商汤推翻夏桀、周文王讨伐商纣王,是否真有此事?孟子说有。齐宣王又问,臣弑其君可否?孟子的回答是,凡背弃仁义、残害百姓者,就是独夫民贼,人人可诛之。可以说,"民惟邦本"的政治理念在中国古代深入人心。唐太宗曾把君主与百姓的关系比之为舟与水的关系,说"水可载舟,亦可覆舟",这也是认可君权并非神圣不可转移。因而,当统治者不足以维持其统治时,总是被农民起义拉下马来,实现改朝换代。

必须指出的是,在一次又一次的历史更替中,天下未变,文化人伦未变,天下之民及其共同的精神追求与心理取向未变,社稷也未变。所谓王朝的周期更替只是政权变动,而非国家变动。五千多年的中华文明从未中断,赓续至今。

摘下西式有色眼镜,我们还会发现中国传统政体的明显特性,可以看到中国古代政治文明之路是一条不同于西方社会的文明之路,它有着集权一统的行政体制、充分发育的政府职能和平等开放的社会结构。

就传统行政体制而言，韩非为秦始皇设计了"事在四方，要在中央。圣人执要，四方来效"①的行政体制总则。这里所说的"圣人"就是君主。中央对于地方，"如身之使臂，臂之使指，莫不制从"②，指挥自如；君主对于全国，则是"天下之事无小大皆决于上"③。此总则通行于整个中国古代社会，各王朝自上而下设置层层相属的地方行政机构，又设置了分工明确、职责清晰的职能部门，确保各地权力集于中央王朝，中央王朝权力集于君主。

在这样一种体制下，基本不存在独立的政治实体。古代中国没有西方中世纪相对独立的自治城市，王朝的体系一直延伸到城市里坊；也没有西方中世纪自行其是的封建领主和自治村庄，王朝的体系也囊括了所有村落；更没有西方中世纪宗教的威权，各种宗教都在王朝行政体系的管理之中。还必须说明的是，中国古代各王朝均非所谓"家产制"国家，皇室财产与王朝财产始终有清晰的界限，君主私人财务与社会公共财政也并未合一。

就传统政府职能而言，"父母官"可以说是对传统政府职能的最好概括，王朝政府几乎是唯一的主体。中国古代各级政府是实施社会管理的全能的一元化政府，从中央到地方，有着构造齐全、涵盖几乎所有事务的机构与管理者。无论是国计民生，还是司法、治安、民政以及宗教、教化等，都在各级政府的一元化管理体系之中。如经济事务的管理，从农业到工商业，无一遗漏。中央王朝既有大农令、大农丞、劝农使，又有均输官、平准官，还有工部、户部、少府等。县一级则有工曹、户曹、市曹等，连县城中的市场也用市令与均平令进行市场秩序与物价管理。社会精神文化生活也是在一元化的管理下，倡导什么礼俗，尊崇什么宗教，甚至于表彰

---

① 高华平、王齐洲、张三夕译注：《韩非子》，中华书局，2010，第59页。
② 班固：《汉书》，中华书局，1962，第2237页。
③ 司马迁：《史记》，中华书局，1959，第258页。

孝子烈妇、调和邻里之争，都在政府的统辖之下，可以说是事无巨细，无所不包，尤其是基层地方政府，几乎就是一地之大家长。

在这样一种体制下，没有行政权力之外的权力存在，没有类似西方中世纪的各种社会中间组织分割其事权，也没有西方中世纪那样的各式法庭分割其司法裁判权，更没有西方中世纪的议会分割其税收或其他社会权力。中国古代社会存在着宗族与其他各色民间组织，但都不具有较为完整的权力，只是在行政权力的认可或赋予下，拥有一定的社会权力，是行政权力的补充或延伸。

就传统社会结构而言，中国古代社会的最大特点就是"编户齐民"制度，其实质是相对平等、开放的社会角色体系。中国古代社会存在着明显的角色差异、社会地位差异，但没有严格的社会鸿沟，不同角色的人们拥有一个共同的身份，即编户齐民，所有人户都在政府的编制管理之中，都可能实现社会角色的转换。

在这样一种体制下，中国古代的农民有可能转而为官或是经商，"朝为布衣，暮为卿相"并非个例；而西方却是严格的身份世袭制，中世纪的农民没有此通道。中国古代的"士"是文化的掌握者与传承者，也是社会流动的中转站；西方中世纪的文化都垄断在教会之手，直接制约了社会的活性。中国古代社会实行家产继承的诸子均分制，每一个子嗣都可以均等地继承家业，保障了社会结构的稳定；西方中世纪则是长子继承制，大量余子与骑士的沉淀成为其社会结构的一个顽疾。

摘下西式有色眼镜，我们又会发现，中国传统治理体系也独具风格，难以用现有政治范畴进行诠释，无论是中国传统政治治理体系、经济治理体系，还是文化治理体系，都是如此。

就中国传统政治治理体系而言，现有的民主、法治、专制等范畴都难以表达中国传统政治治理体系的本来。如，中国古代政治是民主政治吗？当然不是。是专制政治吗？也不全是。中国古代有君主专制，但君主的权力往往受到制约，实际是有限君权，最为典型的是唐朝的三省六部制，从诏令的起草、复核到执行，都有庞大的官僚部门负责，彼此制约。而且，还有较为完整的朝堂议事制度、监察制度、谏议制度，朝堂之上，并非君主一言九鼎。另外，中国古代王朝均有十分完整庞大的法律体系，从民事、刑事到社会事务、行政运转都有详尽规定，依法行政的色彩十分明显，但又难以认定这就是法治社会，因为从君主到各级地方官员，他们在各种事务中的自由裁量权还是比较突出的。这就是中国传统政治治理体系的实际：既非民主，又非专制；既非法治，又非人治。

就中国传统经济治理体系而言，现有的国有化、私有化等范畴，也都难以准确表达传统经济治理体系。以土地制度为例，在中国古代相当长一个时期，土地一直没有明确的国有或私有的属性，虽然自秦王朝统一后，宣布"令黔首自实田"，似乎认可了农民的土地所有权，农民可以转让与买卖土地，但此后，各王朝仍不断进行土地的重新调整与分配：从西汉的授田制、王莽的王田制，到西晋的占田制、北朝与隋唐的均田制，王朝政权总在不断地颁布诏令，保障农民的土地占有；直到明清时期，农民仍不具备西方私有权属意义上的完整的土地私有权。以工商政策为例，中国早期国家形成于三次社会大分工完成之前，使工商业在出现之初就打上了明显的国家印记。春秋战国以来，虽然允许私营工商业发展，但"工商食官"制度并未终结，官营工商业一直未退出历史舞台，而且还处在不断发展中，从而出现了官营工商业和私营工商业并存，官营工商业一直处于垄断与主导地位的格局，这一格局贯穿中国古代社会两千年。

就中国传统文化治理体系而言，现有的文化专制、思想自由等范畴同样无法诠释中国传统的文化治理体系。以思想自由定性中国传统文化治理显然荒谬，但是，以文化专制指认中国传统文化治理同样不妥。中国历代王朝都重视文教，推广教化，中国古典文化的繁荣世所公认。更为重要的是，中国古代社会没有出现西方中世纪宗教力量钳制思想的现象，人们拥有较为宽松的信仰选择，除了以祭天为核心的垄断性信仰外，并无多少禁区。

中国传统政治的上述特性，当然是在中国长期稳定的农耕文明土壤中形成的，其中最根本的一点就是中国古代政治文明独特的发生与发展道路。中华文明有着独特的发生途径与成长历程，传统中的胎记遗存清晰可辨。一万多年前，相当长的一个时期，由于受大理冰期的影响，全球性气温下降，冰川扩张，海平面大幅度降低，渤海、黄海、东海成为新的大陆，朝鲜半岛、日本列岛以及台澎诸岛都与东亚大陆连为一体。在这方新的土地上，我们的先民们拥有了更为广阔的生存空间，自北向南，依次活动着渔猎采集群落、初始农耕群落、高级采集狩猎群落。我们上古传说中的尧、舜、禹、共工、三苗、蚩尤等，都生存于其中。而当时的旧大陆，尤其是北部大陆，由于严寒与干旱，冻土带南移，人口较为稀少。大约一万年前，随着大理冰期的结束，全球性气温转暖，冰川融化，暴雨成灾，海水上涨，接踵而至的洪水淹没了新大陆，也湮没了新大陆上的所有文明。人们的生存空间大大缩小，幸存的群落与群落间发生了旷日持久的冲突，尧、舜、禹与共工、三苗的战争都在此列。[①]

在中华文明的发生史上，存在着一个一直没能解决的问题，那就是早期文明的源头究竟在何处？现在看来，答案应当有了，即这一时期的洪水与战争是中国早期文明的源头。在治洪、御洪的过程中，尧舜禹集团内部开始萌生社会分工、公共权力以及刑罚，尧舜禹的禅代、鲧的放逐以及四岳的存在，都为我们透露出了这样的信息。更为重要的是，洪水进逼所引起的大规模的群体战争同样在促成权力与统治的萌生。《吕氏春秋·荡兵》曾言："人曰'蚩尤作兵'，蚩尤非作兵也，利其械矣。未有蚩尤之时，民固剥林木以战矣，胜者为长。长则犹不足治之，故立君。君又不足以治之，

[①] 齐涛主编：《世界史纲·绪论》，泰山出版社，2012，第1~7页。

故立天子。天子之立也出于君，君之立也出于长，长之立也出于争。""立长""立君""立天子"，实际上是国家形成三阶段的写照。尧、舜、禹与共工、三苗的战争，标志着"立长"阶段的开始，也意味着中国早期文明的滥觞。

中国早期文明萌生后所面临的主要压力仍是群体间的冲突与对抗。随着生产的进步、人口的膨胀，这种对抗愈演愈烈。群体内部的组织体系也开始完备。这种组织体系的完备首先是在聚落中实现的，尔后又逐渐延伸，进而形成了早期方国，其时间大约在五六千年前，这也就是古史上所谓的"万邦时代"。随着方国间对抗与联系的逐步加强，方国共同体开始出现，夏王朝的建立标志着更大范围方国共同体的出现，也标志着大一统王朝的萌生。此时的方国共同体并非方国联盟，而是诸方国对方国共同体的主导者的服从与认可；而作为方国共同体主导者的夏，对其他方国也并非征服与掠夺，而是视为同类，致力于人文教化的一统。商之代夏、周之代商，只是一个主导者对另一个主导者的取代，人文教化一统的方国共同体并未改变。在此基础上建立的国家政权已带有浓重的统一国家色彩。经过春秋战国的历史整合，至秦王朝建立，大一统的中央集权王朝已经形成，西方近代意义上的国家已经出现在两千多年前的中国，大一统传统由来已久，根深蒂固。

由于中华文明的萌生缘于冰后期群体间的对抗，其萌生之时，私有财产和贫富分化尚未出现，私有制与阶级也未产生，三次社会大分工更没有展开，氏族血缘组织还未被地缘组织所取代，因此这些历史任务都是由先行出现的国家政权渐次完成的。这一过程，必然要打上国家的烙印。国家政权对社会的控制与管理是全方位的，国家政权之外的其他力量难以生成。

与文明发生的途径相联系，国家产生之时，没有明显的阶级对立和阶级差别，没有内部奴隶，各成员之间的差别更多的是社会分工与角色的不同，社会成员都有一定的参政、议政权利。直到西周春秋时代，实行的仍是国人内部民主制，遇有重大事务，国君往往要与国人相商，甚至与之盟誓。国人废黜国君，另立新君之事也曾发生。战国以来，君权强化，君主专制体制不断发展，但民主制的基因并未中断，社会成员的平等性在一定程度上得以延续。

与文明发生的途径相联系，中国早期社会组织不是以地缘关系代替血缘组织，而是对血缘组织的确认与强化。家庭与家族是基本的社会组织，无论是群落，还是方国、方国联盟以及后代的夏、商、周，其组织结构基础都是家族。在此基础上，国家作为宗法血缘关系下的父家长制大家庭放大后的产物，必然会带来内部的集权化倾向，带来全能的政府职能；群体内部的纽带是血缘关系，又为父家长式的专制奠定了基础。

与文明发生的途径相联系，中国古代的三次社会大分工一直没有完整实现。西周及其以前的时代，土地为宗族所有，实行的是以家族为单位的大田集体劳动，家畜饲养与农业生产是在同一个劳动单位内完成的，纺织和陶器制作等手工业生产也是如此。家族之间和全社会所需的手工业商业活动则由王朝政府承担，此即商周王朝的工商食官制度。在此基础上，形成了独特的土地制度与官营工商制度。

与文明发生的途径相联系，中国早期政治是人文政治，而不是神祇政治，祭祀僧侣集团在中国政治上一直没有取得过主导地位。在文明的萌生中，中国也与西方世界一样，有祭祀与专职的祭祀人员，有通天人之际的"若木"与神山。从红山文化的祭坛到三星堆的神杖，从种种的民间神祇传说到遍布南北的新石器时代的岩画，我们都能感受到神仙世界对世俗世界的影响。但在中国社会，神职人员一直没有成为独立的政治集团，神职首领往往是世俗首领兼而领之，这种情况下的祭祀集团只能是政治的附庸。与之相对应，在中国传统政治生活中，一方面是世俗首领垄断了天人之际的通道，"天之子""予一人"以至后世的封禅大典，充分体现了这种垄断；另一方面，人文与人伦成为基本的价值取向，从周公旦的"敬天保民"，到孔夫子的人文教化，反映的都是这一精神。因而，中国古代社会未曾出现欧洲中世纪宗教的桎梏与束缚，而是成就了中国古代社会的人文繁盛与相对宽松的信仰世界。

从上述内容我们可以清楚看到，中华文明的发生与西方迥异。西方文明的发生，走的是一条符合传统理论的基本道路，即在原始社会的后期，随着生产的进步，有了剩余产品与剩余劳动，又有了私有财产与私有观念，在此基础上，形成了贫富分化与阶级对立，国家机器在阶级对立的基础上应运而生，代表统治阶级的利益，实行阶级统治与阶级压迫。与之同时，原始的氏族血缘关系被打破，以地缘关系编制、管理其国民成为国家形成的重要标志。自国家出现到希腊罗马时代，欧洲社会完成了其政治基础的奠基与政治制度的完善，基于个人权利至上的公民权与财产私有权成为其社会的两大基点，城邦民主政治与自由文化精神构成了欧洲政治文明的基本框架。此后，虽然经历了中世纪的黑暗，但这一基础并未被完全摧毁，在许多方面仍以种种不同的方式在继承与发展，尤其在城乡二元结构下，城市文明崛起，为欧洲社会提供了另一个版本的治理体系。至文艺复兴，则在新的历史时期实现了对希腊罗马文化的融合与创造力的迸发。随着资本主义运动的进展，近代国家、近代法律、近代思想文化以及近代国际秩序逐步形成，从而完成了欧洲文明的构建。

中华文明的发生与欧洲社会已大不同，发生之后，中华文明仍旧沿着自己的基点行进。近百年来，不断有学者将中国的历史进程与欧洲的历史进程相比附，得出了种种结论。就历史的客观性而言，两者虽不乏相似之处，但仍是不同道路上的行进者。如中国春秋战国时期的变革与希腊、罗马的变革实际是同工异曲，中国的秦汉帝国与罗马帝国的强盛也并非一事，中国的封建社会也不能等同于欧洲的中世纪社会等，特别是春秋战国这一特定历史变革时期所造就的中华文明的框架，更是上承远古以来中华文明的发生，下启两千年中华文明的发展，有着独特的内涵与意义。

中国传统政治的特性已述于上，如何总结、提炼由中国传统政治制度与治理体系所凝聚的思想与文化，是这套书系的任务所在，如习近平总书记所指出的：

> 在几千年的历史演进中，中华民族创造了灿烂的古代文明，形成了关于国家制度和国家治理的丰富思想，包括大道之行、天下为公的大同理想，六合同风、四海一家的大一统传统，德主刑辅、以德化人的德治主张，民贵君轻、政在养民的民本思想，等贵贱均贫富、损有余补不足的平等观念，法不阿贵、绳不挠曲的正义追求，孝悌忠信、礼义廉耻的道德操守，任人唯贤、选贤与能的用人标准，周虽旧邦、其命维新的改革精神，亲仁善邻、协和万邦的外交之道，以和为贵、好战必亡的和平理念，等等。这些思想中的精华是中华优秀传统文化的重要组成部分，也是中华民族精神的重要内容。马克思主义传入中国后，科学社会主义的主张受到中国人民热烈欢迎，并最终扎根中国大地、开花结果，决不是偶然的，而是同我国传承了几千年的优秀历史文化和广大人民日用而不觉的价值观念融通的。①

这套"中国传统政治文化书系"就是以习近平总书记所指出的中华民族在几千年历史演进中所形成的关于国家制度和国家治理的丰富思想为纲，从不同方面对习近平总书记所提炼的中国传统政治文化进行阐释。我们要表达的不是政治史，也不是制度史，而是政治史与制度史中所蕴含的文化精神。这种精神通过政治事件、政治制度和政治

---

① 习近平：《习近平谈治国理政》（第三卷），外文出版社，2020，第119～120页。

人物来体现。也可以认为这是一个另类的政治史,是围绕问题说话的政治史。

　　为便于更多读者阅读,我们未把这套书系打造成晦涩难懂的理论著作;为保障其科学性与可靠性,也不想把它制作成迎合市场的通俗演义。而是采用"非史""非论"的叙述手法,既不是历史的,也不是理论的;既不是通俗的,也不是高大上的,力求以一种独特的模式,让人们从政治历史中感知传统政治文化精神之所在。在叙述中力避夸夸其谈,从概念到概念,力避事无巨细,面面俱到,而是画出三分,留白七分。用完整的叙事、画龙点睛的提炼,把传统政治文化的基点与内核告诉读者,读者自然可以领会其中的政治精神,构建自己心中的中国传统政治文化。

目录

绪　论 ⋯001

第一章　广域王权的兴起 ⋯014
　一、"满天星斗"与"互动圈" ⋯015
　二、"重瓣花朵"与"旋涡效应" ⋯024
　三、中国文化基因的形成 ⋯032

第二章　封建大一统 ⋯048
　一、与距离作战 ⋯049
　二、从共主到王天下 ⋯053
　三、向心与离心 ⋯066

第三章　周秦之变 ⋯076
　一、礼崩乐坏 ⋯076
　二、变法图强 ⋯080
　三、编户齐民 ⋯085
　四、百家争鸣 ⋯089
　五、华夏意识 ⋯102

第四章　建构与重构 ⋯110
一、两千年皆行秦汉之制 ⋯111
二、熔融再造 ⋯127
三、平民社会 ⋯132
四、大中国格局 ⋯139

第五章　深化与内卷 ⋯144
一、洪武模式 ⋯144
二、康乾盛世 ⋯161
三、大分流 ⋯174
四、没有发展的增长 ⋯185

第六章　转型与重建 ⋯194
一、踉跄而行 ⋯195
二、自主赶超 ⋯203

结　语 ⋯209
参考书目 ⋯219
后　记 ⋯229

绪论

"无需赘言,古文明的崩溃是古代史中最为突出的现象……"诺贝尔文学奖得主艾萨克·辛格在回望人类历史时发出这样的慨叹。

的确,不论是古埃及文明、两河文明、古印度河文明,还是古希腊罗马文明、犹太文明、波斯文明,都曾如烟花般灿烂,却又无不一一消散于历史的风尘之中,令人叹息。

只有中华文明是个例外。作为世界上唯一延续至今没有中断的文明,中华文明被汤因比称为人类历史上文明特征保留最完整的文明样本。

与世界上大多数文明只存在了一个历史周期相比,中华文明虽然总是出现周期性的动乱,却总能从崩溃中浴火重生,再建秩序。它是如此绵延漫长,无边无际,以至于基辛格也惊叹道:"在历史意识中,中国是一个只需复原,而无须创建的既有国家。"[1]它又是如此独特神秘、不可思议。不可思议不在于它作为一个政治共同体的古老,或独一无二的持续至今,而在于她居然会出现。[2]

但只有中国人才知道,几千年来中国经历了多少王朝的兴衰隆

---

[1] 基辛格:《论中国》,中信出版社,2015,第1页。
[2] 苏力:《大国宪制:历史中国的制度构成》,北京大学出版社,2018,第1页。

替，遭遇了多少外族的挑战，九死一生，命悬一线，但"中国独一无二的命运是，在其他古代文明消亡以后很久，中国的文明坚持了下来。这种坚持所包含的意义不是僵化，而是一系列的再生"①。它几经沉浮却又峰回路转，它是如此不同又如此无与伦比，无论是在观念上还是在体制上都与西方有着极大的不同，甚至超出了西方政治学政体类型学的范畴，超出了西方人的理解范围。以至于连研究中国几十年，深谙中国文化底蕴的国外头号"中国通"费正清都感叹："可以翻看一下世界地图。全欧洲和南北美洲住着十多亿人。而这十多亿人生活在大约50多个主权独立的国家，而十多亿中国人则生活在单单一个国家里。这个惊心动魄的事实，全世界中学生都是熟悉的，但是迄今为止几乎没有人对它的涵义做过分析。"②它与西方文化是如此不同，以至于很多学者认为中国并不是作为一个国家诞生的，而本质上是一种文明。既大且久，中国之外没有任何一个大型文明证明自己拥有这种再生能力。

是什么支撑着中华文明屡经合分聚散，勃忽兴亡，却总能延运续祚，重建再生？中华民族强大的生命力与罕见的文明韧性源自何处？中国文明运行与历史演变背后隐藏着什么样的深层密码与底层逻辑？

答案正是中国独具一格的大一统文化！它蕴含的治理智慧，让中国有了一种挑战时间的力量，成就了中华文明伟大的孤独。

从中华文明诞生起，华夏族对大一统就有一种"天然、终极性诉求"③。"一统和大一统思想，三千年来浸润着我国人民的思想感情，这是一种向心力，是一种回归的力量……它要求人们统一于

---

① 孔飞力：《中华帝国晚期的叛乱及其敌人》，中华书局，1990，第12页。
② 费正清：《伟大的中国革命1800—1985》，国际文化出版公司，1989，第10~11页。
③ 吴晓波：《历代经济变革得失》，浙江大学出版社，2013，第233页。

'华夏',统一于'中国'。"①毕生研究中国科技史的李约瑟认为中国文明的延续性是"智慧引导的胜利",根源"乃在于中国在公元前若干世纪里就已经发展出了一种中央集权的政治体制"②。中国现代化问题专家罗兹曼也深感:"消除分裂并建立起强大而整齐划一的中央政府,这是一种深深植根于中国历史传统之中的民心所向。""这种民心所向一旦成为现实,它就具备自身向前发展的原动力。"③

大一统体现了中国政治的特质,展现了有效治理超大规模、超级复杂、超大难度、超长时段共同体的智慧。正如学者钱穆评价的,"中国历史自有其与其他国家民族不同之特殊性,而最显见者却在政治上。……能创建优良的政治制度来完成其大一统之局面,且能维持此大一统之局面历数千年之久而不败。直到今天,我们得拥有这样一个广土众民的大国家,举世莫匹,这是中国历史之结晶品,是中国历史之无上成绩"④,言语间充满着温情与自豪。

千百年来,中华文明有过危难,有过溃败,但即使土地被占领,精神却不能被征服,中国反而"逐次转变而凝成一个和平的大一统的民族国家","此实使我国家民族能翘然特立于斯世"⑤。不仅"中国历史上的统一是它的一种文明"⑥,甚至"统一是一种宿命般、带有终极意义的中国文化"⑦。

从"宁为太平犬"的卑微期盼,到"天朝上国"虚骄的满足,

---

① 杨尚奎:《大一统与儒家思想》,北京出版社,2011,第1页。
② 李约瑟、黄仁宇:《中国社会的特质:一个技术层面的诠释》,载《现在中国的历程》,中华书局,2019,第1~2页。
③ 吉尔伯特·罗兹曼主编:《中国的现代化》,江苏人民出版社,2005,第404页。
④ 钱穆:《中国历史研究法》,生活·读书·新知三联书店,2001,第21页。
⑤ 钱穆:《中国史学发微》,岳麓书社,2020,第12页,第5页。
⑥ 魏斐德:《讲述中国历史》,岳麓书社,2022,第29页。
⑦ 吴晓波:《历代经济变革得失》,浙江大学出版社,2013,第4页。

"大一统"作为"刻画古今中国理想政治形态的核心符号和代码，远远超越制度维度的内涵，凝聚了中国人民和中华民族的政治智慧和政治共识，也是对于认同政治的终极指向，被普遍识别、认同和遵循"[①]。对中国人而言，这种高度的政治认同与独一无二的历史延续性形成了一种强烈的自我意识——中国意识，以至于赵汀阳断言，"中国就是中国人的信仰"[②]。

如果说，广袤的国土及庞大的人口是中国天然具有的超大体量的硬盘，那么大一统政治文化与制度则是运行良好的操作系统，它在固本培元的基础上不断对其他文化进行包容与吸收，让中国文化充满了强大的生命韧性与生机活力。可以说，大一统是中华文明最显要的文化特征和最重要的历史特质，是制约中国社会历史演进的内在逻辑，是中国独特发展道路的集中体现。

何为大一统

现在一般认为的大一统，主要包含三层含义：首先是主权和领土的完整统一，其次是指政治上一元化领导，最后是对社会、经济、文化方面统一管理。在精神层面，对大一统的理解中还蕴含着人们对理想的国家治理状态即良政善治的向往。

从字源上看，"大一统"始见于阐述《春秋》微言大义的《公羊传》。

《春秋》开篇第一句为："元年春，王正月。"《公羊传》对这句话的阐释是："元年者何？君之始年也。春者何？岁之始也。王者孰谓？谓文王也。曷为先言王而后言正月？王正月也。何言乎王正月？大一统也。"

[①] 常轶军：《"大一统"的现代性解码与当代中国政治认同建构》，《山西大学学报（哲学社会科学版）》2020年第4期。

[②] 赵汀洋：《没有答案 多种可能世界》，江苏凤凰文艺出版社，2020，第273~285页。

那这里的"大一统"又是什么意思呢？东汉学者何休是这样注解的：

> 统者，始也，揔系之辞。夫王者受命改制，布政施教于天下，自公侯至于庶人，自山川至于草木昆虫，莫不一一系于正月，故云政教之始。……政，莫大于正始。故《春秋》以元之气，正天之端；以天之端，正王之政；以王之政，正诸侯之即位；以诸侯之即位，正竟内之治。诸侯不上奉王之政，则不得即位，故先言正月，而后言即位。政不由王出，则不得为政，故先言王，而后言正月也。王者不承天以制号令，则无法，故先言春，而后言王。天不深正其元，则不能成其化，故先言元，而后言春。五者同日并见，相须成体，乃天人之大本，万物之所系，不可不察也。

唐代学者徐彦进一步对大一统注疏道：

> 所以书正月者，王者受命制正月以统天下，令万物无不一一奉之以为始，故言大一统也。①

可见，《公羊传》中所谓"大一统"的本义是推崇一个"政治端绪"。其中"大一统"的"大"，是"以之为大，以之为重"，有"尊崇"的意思；"大一统"中的"一"，不是相对于"分裂"而言的"统一"，而是全部、整个、归一的意思；"大一统"的"统"，是指奉周天子所定之历法为正朔，以周文王所制定的政教制度为纲纪，而非"统治"的意思。通俗一点的解释就是：周王受命于天，权威至高无上，天下皆为周天子的王土臣民；周天子建立

---

① 何休注，徐彦疏：《春秋公羊传注疏》，中华书局，1980，第11~12页。

政教纲纪秩序，各诸侯经由周天子授权，接受封地并代表周王对地方进行统治管理。周王统治天下的合法性源自天命，而各诸侯管理权的合法性来自周天子的分封授权。

"大一统"概念作为对周代王权统治的总结，其核心与精神实质是对统治正当性与合法性的强调，对天子的正统地位和道德基础的重视，以及对君主一元统治的维护。大一统思想不仅是治国理政的理念，还是一套系统的社会治理模式。

大一统思想命名于春秋战国时期，一批士人针对当时礼崩乐坏的情况，提出尊王思想，强调维护周天子的至尊地位，重建上下尊卑的政治秩序，严格遵循统纪纲常。

这些主张在当时那个各国竞相变法争霸，君王执迷于国富兵强的时代显得疏阔迂腐。及至汉武帝时代，公羊学家出于自身的政治目的，针对汉武帝的政治需求，对"大一统"进行系统阐发，形成了完整的政见治纲。董仲舒更是突出强调大一统是宇宙间的普遍法则，将其推崇到了"天地之常经，古今之通宜"的高度，昌言以儒家学说统一社会思想，得到了汉武帝赞同，形成了"罢黜百家，独尊儒术"的国策，确立了儒家思想的主导地位。

虽然此后的一千多年今文经派一直处于萧条的状态，甚至很多托古改制的思想被当做荒诞甚至别有用心之论，几乎淡出了历史舞台，但由于"大一统"思想突出强调"一统者，万物之统皆归于一也。……此言诸侯皆系统天子，不得自专也"[1]，高度契合了加强中央集权制度的时代要求，"大一统者，六合同风，九州共贯也"[2]。

大一统文化内涵丰富，道术兼备，既有深厚高远的天道、政道，又有完善健全的典章制度，更有丰富高妙的治法、治术。在大一统文化中，有统管六合、四海一家的天下观，有敬天保民、惟

---

[1] 班固：《汉书》，中华书局，1964，第2523页。
[2] 班固：《汉书》，中华书局，1964，第3063页。

德是辅的天命观，有事在四方、要在中央的集权观，有圣人执要、四方来效的夷夏观，有编户齐民、提调均输的治理观，还有外儒内法、融汇百家的思想一元观。甚至郡县制、科举制、均田制、里户制等一系列制度设计，也都包含在大一统文化之中，大一统文化本身就是一套完整、系统的古代国家治理体系。

大一统体现了中国政治的特点，展现了对超大规模、超级复杂、超大难度、超长时段共同体有效治理的智慧。

统一与分裂，关乎治与乱，是国家治理的基础，也是我国历史上王朝治理的首要问题。不论是秦灭六国还是三国归晋，国家统一是历代统治者不懈追求的目标，也是国家施政治理的前提。

其次，中央集权是古代国家治理的最基本理念和核心制度。事在四方，要在中央，防范君权旁落，抑制分裂割据是历代君主要做的头等大事。不论是郡县制代替封建制，还是将开衙设府的丞相变成军机处的秘书，地方服从中央，君王乾纲独断，中央集权君主专制两千年来走出不断强化的上弧线。

郡县治，天下安。周秦之变，分封变郡县，官僚制成为古代行政管理的基础。从荐举到科举，从上计到考课，"朝为田舍郎，暮登天子堂"，铁打的衙门流水的官，中国古代官僚制闪现的"现代性"让马克斯·韦伯与福山惊叹不已。

中央集权，国家统一，官僚体制代表的君道、政道与治道构成我国古代大一统治理体系的三大要素，其中君道是核心要素。正所谓"一则治，二则乱"，"自上古以来，天下亡国多矣，而君道不废者，天下之利也。故废其非君，而立其行君道者。君道何如？利而物利章"。[1]大一统的"大规模统一治理"的含义始终是中国传统政治的主导意识，并最终成为中华民族心理底层牢固的文化根基。[2]

---

[1] 吕不韦：《吕氏春秋》，中华书局，2011，第620页、第736页。
[2] 关于"大一统"含义流变问题，详见晁天义：《"大一统"含义流变的历史阐释》，《陕西师范大学学报（哲学社会科学版）》2021年第3期。

总之，"大一统"是对理想中的以中央为核心的国家秩序的高度概括，是中华文明的核心内容，贯穿于中华民族的发展历程，维系并形成了稳定的中国社会结构。几千年来，兴衰沉浮，政权迭替，大一统思想引导向心凝聚，促成了中华民族的形成与发展，促进了中国意识的认同与强化。可以说，对大一统中国的诉求根植于中国人的内心，形成了中华民族深层的文化心理结构，形塑了中国人的思维方式和行为方式，成为中华民族的文化基因，成为中华民族共同体意识的底蕴，并将继续影响着中国未来的文化创造与文明走势。

作为统合中国疆域、民族、政治、社会、文化的根基，大一统是修身、齐家、治国、平天下的根本遵循，是支撑中华文明存续发展的中国之轴。在完成文明传承这一历史重任的同时，大一统文化在现代化国家构建的道路中被重构和再造，维持了国家在向现代转型过程中的统一性、整体性与稳定性，提升了国家治理体系和治理能力的现代化水平，再造出一个适合现代国际竞争合作形势的新文明形态。

作为影响中国兴衰起伏的关键，大一统关乎国计民生，关乎稳定发展，关乎前途命运。恰如潘岳所总结的，"中华文明从未中断，根子在大一统。大一统是中国人的第一政治关切，是经无数次血的教训凝成的集体共识，任何外来理论都无法动摇。……只要是中国人，就得认中华文明；只要认中华文明，就得认大一统；只要认大一统，就必然会捍卫国土不可分、国家不可乱、民族不可散、文明不可断的政治底线"[①]。

为何大一统

大一统文化作为中华文明的基因密码与路径图，引导中国走出

[①] 潘岳：《传播中华文明 促进中西互鉴》，中国侨网，http://www.chinaqw.com/qwxs/2021/09-27/309202.shtml.

了一条独特的生存发展道路。面对挑战，中国不断维新变革，与时俱进，一直在变化之中，又有其自身的连续性和稳定性。与西方相比，中国文化是如此独特，特性如此鲜明，不禁引发众多的好奇与疑问：

中国为什么走了一条不同于西方的文明之路？大一统文化是在应对什么样的生存挑战中产生的？为什么在古代交通与信息极不发达的条件下，中国还能形成庞大的机构与稳定的政权？为什么中国会经历崩溃仍然不断重建，而不是像西方亚历山大帝国、罗马帝国那样只是昙花一现？

如果说大一统文化让中华文明延续几千年，为什么中华文明仍会出现周期性崩溃？大一统自身的生存机制存在什么样的内生问题并一再出现？兴衰轮回的内在原理与机制是什么？如何修补与重建大一统文化，重建的文化基因图谱是什么？

资本主义文明为什么没有在中国产生？到了近代，面对中西之变，中国的应对为何如此艰难？如果没有西方的冲击，大一统文化在周期性重建的螺旋式发展中能否转入现代化轨道？传统的创造性转化和创新性发展如何产生，又怎样进行？面对当下百年一遇之大变局，大一统文化在新文明创造中又将如何发展，会发挥什么作用？

要回答这些问题，就要从大一统的起源开始讲起。

大一统文化发轫于五千年前"满天星斗"诸般文化共生竞争导致的广土王权的兴起中，生长于天下共主政权（夏商周王朝）的维新革命中。它觉醒于商周之际，碰撞争鸣于春秋战国时代，最后按照法家思想制度化于秦政中，后经秦汉之变，反思调整定型于两汉时代，再经过魏晋南北朝、隋唐宋元等不同时期的熔融再造，进而定型于明清。以血缘认同、政治认同、文化认同为标志的大一统思想，在朝代的更迭中，政道愈益丰富，治道愈发完善，治术愈益成熟，渐成一整套治理理念与治理体系，为世界提供了有关国家治理的东方智慧与东方经验。

国家诞生于暴力与战争下,作为暴力的垄断者与秩序的维护者,代表权威与权力的首领,天然就有对一切权力垄断的诉求。而世界各地文明伊始形成的王国,其国王也大都集王权、军权与神权于一身。

与地中海东岸各个种族不断兴起、争斗不同,中华文明的舞台位居欧亚大陆东端相对独立的地理单元。由于独特的位置与资源条件,中华早期文明在天地人综合的互动、交融、争斗中,呈现出以中原地区为中心的旋涡效应和内聚式发展的路径。

在"满天星斗"(众多文明中心星罗棋布)向"重瓣花朵"(酋邦方国)乃至"一枝独秀"(中原广域王权)的文明演进中,大一统成为中国早期王朝形态的天然诉求与治理倾向,同时,天下之中的观念也相伴而生。

无论是疆域规模还是人口数量,中华文明自伊始就作为一个拥有广阔土地的巨族出现于世界历史的舞台之上,对版图和其上人民的整合治理难度远超世界上同时期的其他文明。对秩序与稳定的追求,引导中华文明形成了内聚发展、融合共生的文化特色。追求长治久安的政治文化始终被视为是中国文化的最高诉求。

随着国土国民的扩大、统治半径的增长,对国家的管理难度与治理成本也急剧加大。由于缺乏有效的通信监督方式,对土地的直接管理变为了天方夜谭。于是,从天下共主到武力压制再到宗法分封,分级代理式的间接治理制度不可避免。

为了既能维护周王的权威,又能对地方进行有效治理,融宗族血缘纽带(亲亲)与上下等级政治控制(尊尊)于一体的宗法体系——周礼应运而生。周礼体现了当时对王权的维护,是一种对血缘道德理想国的设计。周王室精心设计的"大一统"治理体制,刚柔相济,逆取而顺守,为周朝带来了八百年的国运。在交通及通信技术极不发达的古代,这种治理模式,能够实现对偌大复杂社会的整合和有效治理,并能长期延续发展,可谓是人类政治史上的奇迹。

但宗法封建制像一把双刃剑。"众建亲戚"虽可以"以蕃屏周",但随着血缘代际的亲情日薄和对现实利益的追求,地方诸侯逐渐与周天子离心离德。春秋战国时期的礼崩乐坏就源于周朝血缘道德王国的这种内在悖论。

兼并战争催生了对富国强兵的追求,加剧了国家建构的压力——唯有那些能够最大程度地动员、控制和管理国人,同时具有强大社会资源汲取能力的政权才能够"适者生存"。以战争决定生死存亡的逻辑,直接促进了以集权统一为导向的功利型文化向政治、经济和意识形态领域的扩展。不论是春秋时代的争霸扩张,还是后来战国时期的逐鹿兼并,国家间的生死拼争逼迫各国竞相变法,竞逐富强。各国的诸侯通过改革强化国家建构,打压贵族,设置郡县,建立官僚体系,集中各级权力,力求上下一体,全民动员。这种自强型改革提升了各诸侯国的行政能力与国家实力,催生了国家间全方位竞争体系的形成,最终秦国扫除群雄,一统六合。

但秦兴也勃,亡也忽。刚性往往与脆性伴生,秦二世而亡的结局凸显了秦政的暴戾与粗糙。法家体制的刻薄寡恩与压榨掠取式的统治,必然会导致民众认同力的缺失与统治合法性的急速流失。马上得天下,不意味着能马上治天下!从汉高祖到汉武帝,汉朝几代君主痛定思痛,查漏补缺,将生铁般的秦政经秦末汉初几十年的淬火锻打变为汉政的韧钢,作为正统秘籍,被历代沿用。这条道路走得百转千回,大开大合,波澜壮阔,荡气回肠。

大一统的思想与治理模式实现了对超大规模的广土众族的治理,其核心就是追求对内耗内战的削避和对稳定秩序的维持。"朝廷以一纸下郡县,如身使臂,如臂使指,无有留难,而天下之势一矣。"①

---

① 陈邦瞻:《宋史纪事本末》,中华书局,1977,第11页。

大一统以编户齐民制度，加强了对民众的管理控制，有强大的动员组织力度和对税赋资源的汲取征收能力。

大一统以郡县制为官僚体制，通过完善顶层设计，加强了中央集权，实现了统治者对全国的统一指挥。

大一统通过统一思想强化意识形态，加强了统治者的统治的合法性、正当性以及民众对统治者认同感，降低了行政管理的成本。

大一统通过一元管理，拥有了强大的政治控制、经济汲取、社会管制和思想认同能力，当国家处于整体贫弱的情况下，统治者可以通过全民动员、统筹协调等方式，整合社会有限资源用于内部秩序的维持和外部安全的维护，集中力量办大事。

大一统文化是中华文明五千年多元一体发展过程的体现，凝聚了应对超大规模治理难题的智慧。大一统维护了中华文明的延续性，使中华文明成为唯一传承至今的文明。应该说，中国大一统政治是古代最具治理能力和最完整、最高级的政治形态。

文明无高下，竞争有成败。建立在小农经济基础上的大一统政治，在农业文明时期有着令西方一直羡慕到启蒙时代的统治力。但这种形态的大一统终究抵不过近代文明居高临下的打击，对大一统的近代转型势在必行。

后发型现代化本质上是一种国家主导的追赶式现代化，具有现代意识的主导者的上位及其主导能力的建构是前提。大一统具有天然的社会整合与组织动员优势，具备向现代化转型的根基。关键是领导者现代意识的转变和国家发展方向与职能的调整与转变。具有大一统根基的现代国家体制能调集配置各类政治资源、经济资源、人力资源，以强大的力量处理现代化过程中可能出现的政治动荡与危机，扫除阻碍势力。经过先进人士的探索，以政党制为组织架构，以人民主权为基础，以追求民族富强与复兴为目的的现代政治体系与治理体系逐渐建构。

大一统作为一种人类建构政治社会秩序的独特模式，其在现代的中国同样是国家建构的主导逻辑,体现在当今党和国家政权的组织原则、中央与地方关系、政治与经济关系、国家与社会关系之中,展现在文化教育和意识形态之中。"大一统并非传统的过时的制度文物,而是时刻展现在我们面前的政治现实。只有不断加深对大一统政治的现代认知,才能够准确理解中国政治的独特性和延续性。探讨大一统政治在现代中国的表现和影响,发掘其中的合理机制,是我们反思中国政治、理解中国政治的内在要求。"[①]传统大一统所蕴含的大规模国家治理体系和治理能力的丰富遗产,在实现现代国家治理,乃至在全球治理和新文明的创建中具有巨大价值。

中国因能包容故能成其大,因能调适故能成其久。

曾几何时,近代以来经历的文明落差,让我们内心充满"落后就要挨打"的历史悲情与焦灼,形成"文化落后""传统即包袱"的自我否定式的批判思维与"专制主义"的界定。伴随着中国的崛起,当今地球上最伟大的变革改变着世界,撼动了西方,被称为"世界历史的中国时刻"。

随着中国的崛起,我们能比以往任何时候更从容自信地重新审视自身的过去。在中国走近世界舞台中央的时刻,在新文明求索与新挑战并存的当下,我们要用冷静的态度、平视的眼光,以问题意识审视我们置身的世界与植根基因中的传统,通过中外对比,原始察终,进而达到文化自觉。事实上,也只有基于这种深刻的文化自觉,人们才能避免盲目的自卑与自大。

深刻的文化自觉需要平视的眼光与科学专业的认知。大一统文化作为制约中国社会历史演进的内在逻辑,深刻影响着中国道路的形成和发展。大一统,是中国独特发展道路的集中体现,也是认识中国道路的基本历史视角。

[①] 李欢、任峰:《民主集中制与大一统国家的现代建构》,《中央社会主义学院学报》2021年第4期。

第一章
广域王权的兴起

2019年7月6日，联合国世界遗产委员会在阿塞拜疆首都巴库通过决议，宣布将中国"良渚古城遗址"列入《世界遗产名录》。

决议认为，良渚古城遗址为中国以及该地区在新石器晚期到青铜时代早期的文化认同、社会政治组织以及社会文化的发展提供了无可替代的证据。该遗址揭示了从小规模新石器时代社会向具有等级制度、礼仪制度和玉器制作工艺的大型综合政治单元的过渡，代表了中国在5000多年前伟大史前稻作文明的成就，是杰出的早期城市文明代表。归结为一句话就是，良渚古城遗址实证了五千年中华文明史，并得到国际的认可。

之前我们一直说中华文明有5000年之久，但世界上只承认殷墟甲骨文证实的3000多年的文明史，其间的1000多年视为传说时代。经过中国考古界100年的努力，尤其是经过中华文明探源工程十几年的推动，已经证实："距今5800年前后，黄河、长江中下游以及西辽河等区域出现了文明起源迹象；距今5300年以来，中华大地各地区陆续进入了文明阶段；距今3800年前后，中原地区形成了更为成熟的文明形态,并向四方辐射文化影响力,成为中华文明总进程的核心与引领者。"[1]

大一统文化就是伴随着中华文明多元一体的融合发展而发轫形成的。

一、"满天星斗"与"互动圈"

"文明何物?秩序出于混沌也。"[2]国家是运用强制力超越血缘、地缘组织之上的秩序维持者。秩序使得合作成为可能,而合作迸发的组织性效能远远大于个体的总和。文明的标志之一是国家的形成,国家是对文明社会的概括,就在于维持一种规则秩序,将激情与欲望导向一种竞合共存之道,避免部落陷入丛林混战导致自我毁灭之途。[3]

上古时期人类活动受制于气候和地理影响极大,不同区域的人类在不同环境条件下有着不同的谋生方式,因此也产生了多种多样的文明形态。欧亚大陆西部的文明中心是环地中海地区,东部的文明中心则是黄河、长江中下游广阔的平原地带。西方像水盆,东方似盆地。东西两边不同的人地关系与种族关系,导致了文明形态的分流和殊途的命运。

钱穆在《国史大纲》的引论部分形象地形容西方文明史像一本你方唱罢我登场的戏剧,而中华文明则像是一首琴韵悠扬的诗。

西部环地中海而居的各种族、各文明像池塘边上的青蛙,相互争鸣火拼,尤其是地中海的东岸,更像一个文明交会的十字路口,各种族与部族在此冲突不止。自埃及、巴比伦、亚述、腓尼

---

[1] 宦小淮:《"中华文明探源工程"成果公布,5800年前已有文明起源迹象》,成都商报,http://news.chengdu.cn/2018/1023/2008967.shtml
[2] 刘仲敬:《从华夏到中国》,广西师范大学出版社,2014,第1页。
[3] 马克思、恩格斯:《马克思恩格斯选集》第4卷,中共中央马克思恩格斯列宁斯大林著作编译局编译,人民出版社,1995,第176页。

基、波斯,到希腊、罗马,不同种族的文明在这片碧海大漠上厮杀博弈,具有浓厚的外向海洋型商业文明的特点。

与西方文明多种族、多元竞争不同,在以江河平原为舞台的东方,各部族以中原大地为中心围拱簇聚,共为一体,逐渐形成广土巨族的中华文明。

钱穆曾这样概括中西之不同:"我民族文化常于和平中得进展是也,欧洲史每常于战争中著精神。"原因在于"西方之一型,于破碎中为分立,为并存,故当务于'力'的战争,而竞为四围之战。东方之一型,于整块中为围聚,为相协,故常务于'情'的融合,而专为中心之翕。一则务于国强为并包,二则务于谋安为系延。故西方型文化之进展,其特色在转换,而东方型文化之进展,其特色则在扩大"①。

要研究中西方文明之间的差异,首先要从文明所处的宏观自然环境的空间构成入手。中国文明相较其他文明自成一格,规模巨大。

古代四大原生文明中心都诞生在温带大河流域。与古埃及文明、美索不达米亚文明和古印度文明相比,中国文明所在的黄河、长江流域位居欧亚大陆东端,自成一个地理单元,因此形成了独具特色的文明圈。

中国东与南为大海,西为高原荒漠,北为草原戈壁。区域内,华北、江淮平原衔接南北,河、济、淮、江四渎联通东西,面积广大辽阔。这种以现今河南中原地区为东西南北交汇点的内聚外连的空间格局,浑然天成、自成一体,容易形成身居天下之中的中央意识。

与其他原生大河文明区域的河流基本上是南北走向不同,中国的主要河流大都是东西流向的。南北向的河流垂直于纬度,随着温度带的变化会产生不同的农业类型,从业不同的族群间的认同度较低,很容易产生矛盾和冲突,导致早期文明的毁灭。而中国东西向

---

① 钱穆:《国史大纲》,商务印书馆,2015,引论第12、23页。

的河流平行于纬度，全流域属于同一温度带和同一种农业类型，容易做到同一类型农业区域面积的最大化，从而增强了它抵御灾异、耐受冲击的能力，这是催生中华民族共同体的先天地利条件。[①]

由于黄河中下游和长江中下游平原南北相连，面积广大，具有极大的战略纵深和发展空间。当中原受到北方游牧民族的侵扰逼迫时，中原以南还有广阔空间可以作为后方和根据地进行缓冲，因此中原农耕文明不至于被彻底摧毁和替代，这是东亚大陆农耕文化圈的一个极大的地缘优势。这种地缘优势增加了中华民族生存的冗余度，提升了中华文明的韧性。

不仅如此，与环地中海地区雨热不同期的气候条件不同，中华大地雨热同期，草木稼禾的生长期与降水期重合，形成了农耕文明春种、夏长、秋收、冬藏的生产生活规律。中国农业沿河流走向，依纬度按等降水量线形成了北方草原、中原旱作与江南稻作三大类型区。这三大农业类型结构、功能、优势互补，奠定了中华文明多样性、可持续发展的基础。"西高东低的地势，天倾西北地陷东南，所以日出东方，我们中华大地阳光普照。"[②]

中国耦成一体，自成一格，却又隔而不绝，封而不闭，独而不孤。通过北方欧亚大草原和海路，中国能与周边和西方各文明保留互动交流的通道，中国强则向周边扩张辐射，中国弱则周边向中国渗透影响。就在这"橐龠"般地理格局的呼吸吐纳、交流博弈中，中国逐渐内生出包容天下、协和万邦的历史向心力与强大融合力。可以说，中国独特的地理环境与空间构成在逻辑起点上决定了中华文明的历史命运必然集中在一个多元一体的"合"字上。就像物理学上的耗散理论，中国不断吸纳外来的文明，维持中华文明的稳定

[①] 参见樊志民：《传统农业文明的当代价值与借鉴》，《中国乡村发现》2021年第1期。

[②] 樊志民：《传统农业文明的当代价值与借鉴》，《中国乡村发现》2021年第1期。

发展，此之谓"周虽旧邦，其命维新"。

天然的居中意识与和平气质，必然导致天性追求一体与统一。不论历史如何兴亡合分，先秦三代一直维持天子居中，诸侯拱卫的众星拱辰模式，到秦代以后更升级为"事在四方，要在中央"的集权辐辏体制，从且呈现出鲜明的大一统格局。这种自我认同如此独特、如此强烈，以至于世界著名学者贾雷德·戴蒙德不由感叹：中国一直就是中国人的，几乎从它有文字记载起就是中国人的了。[①]

另外，还有重要的一点是，在世界最早的原生文明中唯有中华文明区域广阔。

古埃及文明、两河文明、古印度文明发生在河流两岸的狭长河谷地带，成长空间不过几万、十几万平方公里，地域狭小，载荷人口也少，抗冲突与灾难的能力脆弱。

中华文明远居东方，从辽河到长江流域有着近300万平方公里的范围，域广民众，聚落定居，因开化早，文明程度高，战略空间广阔，成了人类第一代原生文明仅存的硕果。

回望世界万年史，与西方始终小国林立，争斗不已相比，中华文明的超大规模与稳定性，具有重大的历史的意义，被称为"伪装成国家的文明"。正是这种环境和生存逻辑的不同，最终导致了西方"争"文化与中国"和"文化的分野。

其次，从微观生存生态方式上来看，中国文明具有内聚向心型的文化品格。

虽然世界古代四大文明都崛起于大河流域，但中国古代聚落主要分布在大河二、三级支流的河边台地之上，呈现从河谷到山前平地，再向冲积平原迁移垦拓的文明繁育进程。这种生态环境差异，导致了各个文明形态及社会组织构成上的不同，而这种差异又导致

---

① 贾雷德·戴蒙德：《枪炮、病菌与钢铁》，谢延光译，上海译文出版社，2016，第349页。

东西方文明体不同的演进路径，形成迥然各异的文化特质。

与世界其他原生文明不同，史前中国既没有出现以大规模灌溉系统或以商业、贸易等为基础的政治体系，又没有形成像古代埃及、两河流域、古代希腊那样的早期国家或城邦国家。

大小流域的生态直接影响了我国先民的生计和群体构成与分布。由支流或小河流域构成的狭窄而弯曲的地形地势，造成聚落点状分布，呈现分散性特征。当时的聚落先民不能在这种阶地（或台地）上建设连接沿河周边聚落的成规模的灌溉系统，各聚落的原始农业根本上是一种"靠天吃饭"自给自足的生产方式。之后随着稳定的农业生活导致人口增加，狭窄的阶地（或台地）必将出现土地资源缺乏的现象，争夺土地及生活资源的冲突不可避免。因此，史前的先民聚落或聚落群往往筑垒、挖壕以自守，形成大量有着防卫设施的环壕聚落。例如早在距今8200—7000年的内蒙古敖汉旗兴隆洼文化遗址、长江中游彭头山文化遗址就出现了具有环壕设施的聚落。在距今6000年左右，我国中部地区与北方地区的环壕聚落大量增加。这种环壕聚落往往以血缘为纽带而建构起社会组织，并有着强烈的内聚性与向心力。

向心内聚的格局与布局既有利于凝聚团结血缘性氏族或部落成员，也促成了聚落先民的原始宗教信仰与神祇崇拜向血缘性的内聚式方向发展。随着时日绵延，在一个个小流域中逐渐形成团状分布的级差形态的聚落群或群团。

从聚落遗址的分布看，史前聚落大都是在同一小流域的河流阶地相邻位置成团组合，并由这种团状组合形成一种级差式的聚落群团。这些级差聚落群团往往由中心大聚落与分布在周围的中小聚落组成，并按照面积大小、功能划分成不同的聚落等级。从考古材料看，这种级差聚落群团基本上是按照聚落的实力大小来组合的。随着时间的流逝，这种级差聚落群团内部的差别变得愈益显著。

这种现象的出现，是因为随着人口的增长和土地资源的紧缺，生活在同一地域的氏族或部落为了避免相邻聚落的相互袭扰，共同应对单体聚落所不能抵御的天灾人祸等事件，基于共同利益的多个部落最终选择了联合。但是这种联合并不是平等的，而是根据其氏族或部落的实力强弱来划分等级层次的高低。实力强大的聚落往往成为联盟的领导者，而弱小的聚落为了求得强势聚落的庇护，会主动通过输送财物与劳役等方式，换取强大聚落的庇护。这种情况延续下去，就形成了更大的以血缘聚落为基础的政治体，即级差型聚落群团。这种政治体既是一种自愿性的聚合，又是人类最原始、朴素，且成本最低的政治社会组织。

这种庇护型政治共同体并没有打破聚落的血缘纽带，而是各个血缘性聚落组织基于安全需要的叠加与组合，它所形成的是一种血缘性氏族或部落为基础的社会结构，并且以原始宗教及祖先崇拜为其团聚、连接的精神信仰。这与古代埃及、两河流域，以及古代希腊、罗马的"城邦"或"国家"形态有着重要的区别。

这种以血缘纽带组织起来的聚落社会，在生产方式上具有自足性的内在特征。它没有像埃及那样有以灌溉为基础建立公共管理设施的需求，因而使得每个单体聚落都可以保持内聚性、封闭性，其联系、集结的动力来自外在压力。所以尽管这种聚落共同体在表面上具有坚固的共同体外壳，但是它不能通过改变淡化内在的各个血缘聚落的血缘性，而融入一个更大的社会共同体中。所以它既能保持血缘性传统，又能够根据各血缘组织的实力强弱不断更换该共同体的核心领导成员，历史上尧、舜、禹三代的禅让就是其范例。"亲亲"原则与"尊尊"原则交融在一起，使得这种政治共同体具有强烈的内凝化特质。[1]

---

[1] 详细见李禹阶：《早期中国的环境限制、神祇崇拜与文明特质——基于古埃及的比较研究兼论东方"亚细亚生产方式"中文明形态的多样性》，《人文杂志》2021年第1期。

总之，由于地理环境的限制，史前中国聚落中的先民主要是以聚落为小单位从事原始农业生产的，并不具备建设跨聚落、大规模的灌溉网络与公共管理系统的条件。而随着时日迁延，史前中国各区域不断出现成规模的以聚落群、聚落群团为单位的组合。这种组合不是来自生产的内在需求，而是在当时不断发生的水旱灾害和部族冲突等生存压力下，出于安全需要的外在需求。

当然，地理环境不可能完全决定一个民族、一种文明的命运，正如原生家庭不可能完全决定一个人的命运一样。但在一个人和一种文明的幼年，一系列天、地、人的约束性条件决定了生计方式与发展道路。不过，一旦一个人或一种文明逐渐形成自己的独立品格，形成一个有自主意识和自我改变能力的自组织系统，家庭或原始环境的作用就会大大削弱，直至丧失决定性作用。

再次，从时间结构上，中华文明呈现多元一体有中心的发展格局。

从蒙昧到文明是一个漫长复杂且充满偶然与未知的过程，既有来自环境的挑战，又有多元文化之间的冲突和博弈，还有复杂社会内部的矛盾纷争。"最初的中国"形成之时，就因居于地理文化中心，呈现出强大核心引领周边四方的格局，并由此开启多民族统一国家形成的进程。它既是中华民族的鲜明特色，又是华夏大一统文明的形成机理与动力机制。①

一万年之前，中国先民走出山林，在河流山谷与山前河流边的台地上开启了南稻北粟的农作物驯化进程。距今8500—7000年之间，随着农业定居文化形态的逐步确立和发展，从辽河到珠江出现了多个文化中心。这些文化中心出现了数万平方米的聚落，其中发现了大型房屋、精美器物、随葬品较丰富的墓葬，以及原始宗教初步发展的证明等。例如考古人员在辽河流域兴隆洼遗址发现了30000

---

① 费孝通主编：《中华民族多元一体格局》，中央民族大学出版社，2018。

多平方米的环壕聚落，内有成排的房屋百余间，中心位置的大型房屋有人猪合葬墓，玉器成为标志身份的饰品。在以黄河流域为中心的磁山—裴李岗文化中，考古人员在河北磁山遗址发现了80个有小米遗存的储藏坑，估计可以容纳小米50000公斤。而在河南贾湖遗址墓葬中考古人员发现了随葬品中有音律精准的骨笛、绿松石器和有刻画符号的龟甲。在长江流域，浙江上山文化的桥头遗址考古人员发现了类似八卦图像的精致陶器。在湖南高庙文化遗址出土的精美白陶器上有着神兽神鸟图案。

距今7000—6000年，中国的史前文化蓬勃发展。随着人口的显著增长，人口扩散加快，区域性文化的分布范围显著扩大，彼此之间的互动交流日益增强，各地的文明特色愈加鲜明。例如出土于辽河流域的赵宝沟文化尊型器上有猪龙、飞鸟和飞鹿的精细刻画图像。黄河中上游陕西姜寨遗址中发现有壕沟围护，中心为广场，五组房屋环绕分布，表明对亲族关系的重视。黄河下游的大汶口文化早期墓地出土的随葬品差异表现出明显的等级分化。在长江下游的河姆渡文化遗址中发现了稻田遗迹和丰厚的稻壳堆积，各类器物上的刻画图案同样展现天极神兽和神鸟等元素。这些各具区域特征的分化演变形成不同的文化传统，它们相互之间不断冲击交流，不断吸收发展，像夜空中的繁星在中华大地上熠熠生辉，因此著名考古学家苏秉琦将中国大地上新石器时代文化划为六大区系，并形象地称之为"满天星斗"。

张光直将这种各区域相互联系、相互促进、密切发展的现象称作"互动作用圈"。他推断从公元前4000年前开始，北自辽河流域，南到台湾和珠江三角洲，东自海岸，西至甘肃、青海、四川，有土著起源和自己特色的几个区域性的文化相互连锁成为一个更大的"中国相互作用圈或中国以前相互作用圈"。这个圈子内各文化系统间是一种平等、等序的空间关系，相互作用，不断推动"外面的作用网和两千年间在内部所发生的变化，在这个区域史到公元前第三千纪之末之准备向国家、城市和文明跨进"①。这个史前的圈子形成了历史期间的中国的地理核心，而且在这圈内所有的区域文化都在秦汉帝国所统一的中国历史文明的形成之上扮演了一定的角色。②

各个文化间的互动交流促进了人口的扩散，加剧了各地区社会的复杂化。社群之间的战争不断，政治权力和物质财富日渐向掌控权力的少数精英贵族手中集中，城墙环绕的区域聚落中心频频出现，跨区域的意识形态系统也开始形成。在5300年前，这个圈子中的佼佼者陆续跨过文明门槛，形成人口高度集中的复杂社会——"古国"。

中国各区域早期国家形态的形成过程中，区域文化各具特点，社会形态多元并存。各区域文明既独自起源、各自发展，又相互交流、相互借鉴，尤其是各文明中心的社会上层为维护自己的地位和威望，构建出一个社会上层交流网，促成了各地区一体化的进程。经过长时间的积累和交流，原始宇宙观、宗教信仰、天文历法、权力表达方式、丧葬和祭祀礼仪核心文化要素被各地区各个文明中心所共享，催生出了一个文化共同体。考古学家张光直称之为"最初的中国"，苏秉琦称之为"共识的中国"，中华民族初步形成。这个"最初的中国"具有一些共性特征，如：以农为本，重视农桑；以玉为美，以玉显贵；发明和膜拜神性动物龙；重视血缘，尊崇祖先；讲究礼仪，强调秩序；崇尚和合，和而不同等。这些文化特质均成为后世相关思想和制度的滥觞，显示出中国史前时代"多元一体"式文明演进的宏大格局。③

---

① 张光直：《中国考古学论文集》，生活·读书·新知三联书店，2013，第185页。
② 吴春明：《"重瓣花朵"与"多元一体"》，《南方文物》2013年第1期。
③ 参见陈胜前：《中国文化基因的起源：考古学的视角》，中国人民大学出版社，2021。王巍：《中原地区文明起源的考古呈现》，《中国社会科学报》2020年9月30日。

由此可见，文化间的互动交流与碰撞是中国文明演进的外动力。而务实与创新则是中国文明演进的原动力，是文明发展的决定性因素，洪水等自然灾害则是其质变的契机。

二、"重瓣花朵"与"旋涡效应"

中华文明孕育出了多源汇流、协和万邦的文明基因，由此发轫的大一统文化也具有了多元一体的丰富内涵。

距今约4000年时，中国的文化格局彻底改变。从东北到江南，之前绚烂一时的各个区域文明中心先后衰落，只有河南中原文化异军突起，如皓月当空，成为当时的文明中心。公元前1700年左右，在河南洛阳盆地东部，以二里头都邑为代表的社会进入了广域王权国家的阶段，在中原腹地形成了多元一体的王朝文明。至此，从无中心的多元发展形态汇流成有中心的多元一体的广域王权，成为中国古代文明与国家发展演进的模式和特色。

严文明根据各大文化区域的演化汇融趋势，提出了"重瓣花朵"模式，他指出史前文化格局中"最著名的是中原文化区，它以渭河流域和晋陕豫三省邻接地区为中心，范围几乎遍及陕西、山西、河北、河南全境"。此大中原地区周围有甘青文化区、山东文化区、燕辽文化区、长江中游区和江浙文化区，"五个文化区都紧邻和围绕着中原文化区，很像一个巨大的花朵，五个文化区是花瓣，而中原文化区是花心。各文化区都有自己的特色，同时又有不同程度的联系，中原文化区更起着联系各文化区的核心作用"，"整个中国的新石器文化就像一个巨大的重瓣花朵"，中原因为位居花心，在文明的发生和形成的整个过程中起着领先和突出的作用。[1]

经过几十年连续不懈的考古挖掘，二里头遗址文化的整体状况

---

[1] 参见严文明：《求索文明源》，首都师范大学出版社，2017。

得以揭示。其中，给人印象最深的就是其呈现出的帝都气派与王朝气象。

二里头遗址中发现了中国最早的城市主干街道网，最早的布局严整的宫殿区与宫城，最早的中轴线布局的宫殿建筑群，最早的多进院落大型宫殿建筑，最早的封闭式官营手工业作坊区，最早的国家级祭祀区和祭祀遗存，最早的青铜礼乐器群、兵器群以及青铜礼器铸造作坊和最早的绿松石器作坊等。这里是中国乃至东亚地区最早的具有明确城市规划的大型都邑，这样的规模在当时的东亚大陆是独一无二的。

按照原二里头考古工作队队长许宏的研究分析，从严格的意义上讲，真正的宫廷礼制，是发端于二里头文化晚期的宫室建筑、以酒器为核心的青铜礼器群和玉质礼器群的。以文化软实力见长的二里头政体，明显通过社会与文化的整合具有了核心威势，在众多族群的凝聚与模仿中扩大了自身影响，其文明要素的辐射范围远远超出中原地区，成为中华文明总进程的核心与引领者。到了此时，地处中原腹地的洛阳—郑州地区才成为中原王朝文明的发祥地，中原的中心最终形成。就其文化影响而言，二里头文化的分布范围突破了地理单元的制约，几乎遍布整个黄河中游地区。二里头文化通过向四周辐射式传播，使其成为东亚大陆最早的核心文化，二里头都邑则是中国最早的广域王权国家的权力中心。

作为中原王朝文明的先导，二里头文明建立起了管控、协调大规模人群的政治架构，经青铜时代王朝间的传承扬弃，奠定了以中原为中心的后世王朝国家发展的基础。二里头文化呈现的中国之最开启了中国古代都城规制、宫室制度、礼乐制度和王朝文明的先河。中原地区文明起源、形成与早期发展的过程，是兼收并蓄、包容吸纳、保持活力、不断创新的过程；也是中原地区得以成为中华文明核心地区，中原文化得以成为中华文化主根和主脉的重要原因。①

从整体来看，中原社会的发展经历了由小到大、由区域性发展到整体繁荣的滚雪球式的一体化发展过程。中原核心区在周边文化的全方位影响下，全面发展并实现了聚落群内部的整合，形成了等级鲜明的小区域性政治实体。以二里头为都邑的早期国家通过河流水系网络和不同等级的中心聚落实现了对中原各地的有效控制和开发，最终完成了早期国家统治疆域的形成和整个中原核心区一体化的过程。

区域性的差异及其相互间的交流与互动贯穿了整个中原核心区社会复杂化的全过程，这也是推动中原地区多元文化融合和早期国家形成的重要因素。

中原核心区在走向文明和早期国家的过程中，文化的变动与社会的变革相呼应，社会在动荡中求得革新和发展，外来多元文化的不断涌入成为推动中原社会变革的主要因素。纵观整个中原地区仰韶文化以来的文化演进和社会复杂化的全过程，重大的历史变革都率先以大量外来文化的涌入为先导，进而带来聚落形态的变化和经济技术的进步。我们在中原核心区看不到一种单纯的文化和社会发展模式由小到大、由弱到强的过程，相反中原核心区的社会复杂化和文明起源是在经过数次文化和社会的变动与重组之后，在博采众长的基础上发展起来的。因此，中原地区早期国家的形成并非以固定的程式稳步兴起，而是以常新的姿态在变革中发展壮大起来。

中原核心区文明和早期国家的形成既伴随着周边地区多元文化的融入，又带来了各地多元化的文明要素。这既是一个文化多元一体化的过程，又是文明多元一体化的过程。比如仰韶文化晚期出现的城址的防御形式，可能源自东方或南方的文化传统；龙山文化的

---

① 参见许宏：《二里头与中原中心的形成——"二里头考古与中国早期文明"笔谈（一）》，《历史研究》2020年第5期。

土筑式（土坯）建筑形式和黄牛、绵羊等源自中原的西部和西北地区；二里头文化时期同为玉礼器的璧、多孔形刀等可能来源于东方的文化系统，而玉钺、牙璋铲等形式则可能源自西北的文化传统。同样，二里头早期国家获取各类重要战略资源范围的拓宽，也与周边地区多元化的文化背景存在密切关系。总之，中原核心区的早期国家文明形式正是在广泛吸纳周边多元文明要素的基础上诞生的，是中国文明形成多元一体化过程的集中体现。

人口的集中是中原地区早期社会复杂化和国家起源的另一个重要的基础因素。造成中原地区区域性人口集中的主要原因是中原核心区内部不同区域之间的人群移动，并由此导致的社会发展重心不断转移的现象。从区域聚落规模（包括面积和数量指标）的统计分析看：仰韶文化早中期，中原社会的发展重心位于豫西地区，包括涧河流域、洛河中游伊河流域。仰韶文化晚期，社会发展重心转移到嵩山东北的郑州—荥阳地区，社会复杂度开始迅速加深。龙山文化晚期，中原社会的发展重心再度转移到嵩山东南的双洎河、颍河中上游和沙汝河流域一带，形成了若干区域性的等级社会。二里头文化时期，社会发展重心重新回到中原中心的洛阳盆地，二里头广域王权国家出现。区域间的人口流动造成了某一段时间内人口的相对集中，从而引发了该地区社会的复杂化进程。因此，中原社会早期的复杂化，除了外来因素的影响之外，其内部的发展动因也不可忽视。

中原地区早期社会复杂化的过程中，基层社会组织有逐渐小型化的趋势，血缘关系的纽带作用始终突出。

崇尚实用和世俗化是中原地区早期社会复杂化的一个重要特征。进入龙山时代，中原社会的发展更加崇尚实用。中心聚落或城址组织动员劳动力主要服务于社会公共事务，新型的中心聚落多讲究内部的规划，城市强调方正布局，贯穿聚落的交通干道等公共服务设施开始在聚落中出现。进入二里头文化时期，以血缘关系为基础的家族在社会生产生活中的地位再度凸显,他们按照职业的不同,分别从事不同的专业化生产和社会公共事务的管理,并在这个过程中得到国王的赏赐,不断积累财富和社会威望,成为新的贵族阶层。而二里头早期国家也正以这种方式将以家族为单位的血缘关系与社会事务的管理有机结合起来,并以此为基础构建了国家管理体系,世俗化成为中原早期国家起源与发展的一个标志性特征。[①]

中原兼收并蓄各方好的东西,为我所用,有包容、同化和改造一切外来事物的大度心理,因此得到了其他外围群体的认同。所以中原的影响力和凝聚力与日俱增,辐射四方。这在人们的思想乃至心理等方面都留下深刻烙印(譬如外服制度、"中国"的观念等),也决定了中国历史上政治、军事、外交等一系列重大行为的基本方策,并贯彻在几千年的持续而有力的历史趋势中。[②]恰如赵汀阳所说,中国文明的起源不是仅仅指某个中心化政权的形成,而是一个体系的形成,这个体系向外与周边更大范围的群体交流互动,向内逐渐形成了"逐鹿中原"的趋势。赵汀阳将以二里头文化为代表的中原崛起形态称为"旋涡模式"。

所谓"旋涡模式"是一种以中原为核心的"天下逐鹿"的博弈。所谓旋涡,是指早期中国形成了一个具有巨大诱惑力的政治博弈游戏,各方势力为了争夺生存的最大利益,都会选择主动加入这个游戏。更重要的是,各方势力一旦卷入这个游戏,就会被吸进来,无法脱出,最终达到稳定而形成了一个广域的中国。这个不断强化的逐鹿中原、问鼎中原的政治博弈,成为贯穿中国古代历史的稳定的动力结构,让中国文明始终处于不断生长的状态,这就是它长生不死的终极秘密。古代中国并不是扩张型的帝国,历史上几次

[①] 参见张海:《中原核心区文明起源研究》,上海古籍出版社,2021,第405~407页。

[②] 陈胜前:《中国文化基因的起源》,中国人民大学出版社,2021,序言第13~14页。

大规模的领土扩张，比如汉代、唐代和清代，都是对抗入侵的自卫反击战取得的结果。古代中国之所以总体上一直在向外扩展，其根本原因就在于旋涡模式。也就是说，这并不是自内向外扩张的结果，而是外围竞争势力不断向内卷入旋涡所带来的红利。①

为什么逐鹿中原的游戏会形成"旋涡"模式，以至于形成了中国历史的连续性？为什么逐鹿中原会形成追求大一统的向心力，而不是多方满足于各自割据的均衡？中原又有什么不可替代而非争不可的特殊资源呢？

首先地理因素无疑是重要因素。地理位置上，中原地区天下居中、八方辐辏，既是北方旱作农业区和南方稻作农业区的交接地，也是东部沿海文化区与西部内陆文化区的交汇之地，有助于各种文化经济和社会形态的交汇与融合。其次，中原核心区地处我国地形第二阶梯向第三阶梯的过渡地区，地貌环境复杂多样。内部山水相间，形成各自独立且又由河流水系相通的小区域，彼此之间存在诸多文化缓冲地区，有助于各类文化的共存融合。而且复杂多样的地貌环境，使得人们在面对气候突发事件时，有宽裕的回旋空间。中原地区四通八达，正好处于从漠北到江南、从东海到西域之间广大地域的核心地带，是交通、物流、情报的汇集中心。谁占有中原，谁就占据了政治、军事上的战略制高点。

其次，当时中原的生产技术最为先进，地理资源最为优越，属于古代中国的经济发达地区。中原核心区仰韶到二里头文化各个时期新资源的开发和新技术的出现，多数与周边地区多元文化的融入密切相关，可以说中原核心区多元文化的融合对技术的进步起到了重要的先导作用。中原核心区文明和早期国家起源过程中上层和下层社会的变革之间存在显著的差异，经济技术的变化也一样。研究表明，二里头

---

① 参见赵汀阳：《天下的当代性：世界秩序的实践与想象》，中信出版社，2016。赵汀阳：《惠此中国：作为一个神性概念的中国》，中信出版社，2016。

文化时期，更先进的冶铸技术经欧亚草原引入中原，被中原文明迅速接纳并改进，并用于铸造复杂多样的青铜礼器。

再次，赵汀阳认为中原拥有一个具有最大附加值的精神世界。就古人的生存条件来说，物质资源是生存之本，但精神资源对生存来说同样重要。古人眼中的世界是一个无法支配也不可预测的生存环境，为了能够在某种程度上把握自己的命运，他们发明了最早的巫术和占卜术。通过巫术和占卜术，古人得以和强大的自然神灵进行沟通、谈判，关于神灵的知识就成为文明早期最重要的精神资源。另外，古人发明了比巫术和占卜术更强大的"魔法"，那就是文字。在文字发明以前，关于所有事物的知识只能口口相传，几乎无法积累。而文字可以把所有重大事物记录在案，即使事物消失，信息仍然存在。这就创造出了一个独立于物质世界的精神世界。精神世界规定了现实世界中是与非、善与恶、美与丑的标准，能影响身在其中的所有人如何想、如何做，因此精神世界对现实世界有着强大的支配权。

古代中原无可替代、诱惑巨大的宝贵资源，毫无疑问就是汉字，以及以汉字为载体的精神世界和知识生产系统。中原最早发明汉字，这是早期中国最为成熟的文字。汉字是象形文字，能够独立于语音存在，所有族群都可以无障碍地理解和使用。这就使以汉字为载体的精神世界成为一个开放的、共享的、不断丰富的精神世界。由于精神世界占据对现实世界的解释权、立法权和支配权，拥有汉字精神资源的中原当然就成为各方势力志在必得、非争不可的宝地。这才是逐鹿中原的根本动机，也是形成"旋涡模式"的核心动力。中国从来不是民族国家，而是不断生长的弹性存在，其伸展度取决于逐鹿游戏的规模，凡是进入游戏旋涡的地区和族群都是中国的创造者。[①]

[①] 参见赵汀阳：《惠此中国：作为一个神性概念的中国》，中信出版社，2016。

中国从一开始就是多族群、多文化相互融合、相互同化的结果。最古老的中原"本地"族群是什么样的，谁也说不清。对中原之外的周边族群，也只有一个笼统的称呼，一般把东部族群称为"东夷"，西部族群称为"西戎"，北部族群称为"北狄"，南部族群称为"南蛮"。卷入博弈旋涡的族群最后大多数都融合为了中国人，成为现代所命名的汉族，而他们的原住地也随之并入中国，让中国的疆域得以不断外扩。所有能够入主中原的族群，从来不会把自己看作是一个外来的征服者，恰恰相反，他们无一例外都自认为是中国"正统"的继承人，把自己纳入自黄帝以来的中国正统历史序列当中。这个以汉字为载体的精神世界中的天命观和大一统观念，是少数民族政权最急需的政治资源。只要加入了这个精神世界的正统叙事，就可以名正言顺地获得中国的最大权力和最大资源，这显然是任何成熟的统治者都不可能拒绝的。

事实上，不仅是入主中原的周边部族认同自己属于中国，后来的历史书写者也同样这么认为。比如，南北朝时期南北双方都说自己是正统，骂对方为野蛮人，但到了唐代李延寿写南北朝史时，就一视同仁，承认双方都是中国的一部分。再比如，在长达300年的辽宋对峙时期，辽和宋就到底谁才是中国的正统争吵不休。为此辽甚至宣称自己获得了秦始皇留下的传国玉玺，以证明自己的正统性。但是到了元朝人写这段历史时，完全没有理会这段争执，把辽和宋以及同时期并存的其他王朝，比如金和夏，一样看成中国王朝。而接下来，推翻了元朝的朱元璋，也没有把元朝看作是一个外国王朝，反而追认了元朝的正统地位。

为什么中国文明没有一个统一的宗教信仰，因为中国人的信仰就是中国本身。由周朝开创的天下体系的核心在于"天下无外"原则，这个原则一直保留在后世中国的政治基因中。在中国文化中，天是神圣的，中国"内含天下格局"，与天相配，当然也是神圣的，因此中国本身成了中国人的精神信仰。

三、中国文化基因的形成

著名华裔学者张光直认为中国文明的起源，其关键是政治权威的兴起与发展。而政治权力的取得，主要依靠道德、宗教、垄断稀有资源等手段，其中最重要的是对天地人神沟通手段的独占。

在张光直看来，古代中国文明有一个重要观念：把世界分为截然分离的两个层次，如天和地、人与神、生者与死者。上天和祖先是知识和权力的源泉。天地之间的沟通，必须以特定的人物和工具为中介，这就是巫师与巫术。统治者只要掌握了这二者，以及附属于他们的艺术、文字等事物，就占有了与上天和祖先沟通的权力，也就取得了政治的权威。[①]"中华民族刚刚进步到文明的边沿，就形成了一个祖先，一个权力，一个核心，这无论与古代埃及，抑或两河流域、印度、古希腊，都是不同的。"[②]

政治而非技术和贸易成为推动中国文明形成社会变革的主要动力，这是中国早期文明有别于美索不达米亚文明的最突出特点。张光直认为这也是中美洲玛雅文明的特征，他把这种文明形态称之为"中国—玛雅文化连续体"，而把近东文明称之为断裂说代表。[③]

其实早在20世纪50年代，侯外庐就注意到中国国家起源的特殊之处，并从中西比较的角度对以上史实进行了精辟阐释。他指出，"古典的古代"是从家族到私产再到国家，国家代替了家族；而在"亚细亚的古代"则是由家族到国家，国家混合在家族里面，叫做"社稷"。因此，前者是新陈代谢，新的冲破旧的，这是"革命的路线"；后者却是新陈纠葛，旧的拖住新的，这是"维新的路线"。前

[①] 参见张光直：《美术、神话与祭祀》，生活·读书·新知三联书店，2013。

[②] 张岱年、方克立主编：《中国文化概论》，北京师范大学出版社，1994，第66页。

[③] 参见张光直：《美术、祭祀与神话》，生活·读书·新知三联书店，2013，第130~131页。

者是人唯求新，器亦求新；后者却是人唯求旧，器唯求新。①

前面我们说到，由于"小流域"的生态环境限制，许多区域的原始农业生产方式的自足性使其具有内聚化的特点，仍然保持了自己的血缘性宗法传统。这种情形使得早期中国社会的民众始终将其关注点聚焦在氏族、部落内部的血缘亲疏与团结和睦上，使得祖先神崇拜不仅没有随着社会发展而减弱，反而日益显出强化之势，并不断传承、延续下来。

很多研究成果证实了这一点，"我国古代社会中的征服者商部落和被征服部落大都在比较完整地保有公社组织及其所有制的形式进入了阶级社会"②。"中国原始社会存在村社，奴隶制时代以及奴隶制转变为封建时代也存在着村社。村社制度在中国古代史上有顽强的生命力，几乎不曾绝迹过，春秋时代，齐、鲁、郑、为、卫、宋等国有所谓的大小邑，实质即村社。"③甚至到商鞅变法前后，"乡村是农村公社。公社公田，国家行政领导下村社集体经济是一种农耕协作的生产体制，农工商林牧渔多种经营方式分工协作。设公仓（神仓）供上级组织之赋敛、社稷祭享之用"，"有公共牧场、山林和灌溉设施"，"乡村政社合一。村社曰'邑'"，"生产生活一致"。④

可以看出，这种社会形态是人类由氏族部落制向阶级国家转化的过渡社会形态，既有部落制共同体的形式，又有阶级分化和国家机器的实在内容，我们可以称之为"部落国家形态"。按张光直

---

① 参见侯外庐：《中国思想通史》第一卷，人民出版社，1992，第10~11页。
② 徐善展：《公社残余和商周的初期城市形态》，《文史哲》1987年第6期。
③ 刘修明：《两汉乡官"三老"试探》，《文史哲》1984年第5期。
④ 张金光：《论秦自商鞅变法以后的农村公社》，《文史哲》1990年第1期。

的说法，这种国家的形成主要是由"人口的增加和战争掠取而造成的"。也就是说，中国文明起源的关键是"由人口增加和宗族分支而致的阶级社会"①。

不过由于生产中农业、手工业和商业分工简单，在氏族内部依然保持着农业和手工业紧密结合的自然经济，各部落间的商业流通较少，按职业划分等级的方法还处于萌芽状态，这就决定了这种劳动分工关系和阶级分化程度还没冲破部落共同体的外壳，在氏族内部进行的部落间的交往关系主要是通过战争进行的。

具体分析这种"部落国家形态"的形成过程可知，生产的缓慢发展造成氏族社会人员的分层，等级服从关系和剥削关系也随之发展起来。并且由于生产出现剩余，部落间的征战也开始变杀戮为奴役。社会关系的变化和扩大超出了原先狭小氏族部落所能容纳的程度，于是超越单个氏族之上的国家机器开始产生。国家就是在这种部落征战中伴随着战胜部落奴役其他被战胜部落产生的。但"由于生产规模的狭小，家族宗族的容量有限，虽能将部分战俘收入族内为奴，但却不能消化吸收所有的战俘。这时，战胜者就只好保留对方原来的家族组织或村社组织，将他们置于统治部落以外的地区，以索取贡纳的形式榨取其集体的剩余生产物"，双方的氏族血缘关系结构都没有被完全打破。②

在这种国家形态中，原先的军事民主制变成家长制的宗法关系。这是一种融合血缘关系和等级服从关系为一体的社会组织方式，等级服从通过宗族分封的形式表现出来。对于原先的氏族成员来说，现在既不是自由土地的私有者，也不是丧失了人身自由的奴隶，而是处于一种半自由半依附的状态。以地缘为纽带的村社总

---

① 张光直：《美术、考古与祭祀》，辽宁教育出版社，1988，第124页。
② 胡新生：《西周春秋时期的国野制度与部落国家形态》，《文史哲》1985年第3期。

是被以血缘为纽带的宗族控制着。也就是说，血缘关系在阶级分化不明显的国家结构中，由联系氏族成员的纽带蜕变为专制君主和贵族用来奴役氏族部落绝大多数成员的形式和工具。不论是下层人民还是上层君主贵族都处于这种已经改变了的血缘关系的控制之中，每个人都作为这种宗法等级结构中的一分子出现。氏族成员始终没从氏族的脐带上脱落和分离，因而不能得到自主的发展，从而不能为独立思考精神的发展提供广阔的前景。故"统治阶级虽然享有特权和闲暇，也产生不出哲学这种新的对世界的看法，以及个人独立思考为必要形式的思维花朵来。他们所做的只是对神话和宗教加以更加森严可怕，用至高无上的神权来表现和巩固那地上的专制制度"①。人匍匐在自然和社会等级制度中，感受到的世界只能是威严与恐怖的。

可以说，由于生产力的落后，社会分工的简单，没有一个奴隶阶层来承担全部劳动，整个社会只有一点剩余产品，并未产生真正的私有制。阶级分化不明显的国家为了维持庞大的组织，不得不借助宗法血缘关系建立层层等级服从关系，所谓"天有十日，人有九等"。所以维持社会秩序的安定，成为统治阶级最主要的政治任务和职能，一切文艺、思想都要围绕这个政治目标来运行，而自身无法得到独立的发展。

在这种生存状态下，社会成员同自然条件紧密结合，深深依赖于政治秩序，思想没有得到提升的可能。即使有了些缓慢的发展，却保留了很多原始思维的痕迹。也就是说，一方面原始思维中那种"天人合一，物我不分，万物有灵"的状态开始被打破，因果推理和抽象性的哲学概念开始形成。这是因为"哲学的最初产生就在于把人和自然区别开来，排除拟人观而把自然万物当作人之外的对象来对待。……这就对自然万物有了新态度，产生了就自然本身来了

---

① 杨适：《哲学的童年》，中国社会科学出版社，1987，第62页。

解自然，寻求客观的原因和理由的科学态度和思维方法"[1]。

另一方面，由于人们只能通过他们所遇上的社会关系来认识他们所处的世界，在融合原始血缘关系和等级关系的宗法社会中，人对自然的依赖使得人们的眼光无法完全从"拟人观"中超越出来，天人之间还有一种神秘的通感，人们关于世界的认识还处在一种"巫史文化"的状态。

一个超越世俗的一神宗教也从中产生。在这种宗教中，上帝没有人的外形，但已能发号施令，降灾赐福，惩罚罪恶，掌管风雨、命运和生命。但是抛开这些人的特征，"帝"似乎是一个具有拟人的形式，但无法形容的人，其真实的名字是无法知道和不可言喻的。这和中国以后道家思想中"道"的神秘不可言喻性有相似之处。在这种思想中，"它不认为世界分为天、地、'地狱'三个等级，而只是一个水平的层次，它的中心是上帝的树，先祖的灵魂也住在这棵树上"，而"国王及其助手和臣子们并不试图同地下的世界发生关系，也不试图同天上的世界发生关系（因为当时人们思想中就不存在'天堂'和'地狱'的概念），而是同一个遥远的世界相联系（那个世界仍在地上），在那里，上帝这个神住在他的园圃中的一棵极高极高的树上，那里也住着人们先祖们的灵魂"。[2]看得出这种思想同中国殷商时代人们还没完全从自然关系的脐带上脱离下来的生存状况相适应的。

正是这种"天""帝"和人王、人祖的相互交织，使氏族、部落的祖先神始终是神祇崇拜与祭祀的清晰的核心主体神祇，而"天"的形象、功能却往往模糊不清。它所产生的现实功能是：一方面通过祖先神祇有效加强了血缘聚落体的组织整合，使之更加有

---

[1] 马克思、恩格斯：《马克思恩格斯全集》第46卷（上），中共中央马克思恩格斯列宁斯大林著作编译局编译，人民出版社，1979，第483页。

[2] 阿马萨里·安东尼奥：《中国古代文明：从商朝甲骨刻辞看中国史前史》，刘儒庭等译，社会科学文献出版社，1990，第125页。

效应对外来的生存压力；另一方面使聚落内公共权力及等级差异有着宗教性质的合法性。"天"仅仅承担着对祖先神本体保障的信仰作用。所以，史前中国祖先崇拜的盛行及其相关礼仪的繁缛化，其本质正是当时聚落组织内聚化的宗教文化的反映，表现出血缘纽带的重要性以及其时对祖先崇拜的社会基础。

祖先神崇拜逐渐成为聚落先民尊崇的核心，并作为氏族、部落的主神存在，这是以血缘纽带为基础的聚落社会内聚化影响的结果。这种祖先崇拜所带来的直接功能便是当时的先民们大都有着鲜明的血缘组织维护意识。这种维护意识的中心便是对聚落首领的敬畏和服从，从而形成了神化先王、先祖的宗教意识。而对"天"的尊崇成为陪衬人王本体性的外在形式。它也使史前先民十分注重对氏族、部落显贵的厚葬。例如距今5000多年前的红山文化牛河梁遗址中，方圆数十里的坛、庙、冢，均是为了祭天及礼祭那些手握神权、政权与族权的上层人物的。这些人显然是该聚落群团里核心聚落的先祖。以这种规模巨大的祭坛、祭庙等物质形式进行礼祭，明显包含着先民希望这些权贵人物的在天之灵护佑的宗教意义。在凌家滩遗址、良渚文化遗址、屈家岭—石家河文化遗址中，我们都能发现那些手握族权、神权、政权的显贵的规模庞大、随葬品精美的墓葬。这说明史前中国的原始宗教信仰有着自己的鲜明特征。

同样，在艺术发展方面也展现出同样的祖先神崇拜特点。在中国仰韶文化的陶器上，我们看到了一种生动活泼、淳朴天真的艺术风格。这与人们当时处在原始状态下那种物我不分、天人合一的思维状态相一致的。而当我们把视线转到商代青铜器上，它们给人的主观感受是一种神秘的威力和狞厉的美。这种艺术风格的得来很显然是与拟人观思维残余的神秘通感以及进入阶级社会后统治阶级希望借助来自上天和祖先的力量来维护自己的权威的愿望分不开的。

总而言之，这时期的文化是"以祖先祭祀为核心，具有浓厚宗教性质的巫史文化"①。

综上所述，可以知道，原始农业生产方式的自足性使其具有内聚化特点。即使其后发展成规模较大的以地域相结合的政治体组织，但由于聚落自给自足的本质特性，成规模的公共行政管理仍然没有成为流淌于社会基层组织的血液，由此使早期村社仍然保持了自己的血缘性宗法传统。这种情形使得早期中国社会的民众始终将关注点聚焦在氏族、部落内部的血缘亲疏、团结和睦上。对祖先神的崇拜不仅没有随着社会发展而减弱，反而日益显出强化之势，并不断传承、延续下来。所以早期中国的生态环境、社会组织、宗教神祇崇拜是相互联系的，并由此形成了中国文明独特的历史演进道路。

如果我们转到古希腊社会，便会体验到一种与东方文明迥乎不同的欢娱的气息，希腊人像"正常的儿童"②一样成长。

古代中国与古希腊文明气质的差异产生于不同的发展途径。诚如前面引用侯外庐的话讲就是"古代社会这两个不同的路径"："'古典的古代'就是从家族到私产再到国家，国家代替了家族；而'亚细亚的古代'则是从家族到国家，国家混合在家族的里面……所以，前者是新陈代谢，新的冲破旧的，是革命的路线；那后者却是新陈纠葛的，旧的拖住新的，是维新的路线。"③

用马克思的话来讲，希腊古典文明是"更加动荡不定的和更有历史意义的生活的产物，是原始部落的命运变化无常的产物"④。在这充满斗争与动荡的转型中，公社部落制被小土地所有制与商品生产和贸易流通带来的新的社会关系彻底冲破瓦解，在人类"历史上第一次用一种新的社会关系代替自然性的社会关系，使原来社会关

---

① 李泽厚：《美的历程》，中国社会科学出版社，1989，第35页。
② 马克思、恩格斯：《马克思恩格斯选集》第2卷，中共中央马克思恩格斯列宁斯大林著作编译局编译，人民出版社，1995，第114页。
③ 侯外庐：《中国思想通史》第一卷，人民出版社，1992，第10~11页。
④ 马克思：《政治经济学批判大纲》第3卷，人民出版社，1975。

系同自然关系混在一起的状态明白划分出来"①。古希腊人真正从自然的血缘脐带上脱离下来，成长为更具有自主性的个人，而"只有在公社瓦解的地方，人们才靠自己的力量继续向前迈进"②，从而创造出光辉灿烂的古典文化，甚至成了"不可企及的范本"③。

实际上，古希腊早期的克里特文明和迈锡尼文明"在许多方面都是类似古代东方王国"④，在进入荷马时代后，却加速了发展，这其中就含有希腊所独具的客观原因。

约公元前1000年，古希腊由青铜时代转入铁器时代，铁农具在公元前8世纪已广泛使用。这种铁器的迅速推广的情况在各民族的发展史上为希腊所独有，"只有希腊人是直接从野蛮时代进入铁器时代的"⑤。铁的应用，促进了农业生产的发展和手工业的形成。希腊早在荷马时代就出现了自由小农——小块土地的私有者，个体家庭开始出现，而"正在产生的私有财富在氏族制度上打开了第一个缺口"⑥。从此，财富开始成为人们追求的目标，为之进行的各种活动则进一步动摇和瓦解着原始公社和氏族制度本身。

在这个过程中，商品经济和货币贸易交换更是推进和加速了旧制度的灭亡。

希腊半岛多石少林，贫瘠少雨，不宜于麦类作物的生长。但希腊海岸线曲折，多良港，并且爱琴海上岛屿星罗棋布，离埃及、小

---

① 杨适：《哲学的童年》，中国社会科学出版社，1987，第7页。
② 恩格斯：《反杜林论》，载《马克思恩格斯选集》第3卷，中共中央马克思恩格斯列宁斯大林著作编译局编译，人民出版社，1995，第220页。
③ 马克思、恩格斯：《马克思恩格斯选集》第2卷，中共中央马克思恩格斯列宁斯大林著作编译局编译，人民出版社，1995，第114页。
④ 塞尔格叶夫：《古希腊史》，缪灵珠译，高等教育出版社，1955，第80页。
⑤ 梅森：《自然科学史》，周煦良等译，上海译文出版社，1980，第15页。
⑥ 恩格斯：《家庭、国家和私有制的起源》，载《马克思恩格斯选集》第4卷，中共中央马克思恩格斯列宁斯大林著作编译局编译，人民出版社，1972，第95页。

亚细亚和意大利都不远。这种有利的地理条件也是世界上独一无二的，所以希腊很早就发展起航海业，进行海上贸易和海上移民。

荷马时代希腊内部已开始了分化和斗争，到了公元前8世纪，"随人口的增加，同时发生了财产不平等的日甚一日，自由民丧失土地。在城市，阶级斗争随政治的变革而日渐增长"①。此外，又由于遭到敌人侵略，城池被毁坏，物品被抢光，古希腊人有的由于内战而被迫出境，有的是由于人口过多，为了减轻负担出走，还有的由于瘟疫、地震或土地遭到难以克服的天灾而离乡。②希腊社会开始进入"大移民时代"。最早到小亚细亚沿海，后扩展到黑海、意大利南部，最古老的移民是农业性的移民。③但是聚居于一个城市的独立社会势必要求经济自给，除了农业和必要的手工业以外，希腊移民还利用与母邦的关系和爱琴海优良的航海条件，发展起商业和贸易。"当希腊人在海外城市定居下来的时候，星罗棋布的希腊人殖民地事实上组成了一个希腊人海上贸易商站网。"④这些条件，使希腊多数殖民地走上农工商业兼营的道路。而"一旦商业和手工业发展起来，交换范围的扩大简直是没有止境的"⑤，希腊社会由此获得了进一步发展的动力。

殖民运动对于一切生活皆有巨大影响：它影响到奴隶制度的生产方式的加强和发展，手工业终于和农业分离，贸易扩大并向园圃农业的过渡。⑥这也影响到殖民城市制度的变革。原先，殖民城市是

---

① 塞尔格叶夫：《古希腊史》，缪灵珠译，高等教育出版社，1955，第136页。
② 社丹：《古代世界经济生活》，载顾准：《希腊城邦制度》，中国社会科学出版社，1982，第51页。
③ 塞尔格叶夫：《古希腊史》，缪灵珠译，高等教育出版社，1955，第136页。
④ 顾准：《希腊城邦制度》，中国社会科学出版社，1982，第54页。
⑤ 顾准：《希腊城邦制度》，中国社会科学出版社，1982，第54页。
⑥ 塞尔格叶夫：《古希腊史》，缪灵珠译，高等教育出版社，1955，第145~146页。

按母邦王制建立几个家族贵族的专制制度，旧的氏族关系现在由于工商业的发展而被完全打破，民主的城邦制度终于建立起来。

殖民地的发展也促进了本土的发展。"由于多岩石的山坡能用来种植葡萄树和橄榄树，土地的开垦面积大大增加，因而能向商业性农业，此外，对外制造业的促进也是很大的……与此同时，希腊商船队在往返运送货物方面也获得很大成功。……希腊人率先使用货币做交换媒介，硬币日渐广泛使用，也有效地促进了这些经济活动。"①这就使得希腊经济建立在了商品和货币关系之上。

商品经济和分工制度的发展，引起整个生产关系中相应的变化，生产愈趋于专业化，它就愈缺乏集体性。②以公有制和贡赋形式上缴剩余品为基础的村社制度为各自为公开市场生产的个别业主所组成的社会所取代。③

这种关系是独立小业主之间"当作互相独立的人来互相对待，这种互相当作人看的关系，在自然发生的共同体……的成员间是不存在的"④。这样，随着生产活动的变动，个体的人从部落血缘纽带上成熟脱落下来。整个社会依其职业分成了相当稳定的集团，其中每个集团都有新的共同利益，这种利益在氏族和胞族内是没有存在余地的，因而就需要创设新的官职为这种新的利益服务。⑤这种新体制的建立是以"新兴的中产阶级和破产的农民一道向占有土地的寡

---

① 斯塔夫里阿诺夫：《全球通史：1500年以前的历史》，吴象婴、梁赤民译，上海社会科学出版社，1988，第202页。
② 汤姆逊：《古代哲学家》，何子恒译，生活·读书·新知三联书店，1963，第193页。
③ 汤姆逊：《古代哲学家》，何子恒译，生活·读书·新知三联书店，1963，第201页。
④ 马克思：《资本论》第一卷，人民出版社，1963，第64~65页。
⑤ 恩格斯：《家庭、国家和私有制的起源》，载《马克思恩格斯选集》第4卷，中共中央马克思恩格斯列宁斯大林著作编译局编译，人民出版社，1972，第111页。

头进行斗争"来实现的。①这个君主制—寡头制—僭主制—民主制的过程是与商业、手工业的发展壮大相一致的。经过提修斯、梭伦和克里斯提尼的几次改革，旧的氏族关系终于彻底瓦解，代表新的利益关系的古代民主制最后确立了。

应当说希腊民主制的建立与劳动奴隶制的形成是同步和互为表里的。最先自由小土地私有制的出现，表明生产的发展已达到需要帮手的地步，这也就有了丧失土地而破产的可能。在当时条件下，这种帮手的获得只能用奴隶制来实现。这是因为商业和贸易的发展对原始共同体的分解作用"大大依存于从事生产的共同体的性质……这个分解过程会归结为什么？那就是，用何种生产方式来代替旧生产方式，也不是由商业所决定，而是由旧的生产方式自身性质而定。在古代世界，商业的影响和商人资本的发展，总是结果为奴隶经济；或视其始点如何，结果不过把奴隶制度，由家长式的以生产直接生活资料为目标的，转化为生产剩余价值为目标的"②。在这种过程中，商业的发达程度起的催化作用表现为分解旧生产方式的彻底程度。可见，商品经济在人类发展的各个时期都存在，其发展程度和起的推动作用的大小决定了整个社会进步的快慢。在古希腊生产的发展过程中，由于工商业者需要国内市场和政治权力，而和破产的农民一道向土地贵族斗争并建立起民主制度，从而走上通过战争和奴隶贸易奴役外族人（蛮族人）的道路。自由农民成为国家公民，直接参与政治（这同古代中国国人的政治地位相比是不同的）。

综合分析东西方奴隶制的发展史，可以看出，希腊人由于最早使用铁工具并利用优良环境发展商业和贸易，促进了阶级分化，出现真正的私有财产。这同东方社会由于在使用石器、木器工具的自

---

① 波恩斯·拉夫尔：《世界文明史》第1卷，罗国经等译，商务印书馆，1987，第128页。
② 马克思：《资本论》第3卷，郭大力等译，人民出版社，1953，第410页。

然经济为基础的村社结构下,个人财产通过公有财产来表现有着本质的区别。这种差别是本质性的,奠定了以后发展中的两种类型的全部差别的基础。①

商品经济的发展为个人追求私有财产打开更广阔的境地并获得了全社会普遍承认的形式。原始公社关系在它面前土崩瓦解,劳动奴隶制的发展为脑力劳动和体力劳动更大规模的分工提供了条件,雅典公民作为一个民族整体成了社会的主人(这区别于东方社会中少数贵族支配大多数本氏族成员的阶级分化情况)。在这种民主制度下,一切官职对每个公民都是公开的。②在希腊民主中,个人除了受商品交换的那种神秘纽结所决定的关系的制约外,从一切上获得了"解放"。③雅典公民成了奴隶社会中政治、经济、文化和各方面的主人。这种人的状况被马克思称为"客观的个人"。④这种个性的出现在当时世界各民族中是绝无仅有的,房龙于两千年后还不由得赞叹说:"在现在最伟大的新发现中,个性发现的荣誉当归于希腊人。"⑤

就在这种环境中,在奴隶承担全部体力劳动的条件下,希腊人创造出辉煌灿烂的文化成果,产生了真正的哲学家、完整的神话和对人的关注和赞美。罗素说:"构成文明的大部分东西已经在埃及和美索不达米亚存在了好几千年,又从那里传播到了四邻的国家。

---

① 杨适:《哲学的童年》,中国社会科学出版社,1987,第7页。
② 恩格斯:《家庭、国家和私有制的起源》,载《马克思恩格斯选集》第4卷,中共中央马克思恩格斯列宁斯大林著作编译局编译,人民出版社,1972,第114页。
③ 汤姆逊:《古代哲学家》,何子恒译,生活·读书·新知三联书店,1966,第41页。
④ 马克思:《政治经济学批判大纲》第3分册,刘潇然译,人民出版社,1977,第114页。
⑤ 亨德里克·房龙:《宽容》,迮卫、靳翠微译,生活·读书·新知三联书店,1985,第19页。

但是其中却始终缺少着某种因素直等到希腊人才把提供出来。"①这种缺乏的因素就是个性的产生。而这种个性只有在一定经济条件下，当人从自然纽带上完全脱离出来时才会出现。

出现了个性，才会为"独立思考精神的发展提供了广阔的前景"②。因为有了这种自由个性，在人的意识中"宇宙的面貌才能完全地被客观化为存在于人类以外的自然现象，这些现象的进化也被描写成一种物质的进程"③，才能消除人的头脑中由于人处于血缘关系而产生的那种天人不分的通感，才能按自然的客观本质去初步研究自然，才能客观反观人自身。

商品交换关系的发展是自由个性产生的基础，并不断加强着这个进程。因为商品生产的发展需要找到更多用来交换的物品，这就需要人们对更多的事物及其性质进行认识，同时也会引起对认识方法和认识手段的关心。④李约瑟曾经说过："在西方，商人同物理学都似乎有着不解之缘。……做买卖离不开准确计量，商人必须密切注意他经手的货物的实际性能。他必须知道它们重量多少，优点何在，长度，大小几何，需要什么样的容器，等等。"⑤这就导致科学的产生和对世界总看法——哲学及其思维方法——逻辑学的兴起。房龙说："早期哲学家大都是商人。"⑥的确如此，希腊哲学的兴起最早出现在公元前6世纪工商业最发达的米利都就是明证。

---

① 罗素：《西方哲学史》（上），何兆武、李约瑟译，商务印书馆，1963，第24页。
② 亨德里克·房龙：《宽容》，迮卫、靳翠微译，生活·读书·新知三联书店，1985，第28页。
③ 汤姆逊：《古代哲学家》，何子恒译，生活·读书·新知三联书店，1963，第168页。
④ 郑继兵：《现代人的回溯和思考》，贵州人民出版社，1988，第54页。
⑤ 李约瑟：《李约瑟文集》，辽宁科学技术出版社，1986，第62页。
⑥ 亨德里克·房龙：《宽容》，迮卫、靳翠微译，生活·读书·新知三联书店，1985，第32页。

不过，这种对世界的探究是初步的。人们虽然摆脱了古老自然关系的束缚，开始从主体的眼光来看待外界，但由于初期人类活动范围的狭小和层次的浅薄，人类不可能真正达到对世界的客观认识和把握。宗教和神话仍然存在，并且由于哲学的产生，使得这种宗教、神话更系统化了。马克思曾说："哲学最初在意识的宗教形式中形成，从而一方面消灭自身，另一方面从它的积极内容来说，它自己还只在这个理想化的化为思想的宗教领域内活动。"①"当时人们并没有意识到，一种新的世界观的诞生。这种革命的重要性并不在于它的科学性、正确性，而在于它们假定宇宙是自然的。而宇宙则是可以被人类理性所把握的……它们发现的是自然法则，化为诸神。"②相比而言，东方社会以农业为主的自然经济靠天吃饭，分工不明显，为一种重复性、经验性的劳动。"在乡土社会中成长的人似乎不太追求笼罩万有的真理。"③商品交换不发达，使人们"在区域间接触少，生活隔离，各自保持着孤立的社会圈子"④，没有形成真正广泛密切的社会联系和流动，所以也"不会发生笼罩万物的神的观念"⑤，只能产生众多怪诞的小鬼。无怪乎费孝通又说："从土里生长出来的光辉的历史，自然也会受到土地的束缚，很有些飞不上天的样子。"⑥

从以上分析中我们可以明显地感受到东西方早期文明的差异。这种差异的原因，前文已有所分析，即东方社会进入文明社会的道路在全球具有普遍性，古希腊只是一个例外，是"由于空间和地理

---

① 马克思、恩格斯：《马克思恩格斯全集》第26卷上册，中共中央马克思恩格斯列宁斯大林著作编译局编译，人民出版社，1974，第26页。
② 菲力浦·劳顿、路易丝·毕肖普：《生存的哲学》，胡建华等译，湖南人民出版社，1988，第65页。
③ 费孝通：《乡土中国》，生活·读书·新知三联书店，1985，第6页。
④ 费孝通：《乡土中国》，生活·读书·新知三联书店，1985，第4页。
⑤ 费孝通：《乡土中国》，生活·读书·新知三联书店，1985，第30页。
⑥ 费孝通：《乡土中国》，生活·读书·新知三联书店，1985，第2页。

条件的不同"造成的。①

"社会成员或部落成员对部落土地（部落所栖息的地方）的关系所以采取这几种不同形态，一部分取决于部落的天然性质，一部分取决于部落的经济条件……而这样经济条件有取悦于天气土地的物理性质，由自然所制约达到的土地开垦方式，跟敌对部落或临近部落的关系以及那些引起其迁徙和其他历史事件的重大变动。"②对于希腊来讲，铁的使用和地理环境条件起了决定作用。希腊方式的特点，就像张光直所讲"破裂性即与宇宙形成的整体论的破裂——与人类和它的自然资源之间的分割性。走这条路的文明是用由生产技术革命与以贸易形式输入新的资源这种方式和积蓄起来的财富为基础建造起来的"③。而东方文化之路的特色是"连续性"，"从意识形态上说它是一个整体性的宇宙形成论的框架里面创造出来的"④。其形成条件是"财富集中，……并不是籍生产技术和贸易上的根本革新这一类公认造成财富的增加与流通的方式而达成的。生产量的增加是靠劳动力的增加（由人口增加和战俘掠取而造成的），靠将更多的劳动力指派于生产劳动和更为有效率的经理技术而产生的。换言之，财富之相对性与绝对性的积累主要是靠政治程序而达成的"⑤。佩里·安德森认为："因为既没有大型灌溉工程，又没有国家间的冲突或交流，所以比较接近于某种远古家族背景。"⑥

张光直认为就世界范围来看，文明的产生，即从原始社会向

---

① 马克思:《政治经济学批判大纲》第3分册，刘潇然译，人民出版社，1977，第93页。
② 马克思:《政治经济学批判大纲》第3分册，刘潇然译，人民出版社，1977，第103页。
③ 张光直:《美术、神话与祭祀》，辽宁教育出版社，1988，第127页。
④ 张光直:《美术、神话与祭祀》，辽宁教育出版社，1988，第127页。
⑤ 张光直:《美术、神话与祭祀》，辽宁教育出版社，1988，第123~124页。
⑥ 佩里·安德森:《中国古代国家的起源》，《二十一世纪》2000年4月号（总第58期）。

阶级社会的转变有两种基本方式：一种以人与自然关系的改变为契机，通过技术的突破，通过生产工具和生产手段的变化引起社会的质变；另一种则以人与人关系的改变为主要动力，它在技术上并没有大的突破，而主要是通过政治权威的建立与维持开创了一个新的时代。前者以古代两河流域的苏美尔文明为代表，其特征是金属工具在生产和灌溉中的大规模运用、贸易的扩展、文字对经济的促进、神权与国家分立等。它成为近现代西方文明的主要来源。后者则以玛雅—中国文化连续体为代表，其特征为金属在政治与宗教活动中的广泛运用，政治分层系统与网状结构的形成，文字和艺术成为宗教的附属品，成为天人沟通的工具。如果说前者在兴起的时候突破了自然生态系统的束缚，并与旧时代之间产生了断裂；后者则从史前继承了各种制度、观点与仪式。正是在此基础上，夏商周三代文明像一个滚动的雪球，越聚越大，文化的同一性也空前加强，周人才能在距今3000多年前就以分封制完成了"溥天之下，莫非王土"的政治抱负，最终为秦汉多民族统一国家的形成奠定了坚实基础，创建了人类文明史上第一个多民族统一的政体，此后不断发展壮大，绵延至今。

在世界文明史上，中国文明相较于其他区域文明，具有在民族、国家、文化认同上所具有的三位一体特征，这些特征构成早期中国的文明特质，即文化认同、族群认同、政治共同体（聚落群团、早期国家）认同的一致性。在几千年的中国文明演进中，以文化认同为基础的民族认同与国家认同常常空前一致，这种演进历程与中国文明的内在特征有着密切关系，这就是中国古代文明表现出的一种开放、兼容、内聚的形式与特点。

第二章 封建大一统

"中国"一词的第一次出现，是在1963年陕西宝鸡出土的"何尊"铭文中。这篇122字的铭文，记载了周成王在新建成的成周洛邑对宗室青年贵族何的训诰。在文中，周成王追忆周武王克商后为了更好地进行统治，决定在位居天下之中的洛阳地区营建成周洛邑。何尊铭曰：

> 唯王初埋宅于成周，复禀武王礼福自天。在四月丙戌，王诰宗小子于京室曰："昔在尔考公氏，克逑文王，肆文王受兹大命。唯武王既克大邑商，则廷告于天，曰：'余其宅兹中国，自之乂民。'呜呼，尔有唯小子亡识，视于公氏，有庸于天，徼命敬享哉！助王恭德欲天，临我不敏。"王咸诰，何赐贝卅朋，用作□公宝尊彝。唯王五祀。

铭文大意为：

> 周成王五年，天子迁居于成周，又在太室山举行祭祀告慰周武王的在天之灵。在四月丙戌日，周成王在王城宫

殿里对宗室青年何进行训话。回忆当年何的父亲公氏追随周文王、辅助周文王接受天命取得天下的情形。周武王在灭商后举行隆重的祭天仪式，准备以此地为中心，统治天下。周成王告诫何要不忘先王先公的功绩，要继续尽心尽力地辅助周王，不改初心，不忘天命。训诰之后，周王还赏赐何钱币贝三十朋。何为此特地制作了这个青铜尊，以作纪念。

周武王灭商后为什么要在洛邑建立成周呢？周作为"万邦"之中偏居西陲的一个蕞尔小国，却消灭了殷商，获得了天下。摆在周朝开国者面前的首要问题，就是如何管理好包括原殷商的王畿、四土、多方的广大地区，而不重蹈商朝灭亡的覆辙。这个需求在殷商遗民首领武庚联合管叔、蔡叔与霍叔发动叛乱后显得愈发紧迫。周王与周公便着手进行二次革命。

一、与距离作战

国家是阶级统治的暴力工具，国王是国家权力的集聚者。有了王权，才能将众多孤立分散的血缘族群联结在一起，形成更大规模的政治共同体。因而规模的大小与秩序的稳定度是由对民众的统合力度决定的。

统治者对强大控制力的追求是永无止境的，他希望他的意志可以传达到每个人，权力可以控制每一个人，可以主宰每个人的命运。也就是说，"天高皇帝近"才是君王集权专制的本心初衷，能对统治对象进行零距离、全方位、无死角地监视控制的国家，才是统治者追求的理想之国。尽力减少时间与空间的限制，减少统治者与被统治者之间的管理层次，集中权力，维稳防乱是贯穿统治史的主题与主线。与距离作斗争，实现无代理管制，无死角监管，才是治理的最高理想。

治理是有成本与条件的。统治面临的难题，首先不是想不想，而是能不能的问题。在《菲利普二世时代的地中海和地中海世界》中，布罗代尔在谈到16世纪西班牙帝国的统治与遍布全球各地的殖民地的关系时，曾感叹帝国治理之难："与距离作斗争，仍然是费神的问题，但也是侥幸和运气的问题。在海上，如果顺水，一连几天好天气，人们就可以在一两个星期内做到别人6个月都做不到的事情。""对于一个国家来说，与空间作斗争的确不是一劳永逸的，必须为此作出不懈的努力。"①"有限的运输能力和交通手段一直是古代帝国所需面对的一个重大的约束条件。"②统治欲望与统治手段、统治范围与统治成本的尖锐矛盾，是一个世界级政治难题。

距离凸显了统治的空间向度问题，导致了不同部族文化的认同差距。对整体还处在刀耕火种时代的统治者来讲，面积与规模意味着异乎寻常的错综与复杂。

首先，广土巨族带来了超大规模性的治理挑战。

夏族、商族、周族人口本身最多不过几万人，但统治核心区的王畿却达几万平方公里。夏朝王畿在晋南豫西，殷商来自东部，周族兴自关西，三代核心区作为文明化区域被称为"诸夏"。自夏到周，王权的势力范围越来越大，东到山东青州，西到陇西，北到北京，南到江浙，面积近二百万平方公里，各族裔人口有几百万。如何保持众多异族的忠诚与臣服，是统治者要面对的大问题。

其次，地广人稀，人口点面散布带来了区隔性挑战。

夏商周的势力范围总体上表现为面与点的结合。王畿区是王的直属地区，它是以面的状态存在的。而王畿之外的外服区，并不是理想中围绕王畿的环状地带。实际上，在夏商时期，外服区包括军事殖民据点、附属方国和敌对族邦，往往犬牙交错地连在一起。即

---

① 晏绍祥：《与距离斗争：波斯、罗马与秦汉帝国的中央集权和地方自治》，《史学理论研究》2016年第3期。
② 赵鼎新：《国家、战争与历史发展：前现代中西模式的比较》，浙江大学出版社，2015，第88页。

"王朝所能控制的是以一个大邑为都城的中心地区,以及四方远远近近散布着的属于王朝的几个或十几个诸侯方国。每一个方国其实就是王朝所能控制的'据点'。'据点'与'据点'之间,散布着不属于王朝的许多方国。所以,当时人对王朝的国土,只会有几个'据点'的概念,而没有整个'面'的概念"[1]。

不仅如此,"据点"与"据点"之间、"据点"与方国之间还有很多荒地原野,方国互不接壤,更没有明确的边界,只不过是一个个殖民点而已。所以西周初期的一千多个方国,其"领土就好似一个拥有超过1700个周朝堡垒、要塞和据点的群岛,其周围就是由潜在的村民和异族部落组成的汪洋大海"[2]。西方汉学家吉德炜曾形象地比喻这样的国家结构如同瑞士干酪,里面充满了空洞。

这种情况一直持续到春秋时代。虽然春秋时期,诸侯通过纷争已获得了相对完整的土地,但那时诸侯国仍呈块状,国与国之间存在很多荒野空地和沼泽湖泊,很多异族政权如中山国就建立在诸侯国之间的荒野上。即使紧邻王畿的宋国和郑国之间也有"隙地六邑",几百年间无人居住。甚至成周洛邑地区,一直到春秋时期,也经常有戎狄游牧部落出没。

实际上,到了战国时期,各诸侯国的疆土才由点及面,再扩展到块,最终相互接壤,出现所谓"边界"。也就是说春秋以前,中国大部分国土呈现"华夷杂处"的局面,所谓"北狄""东夷""西戎""南蛮"的叫法,只是以中原王朝政权对异族以方位为划分方式的蔑称。

再次,遥遥路途,道阻且长,更是加大了资源与信息流通难度。渭河平原上的宗周故地与东方地区相距甚远,中间相隔的崤

---

[1] 王玉哲:《中华远古史》,上海人民出版社,1999,第335页。
[2] 塞缪尔·E.芬纳:《统治史》第1卷,王震、马百亮译,华东师范大学出版社,2014,第293~294页。

（山）函（谷关）峡谷，更是崎岖难行，来去一次需要几十天时间。周人按距宗周丰镐的远近称其为"小东""大东"，而且道路两侧还分布着许多没有归化的蛮族。距离之远，远超周王的控制实力，导致周王没法直接管理这些土地。还有，因道路、通信等条件的制约，使得信息传递慢，传递成本巨大，事务报送批复周期长，必然导致周统治者对突发事件反应迟缓，处置效率低下，这都加大了统治的难度，降低了管理的有效性。

周代诸侯国的大小约等同于现在一个县。中心城邑方圆20—30公里的区域，正好是一个人能够一天往返的，故诸侯王可以直接管理，所以小国寡民的城邦国家是古代文明初期国家形态的一般状况。由于不需要二、三级授权，故不存在权力旁落、地方割据的危险，城邦居民（国人）可以聚会、发表意见、参与政务，如果对政务不满甚至能够激起国人暴动。

除了距离、面积、间隔等，纬度、地形、地貌、气候更使得各地情形各异，其人文语言、习俗信仰也复杂多样，文化的巨大差异，导致不同族群的认同度更是相距甚远。

西周的基本使命就是控制那些散布在中国北部山谷和平原上的数以千计的邑。西周的政治力量及它的许多地方诸侯将这些邑编织成一个巨大的网络，这就是邑制国家，这个邑制国家是基于血缘的有序组织。西周可以被看作一个巨大且有层次的邑的网络，这在地缘政治关系中有两个重要的含义：首先，邑制国家并不是以一个由边境线所划分的完整的地理板块的形式存在，而是以在其控制下的许多邑的实体存在为特点；其次，由于邑制国家是作为一群群的邑而存在的，并且这些邑界定了国家，因此在国家所认为的"领土"范围之内有许多空间地带（这些政治网络的网眼就是一个一个的无人区）。这种政治共同体不是点状的城邦，而是平面铺开的"天下"。

以上因素导致对邑制国家的政治整合难度巨大，在古代道路等通信条件下，统治成本几乎被无限放大，所谓"将在外君令有所不受"的原因就在于此。一方面统治者鞭长莫及，有心无力；另一方面若单纯用以夷制夷的方法，往往会因"非我族类其心必异"等原因，最终离心离德，时叛时离。

对跨地域、跨族群的超大规模政治共同体的治理即"天下"的治理之道，是摆在夏王、商王和周王面前的超级难题。"天下"是理解中国治理之道的至关重要的维度，根本问题就在"天下"共同体高度的复杂性。如果希腊式城邦是"同质共同体"，天下则是"异质共同体"。"作为政治共同体的天下，是一种最大化的多种地理元素、民族构成、文化品类和治理体制的异质聚合体。这种聚合体的特点，就是一大二多——规模大，元素多"[1]，其中最核心的问题则是如何在如此高度复杂的异质共同体中达致活力与稳定的平衡。

为此，夏商周三代进行了持续探索，有教训有经验，几经损益，直至周礼建构，才臻于封建大一统。

二、从共主到王天下

前面讲过，中国多元一体的文明起源是各种因素聚合的结果，是中原部族适应地理环境、抵御自然灾害的要求，由扩张生存空间，持续抵御外敌等历史合力造就的。中原文化和华夏族群的范围不断扩大，原本分散的族群和诸侯国开始紧密联系成为一个整体，国家形态越发成熟，由部落联盟到共主邦联，血缘、地缘相互涵盖，最后形成王族主导的广域王权。

尽管没有文字材料实证夏王朝的存在，但考古发现二里头文化属于夏代中晚期，遗址布局已明显呈现出王朝气象。二里头人口总数不少于两万人，城市布局就像最早的紫禁城，论规模与气势应属

---

[1] 吴稼祥：《公天下：多中心治理与双主体法权》，广西师范大学出版社，2013，第31页。

于广域王权的权力中心之所在。①其影响范围为现在河南洛阳盆地一万多平方公里的地域。在这个空间里，若干聚落星罗棋布，各个聚落按照隶属关系构成以二里头为中心的聚落网络。

夏王朝是夏族在征战中由氏族组织分化扩展而来的，国家只是在组织规模、阶层分化上对氏族组织的扩大。结盟的部落更多的是迫于武力的臣服，不过可以继续保留着原有的部落治理形态。夏王实际上是方国联盟的共主，夏族是居于统治地位的王族。

夏王朝的中央与大多数地域方国的关系是"统而不治"，中央王族只是以间接的方式行使其统辖权而不是治理权。这样一方面有助于迅速扩大地域范围，形成较大的国家领土；另一方面又因为这种地域上的联结主要是依靠政权力量的外部整合，不同的氏族部落单位仍然各据一地，行使直接的治理权。氏族部落对中央王族的臣服度高低与中央王族的距离远近成负相关关系，距离中央权力中心越远的氏族部落，臣服度自然就越低。

因而夏王要经常巡视各地，夏王朝数次搬迁都城，实质目的都是力图通过迁都强化对全国的有效控制。传说少康之子杼继承王位后，为了应对东夷人的挑战，巩固在东方的统治，把都城东迁至老丘。杼之子槐在位时，淮泗流域的九个部落（即九夷）向夏纳贡，夏王则对顺从的部落封土封号，东夷族与华夏族开始和平共处，开创了后世诸侯制的先河。

为解决联盟方国的忠诚问题，夏王还借助血缘的认同与祖先信仰，在王朝国家的框架下将其神圣化和制度化，华夏族群意识开始出现。

当然，夏王朝对于以祖宗制度来维持长远统治还缺乏自觉意识，此时的王制国家还处于萌芽之中，仅仅具有雏形，其整合能力

---

① 参见许宏：《最早的中国：二里头文明的兴起》，生活·读书·新知三联书店，2021。

有限。其他聚落中心（方国与邦国）接受中央邦国的统治与影响，有从属、半从属或同盟关系，时服时叛，方国还保留相当的有组织的暴力机器。传说夏初夏王就遭到东方寒浞的进攻，导致太康失国几十年。夏王朝维持统治的主要手段就是依靠暴力征伐，但这种暴力征伐必然会激起其他部落的反抗，最终造成王朝的颠覆，后世称之为"暴桀亡国"。

夏亡之后，如何通过国家力量将更多的人群整合为一个政治实体仍是新任统治者面临的最大问题。

夏商领土的扩张主要是通过武力征服与军事殖民两种方式。自夏至商近千年，中原的居国渐成规模。像夏代一样，为了加强对附属国的监视与统治，商朝自汤至帝辛十七代三十一王，也多次迁都，史称"殷人屡迁，前八后五"。商前期以今日郑州的商城遗址为中心，后期以今日安阳的殷墟为中心。以王畿为中心的区域就被当作"天下之中"，反映出明确的疆域意识。《诗·商颂·殷武》云："商邑翼翼，四方之极。"

商代的疆域意识包含王畿、四土与四方三个层次，统治的控制力度逐层递减，在政治地理上呈现一种差序格局。中心区即王畿所在的"中商"、"大邑商"或"天邑商"；"四土"则是王朝力量可控的政治疆域；可控范围之外广袤的地理区域被称为"四方"或"多方"，是其他部族分布的地方，如子方、人方、土方、鬼方等，即《诗·商颂·长发》说的"外大国是疆，幅陨（员）既长"。在中商与四方的对比中，"大邑商"或"天邑商"的自称，分明体现出泱泱大国的气度和天选大族的意识，如《小屯南地甲骨》1126号卜辞载："南方，西方，北方，东方，商。"中国概念已是呼之欲出，从商朝的地缘政治格局中，已经能看出未来大一统国家的雏形。

《诗·商颂·玄鸟》称商王朝"邦畿千里，维民所止，肇域彼四海"，显示了商王朝的开拓进取精神。商王朝对国土的经略，呈现从中心向四外推进，具有东西横向和南北纵向十字交叉辐射的特征。

与夏代相比，商朝在国家整合与社会统合方面有了很大的发展。在夏代，人口集聚点，包括王族居住点多以"台""丘"等地名命名，而以"邑"为名的则较少。这意味着人口集聚在地势较高的地方，其规模都不大。到了商代，"邑"渐多，且规模较大。这意味着商代的生产力有了新的进步，社会分工有了新的变化，更多的人脱离直接的物质生产，社会分层复杂度较之夏代更进一步。考古人员在商代遗址中发现有大量贝币，意味着交换的出现。而交换需要集中的场所，势必会打破将人身与地域合为一体的氏族制度，从而促进国家的发育。

尽管随着国家成长，疆土扩大，地域关系日益重要，但由原始时代延续而来的血缘关系仍然占主导地位。基于血缘关系而生成的宗族制成为多元整合的主要方式，也构成国家的基本制度。没有这一制度的整合，日益扩大的领土很容易分崩离析，有所分化的社会很容易离心离德。因此到了商代，通过宗族整合并以王权为中心组织和治理国家的王制国家日益清晰。"通过尊崇和尊重自身的来历，进而重新确认自身的现在，这种国家主义的思想方式对社会组织的再认识以及组织的扩大的确发挥了重大的作用。"①

由夏至商数百年，文明有了标志性的发展，国家形态日益清晰，但这种演进并不是后世所说的具有质的差异性的"商汤革命"。在国家的组织和治理样式上，商更多的是承继与延续，即孔子所讲的"殷因于夏礼，所损益可知也；周因于殷礼，所损益可知也"。

当然，与夏一样，宗族制整合的力量是有限的。与夏一样，商最后的王纣也被视为滥权暴君，最后导致王朝的覆亡。

---

① 宫本一夫：《从神话到历史：神话时代夏王朝》，吴菲译，广西师范大学出版社，2014，第387页。

如何做到统一有序地开疆拓土与多元整合，始终是中国先民上下求索的重大问题。

周武王灭商之后，最初仍然像原先商王取代夏王那样成了由几百个邦国组成的联盟的盟主，各个邦国继续保留独立自治，即使被推翻的殷族也保留了完整族群，实行族群自治。直到殷族首领武庚联合周族"三监"叛乱，周主才深切体会到这种邦国体制的三大薄弱环节：一是各自治邦国本身就有叛离的倾向，二是被灭国的殷商遗族有复国政变的倾向，三是作为王族——周族内部的权力争夺导致了分裂离心的倾向。

其实这种情形在早期人类文明史上是个共性问题，诸如阿卡德、巴比伦、亚述、赫梯，包括波斯帝国，大多是武力征服后，文明倒退，重回野蛮世界。其中最突出的就是横跨欧亚非三大洲的亚历山大帝国的崛起。但亚历山大从公元前336年即位到在巴比伦暴病而亡，前后不过13年时间，亚历山大死后整个帝国立即分崩离析。

如何彻底离散商族，彻底打消其复国欲望？如何整合邦族形成一个统一的治理体系，将各族融合形成新的共同体？如何加强周族内在凝聚力？这些关于超大规模的广土众民有效治理的问题如火扑睫一般终日围绕着周初的统治者，无怪乎周初的统治者天天"自夜不寐"了。

经过深思熟虑，周初的统治者认为要想做到长治久安，对天下的统治就要不仅有力、有理，还得有礼，于是开创了一个新型的国体形态——封建宗法大一统制。

为了加强对征服地域的统治并不断向外拓土开疆，周王不再保留臣服方国部落原有的形态与建制，不再给予他们独立性很强的自治权，而是"众建亲戚，以藩屏周"，通过授民封土，委任姬姓亲族"小宗"和功臣（姻族）为诸侯，授领一部分周族成员和部分殷商遗族，或统治原先已征服的方国，或武装殖民于各个邦族之间的战略据点，建邦立国。这种做法一方面将殷商遗族彻底分化消融在周族之中，彻底消除其复国叛乱的危险；另一方面能对联盟邦国就近监视，进而蚕食兼并，扩大周族直接统治范围，形成诸夏，进而形成统一共同体。

《周礼》开篇就是"惟王建国，辨方正位，体国经野"。何为"辨方正位，体国经野"，就是以周王为中心权威，以周礼构划天下秩序，以尊王为初心，以卫王为目的，实现封建宗法大一统。日本学者伊藤道治曾经对姬姓诸侯的位置和西周时代的考古学遗迹的分布，分七个区域进行过深入考察，考证出西周时代姬姓诸侯的位置"表示出跟考古学上确认的西周势力向北、东、南展开的交通线路相吻合，而且是有意识地为确保其交通要地而采取的配置"[①]。可见周初分封的初衷就在于在政治地理方面有利于加强统治。

由于地域广大，深入无人区，不仅道路通信不便，补给困难，在野人戎狄出没的荒野地进行殖民拓土更是危机四伏，充满太多不确定因素。在没有后援的情况下，所有问题都需要拓殖者自己解决，需要武装殖民者临机处置，周王只能授诸侯以全权处置的权力和拓殖地区的直接统治权。这是在当时情况下，速度最快、成本最小的开疆拓土、占领最大区域的最好方式，就像围棋比赛中的布局一样，几个子下去，虽互不相连，但因占据要地，却能呼应援奥，大片区域就成气做活了。吕思勉说："古者国小，甲兵少，交通不便，悬远之地，为驾驭所不及，则建国以守之。"[②]虽叫分封，其实是去从无到有的创业打拼，就像现在跨国公司在各国设立子公司开拓海外市场一样。

封建制改变了原先夏商以都邑为中心对外武力扩张的方式，通过整体布局，跳过无人区或异族邦国，多地设点，武力拓殖，以求

[①] 伊藤道治：《中国古代王朝的形成——以出土资料为主的殷周史研究》，江蓝生译，中华书局，2002，第215页。

[②] 吕思勉：《中国制度史》，上海教育出版社，1985，第442页。

快速扩张并进行有效控制。此时,全方位突破距离的限制,低成本实现对尽可能大的地域与族群的统治,成了周代封建制设立的内在逻辑。

吕思勉评价西周的封建:"先同姓,次外戚,次功臣故旧,星罗棋布,用作藩屏。而一族之势力,由此遍布于寰区。一族之文化,由此广推于各地矣。即仍其故君者,亦岂遂无裨于统一哉?朝觐有常,会盟有令。共球咸受,集万国之冠裳,文轨是同,昭一朝之制度。……谓汉族统一中国,封建之制,实有功焉,非虚语也。"[1]

周初的改革史称"殷周之变"。它成功设计出了一种空前的对广土众族融合发展的治理方案,将以中原为中心的百万平方公里级别的广阔地域直接带入一个新的文明阶段,并延续了八百年。

古往今来很多人苛责周人为什么不采用郡县流官制度,而用封建制,对此,唐代柳宗元精辟地指出:"封建非圣人意,势也。"非不为也,实不能也!钱穆认为西周封建制度"其实即是把全国政制纳归于统一的制度"[2]。

周王的"治国文化"就是周礼。周王及诸侯对征服的部族以礼乐政教使之文明化。不仅如此,为了提高对周王的尊崇与对周朝的凝聚力、向心力,提升对广阔国土的管理力度,降低管理与监督成本,周王设计创建了周礼,将一整套礼乐政教施于天下,以文化的同质性与认同性弥补直接统治能力的不足。这就是所谓"礼乐征伐自天子出",以武夺天下,以文化天下,礼乐征伐,软硬兼施,情理交融,最终"溥天之下,莫非王土;率土之滨,莫非王臣",逐渐形成一个以周族、周礼为主干框架而融合其他诸族乃至四夷的华

---

[1] 吕思勉:《中国制度史》,上海教育出版社,1985,第418页。
[2] 钱穆:《中国历史研究法》,生活·读书·新知三联书店,2001,第21页。

夏共同体。与现代企业注意企业文化的建设目的相同，都是希望通过对价值观与行为规范的认同减少监督的成本，达到多元一体举止一致的高效治理效果。

周礼是一套完整的宗法政教体制。

首先以天命观确立周王代商的合法性，消除周王与上天的距离。

商人尊神，"率民以事神"，尊崇神秘莫测、法力无边的"帝"，而先王先祖则陪侍在帝的左右。商人通过一套严密烦琐的祭祀制度期望先祖先王让帝保佑商族。商人自恃为天选之族，主要靠武力维持对他族的统治，甚至末代商王还自封为帝，如帝乙、帝辛，对他族保持高压霸道的态势。

武王灭殷，"小邦周"打败了"大邑商"，属于以下犯上，以小胜大。为了获得合法性，周王提出新的"天命观"。这个"天"不像原先殷商那个神秘莫测、喜怒无常的"帝"，它具有强大的道德意志力，谓之"天命"，而且"天命靡常，惟德是辅"。这个变化意义非凡，使得商周之变不再是霸权的暴力更迭而是奉天承运的结果，周王也不再是新"帝"，而成了接受天命、顺应天意的"天子"。"天子"具有强烈的命定天选的含义，有着神圣的合法性和强大的正当性。

"皇天无亲，惟德是辅。"周王获命于天，凭借的是德。德是什么？周王自身的德行与作为。民之所欲，天必从之，所以要敬德保民。"天视自我民视，天听自我民听。百姓有过，在予一人。"《尚书·泰誓中》所记，周武王认识到作为一个统治者，要想金瓯永固就要能够让老百姓过上丰衣足食、安居乐业的生活。这些民本思想消除了周王与民众的心理距离，被以后的儒家发扬光大，成为道统的主要内容。

天子受命治天下，还开创了"君统"。如王国维所说："由是天子之尊，非复诸侯之长，而为诸侯之君。"①周王不仅是血缘宗亲系统里的嫡长，更是上下等级服从体制中的最高掌权者。宗法制度将宗亲与法权结合，奉行"尊尊亲亲贤贤"，将血缘亲疏关系与权力等级关系合二为一，通过实行宗法分封，派同姓宗亲和异姓姻亲武装殖民于边疆要冲地区，建立诸侯国，以此实现"自国以至天下合为一家"。

周族以西部边陲小族取代商族取得天下，在治理国家时表现得战战兢兢，如临深渊，如履薄冰。周王充满强烈的天命意识和使命感，体现出周王对国家建设政治整合的自觉意识。以德配天，以德配位，顺利解决以周代商的合法性与正当性问题，取得修德、立身、名正、言顺、政稳、大一统、平天下的效果。

遥想三千年前，周王指点江山，克服通信、交通资源严重缺乏的恶劣情况，委派子弟亲族深入无人区和野人区，在一百多万平方公里的广大地区建立根据地开疆拓土，需要多大的胆魄与气度，真可谓筚路蓝缕，负重而行，最终"布履星罗，四周于天下，轮运而辐集；合为朝觐会同，离为守臣捍城"。它追求上通下达，同心同德，家国一体，团结一心。

应当说，周礼这种安排既通过统一管理稳定了运营，又激发了基层的积极性与创造性，实现强力维持秩序与保持活力创造价值的良性发展。周王用"惟德是辅"的天命观提升了原先对上帝的信仰和对祖先的崇拜，解决了文化区隔与认同度低的问题，增强了统治的合法性与正当性，提升了凝聚力与向心力。用封建诸侯拱卫王畿的方式解决物理距离，扩诸夏为天下，在远比夏商更大地域范围内移风易俗，实现政令的统一和天下一统，华夏文明至此突破地域血缘的局限，成为自觉的轴心文明。

周代"尊王攘夷"的大一统，对内维护了周王的权威，礼乐

---

① 王国维：《观堂集林·殷周制度论》，中华书局，1959，第467页。

征伐自天子出；对外积极开疆拓土，众建亲戚以藩屏周。此后大一统发展成更为强大动员组织汲取能力和更强的郡县官僚制度，周初天子无力直接统治疏阔大地，只能采取分土而治的政策，这是形势使然，也是最好的选择。周朝延续八百年，是我国历史上最长的王朝，以封建制为核心的大一统国家治理体系发挥出的治理能力与治理效果功不可没。

封建制是中国历史上对广土众民进行一体化有效管理的首次尝试，在政治、种族、文化的有效治理层面上，周代才真正做到广域王权。

但与距离（分裂）的斗争是永不停息的，绝不会一劳永逸。周代宗法封建制度，也仅仅是对超大规模的有效治理难题的临时答案。

冯天瑜指出："西周去古未远，氏族社会遗迹甚深，血缘宗亲纽带对维系国家统治至关紧要，所谓'捍御侮者，莫如亲亲'，故血亲分封是确保宗周社会稳固的不二法门。西周的封邦建国实现了姬姓为主的贵族阶层、被征服的臣仆、封地土著三种人的结合，突破了纯粹的血缘组织框架，故又是对殷商氏族联合国家的一大提升，封土之制较之以往仅以氏族立邦是一大进步，体现了定居农耕文明（土地为其基石）主导地位的正式确立。"①

综上所述，"封建"的真相是：不是诸侯对现有国土的封土享国，而是授民、授旗、授姓氏，让诸侯自己带一队人马去征战、殖民。封主之间建立起寓血缘于法权、融血缘于地缘的一整套行政管理体系。西周统治者这种以小博大的创造性的手法，即以少数自己的族人去控制广大的异族人，通过宗法礼乐制度对全国土地进行重组，建立一个大小同心、上下一系的全国政治网络，加强了其对王畿以外周边地区的有效控制，这是中国古代国家发展史上具有划时代意义的变革，彻底消除了原先夏商时期臣服方国尾大不掉，乃至

---

① 冯天瑜：《"封建"考论》，武汉大学出版社，2006，第28~29页。

叛乱的隐患，形成"溥天之下，莫非王土；率土之滨，莫非王臣"的一统局面，实现了中国国家治理系统的第一次飞跃。战国时期，这种以尊王攘夷为统纲，礼乐征伐自天子出的制度正式被命名为"大一统"。

周行封建大一统的核心内涵是"重一统"。其具体内容包括以"尊王"为核心的政治一统，即在政治上周王是国家政治权力的唯一来源和最高裁判者，地方诸侯的权力及统治合法性来自周天子授民封土，并明确对周天子有贡赋义务；以"攘夷"为宗旨的民族一统，是在生存空间的聚合上，以封建宗法制保持高度的稳定性和一致性，并有华夏文明的自觉意识；以"崇德遵礼"为中心的文化一统，即在政治认同和社会观念上保持对国家及其中央政权的高度认可。在个人、社会、国家的关系上呈现出一元结合的状态。"溥天之下，莫非王土；率土之滨，莫非王臣"，这首民歌在当时广为传唱，反映了对周代大一统的广泛认同，更反映出大一统意识作为一种自觉的政治意识，已内化为一种华夏民族文化基因与集体潜意识。

大一统思想作为中国第一个完整国家意识形态的系统，源自广土王权的治理需求，是对夏商周三代天下观、治理观，尤其是对西周封建制的总结。

大一统是对周代形成的华夏文明共同体的自觉认同，它包括对天子至上的政治认同、基于华夷之辨的群族认同、和对礼乐政教的文化认同。代表血缘远近的"亲亲"原则与代表上下级地位等级的"尊尊"原则，完美地整合在宗法一统的礼制之中。

正是通过这种封邦建国、尊王攘夷、以少统多、化夷为夏的方式，把原先松散的邦国同盟整合为一个向心的宗法共同体。各个诸侯在各地以周礼化育天下，或因俗简礼，或改俗易礼，通过移风易俗，达到都鄙有章、国野相安的局面。平时以夏化夷，贡赋有常；面对四夷侵袭，则互相支援，保卫周王。可以说，没有周公领导的第二次革命，就没有此后中国传统的政教文明。

三代之治，臻于周礼，这是华夏文明成为独特文化的分水岭，殷商"大邑商""中商"观念因商域和四方的中心——外围关系产生，周人因自身文明开化开启夷夏之辨。但周人所谓"夏"与三代之首的"夏"并没有关联。"夏者，大也"（《尔雅·释诂》），"自关而西，秦晋之间，凡物之壮大者而爱伟之，谓之夏"（《方言》）。周人崛起于西方，在征服殷商之后，称宗法一体的各诸侯为"诸夏"或"诸华"。《诗经·周颂·时迈》："我求懿德，肆于时夏。"周王表示欲求懿美之德布陈于诸夏。《诗经·周颂·思文》："帝命率育，无此疆尔界，陈常于时夏。"周王祭祀时言受上帝之命养有万民，对周分封的诸夏无分彼此。这都反映出了周人的"华夏"观念。[①]

这种自觉的政治意识与使命担当，凸显了鲜明的"中国"及"天下"意识。

在传统中国的认知中，中国意味着先进与正统，精华则体现在人伦政教与典章制度上。凡是认同中国的人伦道德、接受中国典章制度的，虽为夷狄也会被视为中国人；反之即使身在中国，却行夷狄之道，也就不再是中国人，会被视为野蛮之人。

这种文化观，对古代中国的形成产生了巨大的影响。一方面，中国人以自己的先进和文明自豪，逐渐形成了全民族的种族和文化认同；另一方面，中国以其博大开放的胸怀和先进的制度与文化，吸引着周边的民族相继加入中国，历经数千年无数次的民族融合，最终形成了现在的中国。这种"四裔五方"的"中国"及"天下"意识，突出的表现是在文化认同、身份认同的前提下强烈的文化自信与民族自豪感。

清末，李鸿章面对西方列强的霸凌行为，曾有这是中国"三千

[①] 参见沈长云：《华夏民族的起源与形成过程》，载沈长云《上古史探研》，中华书局，2002，第385页。

年未有之大变局"之叹,他所说的三千年之局就是指周代以来的大一统天下格局。1917年王国维发表《殷周制度论》,开篇第一句就是:"中国政治与文化之变革,莫剧于殷周之际。""殷周间之大变革,自其表言之,不过一姓一家之兴亡与都邑之移转;自其里言之,则旧制度废而新制度兴,旧文化废而新文化兴。又自其表言之,则古圣人之所以取天下及所以守之者,若无以异于后世之帝王;而自其里言之,则其制度文物与其立制之本意,乃出于万世治安之大计,其心术与规摹,迥非后世帝王所能梦见也。"[1]

大一统从实际治理意义上讲,就是我国古人对广域王权超大规模治理形态的概念化总结。由天命观、德治观、民本观、封建制、宗法制、礼乐制、王师常备军(西六师殷八师)等组成的周王朝,将原先松散的方国联邦共主体系,变为君天子、臣诸侯的上下级统管天下的治理体系。无论是统治面积、统治方式,还是统治力度,周代较之夏商都有指数级的提升。

可以说,为保持大规模的政治统一体,中国先民很早就为了最适合的政治治理方式,上穷碧落、下探黄泉,进行了顽强而持久的探索,并付出了巨大的试错成本和历史代价。周王朝的治理者秉承"天下一家"的理念,通过寓政治、社会、伦理、文化于一体的制度设计,实现了人地相连、情理融合、宗法一体的大一统。

在世界史背景下,"多元一体的中国之形成与发展"问题具有世界意义,这一问题的关键,在于中国的政治统一是如何实现并长期维持、不断强化的。赵汀阳将周朝政治制度的创制定义为一个超前进行的"世界政治"式实验。他写道:"周朝的天下体系只是覆盖有限地域的'世界性'政治秩序,是世界政治的一个概念性实验,是世界历史的预告。世界至今尚未变成天下,真正的世界历史尚未开始。……除了周朝的天下体系这个特例,由自然状态发展出

---

[1] 王国维:《观堂集林·殷周制度论》,中华书局,1959,第453页。

来的政治几乎必定是国家政治，而由国家政治派生出来的是国际政治，却无法进一步发展出世界政治。"①

三、向心与离心

人类历史是个人独立性与社会性同步增强的历史。"我们越往前追溯历史，个人，从而也是进行生产的个人，就越表现为不独立，从属于一个较大的整体：最初还是十分自然地在家庭和扩大成为氏族的家庭中，后来是由氏族间的冲突和融合而产生的各种形式的公社中。只有到18世纪，在'市民社会'中，社会联系的各种形式，对个人来说，才表现为只是达到他私人目的的手段，才表现为外在的必然性。但是，产生这种孤立个人的观点的时代，正是具有迄今为止最发达的社会关系（从这种观点看来是一般关系）的时代。"②

任何政治统一体的形成，都是一系列军事扩张、政治控制、法律强制与文化教化的结果。作为超越血缘与地缘之上的政治权力组织，核心问题就是如何对广土众民的有效治理。在古代信息传递与交通物流不畅的条件下，如何有效控制并治理幅员广阔的疆域，尤其是如何有效管理存在不同地理环境、生计方式、习俗信仰及诉求期盼的族群，非常考验古人的智慧。

不仅如此，古代自给自足的农业经济是分散的，区域间的联系虽然通过往来交流不断加强，但不是那么紧密、频繁。实际上，在现代市场经济发育成熟之前，古代中国没有建立或形成过统一的经济体系。一直到19世纪，像黄宗智与施坚雅等研究者所言，中国存在着若干个内部经济联系密切、彼此间却相对孤立的区域性经

---

① 赵汀阳：《天下的当代性：世界秩序的实践与想象》，中信出版社，2016，第211~213页。
② 马克思，恩格斯：《马克思恩格斯选集》第2卷，中共中央马克思恩格斯列宁斯大林著作编译局编译，人民出版社，2012，第684页。

济体系。同样,所谓"中国文化",也是多民族和各个区域文化组成的,也包括诸多外来的如佛教等在中国扎根重生同化的文化。因此,中国文化在源头上是多源的,在构成上是多元的,在形态与内涵上是多样的。周代大一统文化实现了同一性与多样性的完美统一,多元化与包容性乃是中国文化的基本特征。

应该说,古代中国的农业文明,是一个在农业剩余十分有限的条件下形成的,加之相对独立的地理环境和种族环境,古代中国文明不论是社会分化还是商业的发达,以及与其他种族的交往的承度,都不如其他原生的古文明国家。但也正是因为分化不剧烈,原生的血缘关系及其组织形态由于农业文明而一直延续下来,反而维持了一个大规模的政治统一体的存续。世界上其他的古文明国家纷纷解体消亡,即使古雅典人曾形成很高形态的国家形态,却因为他们的城邦本位主义,使古雅典在强大的外敌侵犯面前像散沙般土崩瓦解。所以,周王朝通过宗法封建制度形成大一统的国家,让中国作为一个大规模的政治统一体一直延续下来。这在世界古代史上世所罕见,连著名的美国学者费正清都百思不得其解,"尽管中国疆土广袤而各地景象又千差万别,但这个大陆始终维持一个政治统一体,而欧洲却未能做到这一点"[1]。

周依靠宗法制度将一个地域广大的国家统一为一个整体——"血缘道德王国"[2]。周王既是宗主又是共主,他将天下视为一家,将天下人视为一家人。温情脉脉,情理交融,礼乐和鸣,和谐安适。

宗法社会是个等级社会,是个讲求名分的社会。在宗法体制下,混合了血缘的亲疏和权力的等级,即贯穿着"亲亲""尊尊"双重关系。

---

[1] 费正清:《美国与中国》,张理京译,世界知识出版社,1999,第8页。

[2] 参见徐勇:《国家治理的中国底色与路径》,中国社会科学出版社,2018。

天子、诸侯、卿大夫、士、国人、庶人（野人）共同构成层层节制的统治链条。从天子到庶人这个社会等级结构中的层层节制关系奠定了社会秩序的基础。正所谓"国家之立也，本大而末小，是以能固。天子建国，诸侯立家，卿置侧室，大夫有贰宗，士有隶子弟，庶人、工、商，各有分亲，皆有等衰。是以民服事其上，而下无觊觎"。宗族的成员彼此都有从系谱上可以追溯下来的血亲关系，而在同一个宗族之内，其成员根据他们与主枝（由每一个嫡长子组成）在系谱上的距离而又分成若干宗枝。一个宗族成员在政治权力上和仪式上的地位，是由他在大小宗枝的成员所属身份决定的。因此，大的宗族本身就是一个分为许多阶层的社会。[1]每个人凭借自身所处的世族而获得社会地位，并进而拥有政治权利。

这种等级名分是由传统形成的，也被视为当然、自然与天然。正所谓："天有十日，人有十等。下所以事上，上所以共神也。故王臣公，公臣大夫，大夫臣士，士臣皂，皂臣舆，舆臣隶，隶臣僚，僚臣仆，仆臣台。马有圉，牛有牧，以待百事。"周代的社会层级结构乃是血族网络运转所致。世族能否构成社会等级结构中的重要环节，就在于能否够依靠宗族和宗法制度而在内部形成秩序，从这个意义上说，整个封建秩序就构建在宗族的基础之上。[2]

宗法体制是个严密的身份体系，每一个阶层乃至每一个人在这个网络体制中都有明确的出身与固定的阶位（即所谓的身份与名分），对这个宗法体系的认同与效忠是每个组成者存在的义务与本分。规范所有人就是周礼——礼乐政教，周礼构成了对所有宗法共同体人员的共同制约。

周礼的核心是礼乐文化，其目的就是对秩序与和谐的追求。

---

[1] 张光直：《中国青铜时代》，生活·读书·新知三联书店，1999，第20页。
[2] 杨师群：《东周秦汉社会转型研究》，上海古籍出版社，2003，第26~27页。

"乐者为同，礼者为异。"礼的作用在于区别次序，乐的作用在于协调上下。"乐者，天地之和也；礼者，天地之序也。"周公制礼作乐，引导人情欲望的调适，讲求社会等级秩序的稳定与伦理关系的和谐，使尊卑有序、远近和合。然而，礼和乐虽有形式、功用上的不同，但却是相辅相成的，本质上也是相通的，目的都是通过明分止争，安分守己。"乐至则不乱，礼至则不争。"《礼记·乐记》说："是故先王之制礼乐也，非以极口腹耳目之欲也，将以教民平好恶而反人道之正也。"礼是贵贱有序、亲疏有次，乐是井然有序、协和和顺。

宗法体制下最怕的就是乱了辈分，不讲礼数，即所谓"礼崩乐坏"。但有三大致命因素，导致封建宗法之制不可避免呈现下行趋势，逐渐走向衰败。

首先，"君子之泽三世而斩"，周王失德更容易造成人心分离。黄宗羲在《明夷待访录》中反思中国传统政治制度后提出一个命题，直指君王世袭制的死结，那就是"天子之子不皆贤"问题。也即西方政治学者所讲世袭制下容易出现"坏皇帝"的问题。

对中国传统抱有"温情与敬意"的钱穆曾提出疑问："中国传统政治，既主'选贤与能'，为何不想出一种'皇帝公选'的制度来呢？"[1]著名党史专家胡绳也疑惑道："为什么当时一切地主士大夫官僚总是死心塌地拥戴他们的皇帝，不管那是暴君也好，是白痴也好，襁褓中的小儿也好？""照理他们就应该要求比较能干的皇帝，那么为什么他们又一定要采取这种只能产生坏皇帝的世袭制度呢？"[2]

血缘共同体的维系需要共同体的一致性，即所谓"同心同德"。氏族社会实行部落民主制，所有氏族成员共同参与，氏族整

---

[1] 钱穆：《国史新论》，九州出版社，2012，第94页。
[2] 胡绳：《两千年间》，中华书局，2005，第26~27页。

体才得维持。游牧部落一般采用"兄终弟及"的推举继承制度，目的是在激烈的部落冲突与流转迁移中，始终保持有经验的成年首领临机处理各种问题，保证部落的生存与安全。实际上，夏商周三代君主很多采取类似的"兄终弟及"的继承制，也是出于这种考虑。但简单统计一下夏商两代的君王，除开国之王外，能力平平者约为一半，严重失德者在三分之一以上。夏因"桀暴而亡"，商因"纣乱而亡"。作为开国君王的周武王与周公也深刻认识到权力任性的可怕，因此"自夜不寐"。周公试图"以德配天"，敬德保民，其命惟新，德治天下。为维护政权稳定性，也实行嫡长子继承制，甚至考虑过至"兄终弟及"的推举制。但历史的发展却与周的先贤们所期望的大相径庭。

作为族长宗主和天子的周王自成、康、昭三王之后，开始偏离先王之道，每况愈下，可谓是"君子之泽三世而斩"的现实写照。先是周穆王滥用武力，将犬戎推成敌对的一方，使之成为最终灭掉西周的力量。后是周厉王"好利"，独断专行，暴虐无道，引起国人造反。周幽王则直接造成西周完全衰败。此后的东周之主也几乎毫无作为。夏、商除开国君王以外，还有过若干有作为的君王，出现过所谓的"中兴"，如夏的"少康中兴"、商的"武丁中兴"，但周连像样的"中兴"都没有。

这种夏、商、周三代，后世反复出现的政治衰败现象不是个人品质问题，而是世袭制体制天然具有的代际衰败效应。

君王集天下权力于一身，也意味着天下安危也系于一人。宝位至高无上，职责重于泰山，绝对权力对应的是无限的责任。"安邦治国"不仅是一句口头上的话语，真正践行则会对皇帝提出很高的才能要求：既要身健体康，勤政不倦，又要有勇有谋，有胆有识；既要勤政爱民，宵衣旰食，又要朝乾夕惕，竭虑殚心。一句话，德要配位，才要配位，身也要配位。皇帝虽名为天子，号称"天潢贵胄"，其实也是肉身凡胎，非仙非圣。以眇眇之身托于江山社稷，万钧重担，自然是不克负荷，不耐劳瘁，政权也就存在极大的不确定性。

但权力的世袭制使得后任者凭借血缘关系获得权力。商朝"兄终弟及"制度的推行，在最高权力拥有者的选择上或多或少范围会大一些，但最终因容易造成恶性竞争而被废除。嫡长子继承制虽排除了权力竞争，有利于权力的稳定传递，但由于不是最优者上位，也会将有作为的贤者排除在最高权力拥有者之外。而且嫡长子继承制所产生的君王，其权力是血缘赋予的，有一种与生俱来的正统性和优越感，这也十分容易造成权力的滥用。"溥天之下，莫非王土；率土之滨，莫非王臣。"君王集国家大权于一身，对人的诱惑是无边无际的。一句话，在世袭制下，后世嗣君出现贤明后主的概率"受高度的偶然性所支配"。

当然，周先贤的政治设计从根本上说，是受制于生产方式及其社会关系的。农业文明是家长制的温床。农业定居文明像种植季节性生长的庄稼，不断再生产出新的血缘关系及家长制，这与具有流动性的谋生方式有所不同。英国历史学家汤因比在谈到海洋文明时说："跨海迁移的第一个显著特点是不同种族体系的大混合，因为必须抛弃的第一个社会组织是原始社会的血族关系……跨海迁移所产生的一个成果……是在政治方面。这种新的政治不是以血族为基础，而是以契约为基础的……同伙的感情会超过血族的感情，而选择一个可靠的领袖的办法也会代替习惯传统。"[1]古希腊能够率先以地域和财产关系为基础的城邦组织替代氏族组织，得以产生出世界最早的民主制度，与其海洋文明有关。随着蛮族的入侵，希腊的民主制度也随之消亡。到了中世纪，血缘关系及其相应的政治体制又得以生长并长期延续。

---

[1] 汤因比：《历史研究》上册，曹未风等译，上海人民出版社，1959，第129页。

因此，中国的农业生产方式及其家长制的长期存续，构成了国主家长制的社会基础并长期延续，中国政治也将反复上演夏、商、周三代兴亡更替的故事。这是不以人的意志为转移的，是处于血缘关系之中的国家宿命。

其次，亲情五世而淡，人情逐代递减。

血缘关系是"一根根私人联系所构成的网络"，其有三大特点让固守亲情非常困难。

一是血亲网络圈子是个"差序格局"，是以己为中心，按照亲疏远近原则形成。生命生产是一个男女结合又不断再生产的世代更替过程，这个过程也是亲情由亲到疏、由近到远的递衰过程。经历了五代之后，亲情由浓趋淡，血缘纽带也逐渐松弛到亲情分离的程度。中国古代将五代人视为亲人，通常称之为"五服"，凡是血缘关系在五代之内的都是亲戚。五服之后则没有了亲缘关系，可以通婚了。同理，诸侯与周王之间，诸侯与诸侯之间，血肉联系随时间流逝而稀疏，亲情随代际更替而淡漠。亲情代际递减是宗法制度难以解决的问题。

二是亲疏度受到交往密集度的影响，即所谓"交情"。有了空间上的接近，才有精神上的亲近，血缘亲情的维持还取决于交往沟通的亲密度。朝夕相处，共同生活，长期交流，才能有无法割舍的情感，不愿分离的留恋，难以忘怀的记忆。情感共同体的重要前提是空间接近的共同生活，空间上的距离则会稀释亲情。交往密切，哪怕不是亲戚关系远也能做到"交情深"，俗话说"远亲不如近邻"就是这个意思。

周王将自己最亲近与最信任的人分封到各地，以实现对广土众民的统治，在当时条件下是最佳的选择，也是不得不的选择。但这一制度存在着一个致命的弱点，那就是距离的问题。距离让宗亲山河相隔，交往道阻且长，情感逐代淡漠。陶渊明说"心远地自偏"，那是一种心境、一种追求，实际生活中，最自然的多是"地偏心自远"。

三是诸侯一旦扎根地方，心绪自然会远离中央。诸侯对自己的封地有完全自主权，必然具有扩张的欲望与诉求。而不断扩张必然导致诸侯之间的争夺，兼并不可避免，情谊无可挽回。当诸侯从周天子之处再得不到什么利益时，必然导致恩断义绝的结局。

各种政治、经济利益关系对血缘关系的影响是巨大的。周蒯灭殷商后，从一个地方性的族群，变为拥有着广土众民的国家。横向地缘整合超越了血缘联系，上下行政管理需求大过亲情牵绊。宗法体系就是亲情约束（"亲亲"原则）与行政管理（"尊尊"原则）的结合，情法交融，刚柔相济，但广土众民的治理要求应该是整合与治理结合，行政治理为上。政治是权力的利益场，亲情自然抵不过利益的侵蚀。周王需要不断提升治理体系与治理能力，但在世袭制下，代际更替导致周王治理能力迭代递衰，中央不断丧失手中的权力与制约诸侯的砝码。

在吴稼祥看来，分封制"对于中央政府，一次性丧失了三样东西：对诸侯领地的直接支配权和受益权（除了每年或每几年收受诸侯进贡的礼品）、对领主的更换权（领主世袭）以及对军队的直接管辖权"，"王室的领土从周公定疆之后，不增；因王室小宗代代分封，只减。减少的速度，决定每代国王生子多少。这样，有直接收益权的王土，就像是沙漏里的沙子，随着时间的流逝而逐年减少，总有枯竭的一天"。[①]政治关系因为无地可分而日益脆弱。

诸侯权力太大，而承担责任太轻，造成周王室的统治力愈益下滑，大的诸侯自然会成割据扩张之势，渐生逐鹿问鼎之心。

随着代际的更替、各诸侯势力的兴衰起伏，"礼崩乐坏"，周王的"血缘道德王国"逐渐被淹没在利己主义打算的冰水之中，一

---

① 吴稼祥：《公天下：中国历代政治得失》，广西师范大学出版社，2020，第124~126页。

切神圣的东西，一切等级的和固定的东西都开始被僭越、被亵渎。不仅周王不受尊重，诸侯还不断蚕食周王室的利益。从郑公偷割王畿的麦子，到不断分割周王室直属领地，直至最后周王竟然无立锥之地，被赶出王宫，在自己臣子领地上寄居，成为没有土地支撑的空架子，哪还有什么王道尊严、天子威严。封建的最大极限，就是所有土地都已分封完毕，再无余地换取诸侯的忠心之时，封建制也就走入绝境，丧失了发展的根本。

实际上，诸侯在地方扎根之时，就是与中央离心之始。封建可以看作是王室宗族分化的过程，开枝散叶，意味着独立成长，离心是自然的事情。只不过周王与周公"敬天保民"带来的合法性奠定了统治的基础，宗法制度的亲和性塑成了统治的韧性，而广大的国土带来扩张的余地，让看似软弱的封建宗法体制具有冗余度与弹性。这一切都促成周代延续八百年，成为中国史上最长的王朝。

周代宗法制度在中国政治治理与国家演进历史上具有重要地位。它第一次将保民爱民的政道与天命相联结，赋予政治统治者统治天下的历史使命感；第一次将政治统治者定位为爱民如子的大家长并要求其承担家长的责任；第一次运用血缘宗法制塑造出"天下一家亲"的格局；第一次将血亲关系与地域关系联结起来，运用分封制建构起一个统一的东方大国。这都是在当时的历史条件下能够达到的最高境界。只是这一境界来自久远的血缘道德，内含着理想与现实的悖论，无法适应作为地域关系产物的新型国家的需要，以至西周之后历史进入了春秋战国的大分化时期。但是，周人的政治自觉及其智慧具有穿越时空的长久意义，大思想家孔子的理想国便是"从周"。[①]

综合以上对夏、商、周三代的描述，萌芽于先秦时期的"大一

[①] 参见徐勇、杨海龙：《历史政治学视角下的血缘道德王国：以周王朝的政治理想与悖论为例》，《云南社会科学》2019年第4期。

统"观念不仅指导西周构建起了以"尊王"为核心、以贡纳拱卫制为特征的天下秩序，而且成了推动中国多民族国家形成与发展的最强大的内在驱动力。通览先秦时期的历史进程，我们大致可以将先秦时期"大一统"观念萌芽的主要内容做如下归纳：

一是"周王"是"大一统"政治秩序的核心，其所在的"王畿"被视为"中土"，进而催生了"中国"概念的形成。

二是"大一统"政治秩序是以"王畿"为核心、诸侯为"藩屏"的拱卫服事体系。

三是诸侯国的合法性来自周王的授命。接受宗法礼乐文化——周礼，就有了贡赋和保卫周王征讨四夷的义务。以周王为共主，以周礼为正统、为认同，婚丧继承等大事必须报请周王，不可僭越违制，即"礼乐征伐出自天子"。

最重要且最有影响的是，"大一统"文化作为一个包含政道（政治理念）、治道（治理体系）、治术（治理能力）的完整方案，解答了治理的合法性与正当性、治理的原则与方略等问题，具有超大规模治理的高超智慧。所以，"大一统"不仅被此后的中原农耕王朝所继承和发展，同时也被边疆的游牧族群所仰慕和承袭。这就是中华文明在王朝兴衰更替中不仅没有毁灭，反而是持续发展的重要原因，也是历朝历代众多政权没有一个称为"中国"，而"中国"却成了王朝政治时期之后我们这个多民族国家的简称的原因。

可以说，"大一统"代表着天命与正当，代表着合法与正统，代表着文明与先进。历代王朝的建立者虽然不同，疆域也存在差异，但对"大一统"的持续追求是推动中国多民族融合发展的主要动力。

第三章 周秦之变

公元前256年，周赧王死在属臣西周君的领地上，九鼎被秦王收走，周王朝灭亡。

实际上，此时的周天子已经失去自己的辖地60多年，被赶出王宫也已50年。周赧王和他的父亲周慎靓王、爷爷周显王祖孙三代一直寄居在东周君或西周君的领地上。

一、礼崩乐坏

周王维系王朝统治的手段不外乎软硬兼施一策。所谓"天下有道，礼乐征伐自天子出"，软的手段靠宗法制度，硬的手段靠军事实力。但周礼体系到了西周中后期就渐渐难以为继了。

孔子认为春秋战国礼崩乐坏的原因是礼乐制度走向形式主义，缺乏灵魂。孔子说："人而不仁，如礼何？人而不仁，如乐何？"孔子把礼乐制度这种外在的形式与人的内在道德修养和行为的仁与不仁直接联系起来，认为只有具有道德理性自觉的仁人，其行为才能自觉地遵守礼乐或合乎礼乐制度。但如果一种制度的维持，仅仅依赖个人的觉悟与修养，那是靠不住的，现实中对利益的考量很容易将这套高远疏阔的礼义"雨打风吹去"。

君子之泽五世而斩，亲情五世而淡。世袭制下，周朝君王的能力呈现递代迭衰的趋势。武王克商建周，其子成王、其孙康王，因为有周公、召公、毕公等开国元勋辅佐，天下统一，国力强盛，以至于"天下安宁，刑错四十余年不用"，史称"成康之治"。但之后的周昭王就开始穷兵黩武，三征南楚，不幸溺亡于汉水。到第五代周懿王时，王室的衰落已渐露端倪。司马迁在《史记·周本纪》中说："懿王之时，王室遂衰，诗人作刺。"到周厉王、周幽王之时，更是昏庸暴虐，民不聊生。内有国人暴动，外有犬戎侵扰，周王室被迫从镐京东迁至洛邑，沦落到乞求诸侯保护的地步。

春秋以降，周王室的王权更是每况愈下。周王自东迁后就一直受到王畿旁郑国的欺负。不甘受辱的周桓王为了尊严在公元前707年对郑宣战，却被射伤，史称"繻葛之战"。从此，周王威严扫地，诸侯悍然掠取王畿中的禾麦；公然与周王"交质"；借策命之机向王室"请隧"；觊觎王权，"问鼎之大小轻重"；对周天子挟嫌报复，乘田猎之机，射王"中心折脊而死"[①]。钱穆评价自周室东迁后，"共主衰微，王命不行"，西周封建一统之重心顿失，"诸侯如网解纽"，列国纷争，诸侯兼并[②]。天下进入"礼乐征伐自诸侯出"的无道局面，周王室的地位日益"向诸侯取齐"。清人高士奇言，"春秋世，诸侯放恣而用兵王室""君臣之分等于敌国"[③]。

春秋时代，各大国为称霸还假借"尊王攘夷"的旗号四处征讨。到了战国时代，为了防止列强尤其是秦国假借周天子为号召，公元前334年，魏国联络齐国会于徐州，魏惠王与齐威王互相承认为王，史称"徐州相王"。"徐州相王"是战国时期一件重大的政治事件，随即各国国君甚至连中山国与宋国等二流诸侯国君也相继称王，从此周天子天下共主的地位一去不复返。甚至到公元前288年，

[①] 吕文郁：《周代的采邑制度》（增订版），社会科学文献出版社，2006，第148页。
[②] 钱穆：《国史大纲》，商务印书馆，2010，第54、60页。
[③] 高士奇：《左传纪事本末》卷二，中华书局，1979，第9页。

秦相魏冉建议秦昭襄王称帝，同时邀请齐湣王共同称帝，以示尊贵和与诸侯的区别。只不过考虑到他国合纵连横的各种博弈，二者不久就相继取消了帝号。

周王威望衰落的最根本原因是周王可掌控资源的减少。周王直接掌控的只有京畿地区，为了笼络诸侯与公卿，周王不断将京畿之地分封给属下臣子，"以恩惠换忠诚"。但分封如割肉饲虎，反噬自身。土地资源是有限的，周王持续的土地赏赐一点点地抽干了王室的财富，"以恩惠换忠诚"式的分封就成了周王的自杀式的游戏。至西周晚期，原先那种宝塔式的层级分配制度掏空了周王的统治基础，周王逐渐丧失了中央的控制力。无地分封的天子之尊轻如云烟，以至于最后周王丧失了自己直辖的领地，不得不游荡在属臣的采邑之间乞食寄居。明人董说曾经在《七国考序》中云："周亡不如夏有桀、殷有纣。赧之为赧，困穷而已矣！试使秦献一年之赋，齐分百钟之盐，楚贡丹银，燕归枣栗，则周天子不忧贫。"简单翻译一下就是，周王朝是穷死的。吴稼祥曾不无揶揄地说："纵观中国历史，其他朝代，大多是暴死，因暴虐，因腐败，被革命，被造反，被推翻，被窃权；惟有周王朝，是死于资源匮乏和营养不良。不厚道地说，是慢性自杀；厚道点说，是寿终正寝。"[1]

其实，各诸侯国君的境遇与周王的境遇是一样的。仅通过血缘关系将一个有着不同利益、不同族群的政治统一体维持下来太困难了。虽说"血浓于水"，但时间之流很快会冲淡亲情，人伦亲情会随着世代的演进而稀薄，五服之外就只剩利益与算计了。到公元前6世纪，北方各国的贵族势力已不断坐大，臣弑其君，子弑其父，兄弟相残，犯上作乱者屡见不鲜，层出不穷，"封建危机"频现。仅春秋一代就发生了"弑君"36起，亡国者52人。及至三国分晋、田

---

[1] 吴稼祥：《公天下：中国历代政治得失》，广西师范大学出版社，2020，第126~127页。

氏代齐，犯上作乱者竟然可以获得周王认可，宗法礼乐彻底分崩离析。

顾炎武曾比较过春秋到战国的巨大变化。他说："春秋时犹尊礼重信，而七国则绝不言礼与信矣。春秋时犹宗周王，而七国则绝不言王矣。春秋时犹严祭祀、重聘享，而七国则无其事矣。春秋时犹论宗姓氏族，而七国则无一言及之矣。春秋时犹宴会赋诗，而七国则不用矣。春秋时犹有赴告策书，而七国则无有矣。邦无定交，士无定主，此皆变于一百三十三年间。史之阙文，后人可以意推者也，不待始皇之并天下，而文武之道尽矣。"[1]这段话道尽了封建制下信义变利益，优雅变算计，温情脉脉的宗法体系在利益的冰水侵蚀下下陵上替，直至轰然倒塌。

"君主专制正是依靠权力的极大集中而成为唯一正统的权威。在封建国家中，名分也就意味着权力"，"名分背后的权力一消失，名分变成了纸老虎，必被戳穿，它的窟窿愈多，则威严愈减"。[2]

封建体系的瓦解是与君主集权的生长同步进行的，而君主集权的最终目的，就是要达到"权者，君之所独制也""权制独断于君则威"的境界。在封建制下，诸侯统治的正当性来自出身，来自身处的宗法体系，而对于摆脱了封建羁绊的战国时代的诸侯来说，他的统治建立在自身的实力、魅力与贤能之上。亨廷顿曾分析说，在封建政体中，君主与贵族共同享有统治的正统性，贵族对其子民拥有独立于君主的权威，而在官僚政体中，君主是唯一正统的权威。[3]在旧的统治正当性已不复存在的状况下，重建自身统治的正当性也

---

[1] 顾炎武：《日知录》卷十三，载黄汝成集释：《日知录集释》，岳麓书社，1994，第467页。
[2] 张荫麟：《中国史纲》，辽宁教育出版社，1998，第51页。
[3] 参见塞缪尔·P.亨廷顿：《变化社会中的政治秩序》，王冠华译，生活·读书·新知三联书店，1989，第135页。

就变得十分急切。在政治权力迅速蹿升之际，权力本身也就成了统治正当性的来源，这才是君主专制的根本原因。

于是，与周王的日薄西山不一样的是，各诸侯国新君主鉴于前主的覆辙，在自己的领地上实行一种新的非世袭性的官僚体制。最初走向打压、削弱贵族势力，进行中央集权变法的，正是那些由权臣取代原先国君而重建的国家，包括取代晋国的韩、赵、魏三国，以及代姜齐而立的田齐。这些国家的君主非常清楚前代遭遇的失败，因而尽力避免重蹈覆辙。他们通过一系列改革，致力于加强君主权威和提升中央集权程度。实际上，魏、韩、赵等实力大族在分晋之前，已经在自己控制的领土上逐渐推行土地所有制、税收与法制上的改革，建立以郡县制为中心的集权体系。三家分晋后，为了进一步加强君权以及国家的战争动员能力，魏、韩、赵三国先后发起了在法家思想指导下的全面性的改革。其中吴起首先在魏国进行了改革，使得魏国实力大增，称雄战国。其他国家纷纷效仿，进而形成了一个旨在富国强兵的法家改革浪潮。

二、变法图强

春秋战国时期，各国之间已无空地可以缓冲，接壤就意味着容易走火，各种冲突就不可避免，战争越打越大。春秋战国约500年的时间里，规模性战争就有700多次。由争霸征伐到兼并灭国，战争愈演愈烈，诸侯间再无宗族交谊，再无血缘亲情，只有赤裸裸的掠夺和血淋淋的杀戮。郡县取代封建，代理变为直辖，随着编户齐民、中央集权、君主专制的出现，一种新的超越血缘礼法的政治体制脱壳而出，并随着秦王嬴政的一统六合而建立起来，这就是以郡县制为基础的，以君主专制为核心的中央集权大一统制度。这个过程正如查尔斯·蒂利所讲："战争造就了国家，国家也制造了战争。"

钱穆先生曾总结道："内废公族，外务兼并，为封建制破坏、郡县制推行之两因。"①封建体系的瓦解是与君主集权的成长同步进行的,而君主集权的最终目的,就是要达到"权者,君之所独制也""权制独断于君则威"的境界。

"没有任何社会需求比得上人类在集体性死亡面前产生的求生欲望和由此导致的集体行动更为强烈。"②春秋战国时期700多次大的战争给当时的各国君主带来了"国家建构"的压力——唯有那些能够最大程度地军事动员、控制和管理生产以及汲取社会资源的政权能够"适者生存"。战争死生存亡的逻辑,使得国家间全方位竞争体系的形成,直接促进了效率导向型功利文化在军事、政治、经济和意识形态领域的扩展,不论是春秋时代的诸侯争霸还是后来战国时期的逐鹿问鼎,国家间的生死竞争逼迫各国开始变法竞逐富强,强化国家建构,全民动员,上下一体,集中各级权力,提高国家直接治理能力和治理体系。这种变革被称为"自强型改革",意图通过提升政府的行政能力来增强军事和经济实力。包括以耕战战略富国强兵,以全民动员的举国体制进行直接统治、以君王至上原则建立官僚行政体系等。经过"自强型改革"的国家能较好地动员战争资源,解决后勤问题。

县制首先从边陲的秦国和楚国出现。最初为了控制新占领的地区,国君会委派官员管理,官员直接向国君负责。其中,被中原诸侯视为化外南蛮的楚国,最具扩张野心。楚国不仅最早称王,更有问鼎中原之心。为了扩大中央对地方的控制,早在公元前688年,楚国就已经将新占领的权国变成一个个的县,楚武王"使斗缗尹之",税赋直接进入国库。后来斗缗据权发动叛乱,楚武王平叛后又"使阎敖尹之"③。

---

① 钱穆:《国史大纲》,商务印书馆,1996,第82页。
② 文一:《科学革命的密码:枪炮战争与西方崛起之谜》,东方出版中心,2021,序言。
③ 左丘明:《左传》,中华书局,2012,第240页。

偏居西陲的秦国不断扩张，所取之地也大都置县管辖，国力越发强大。在春秋晚期，晋国创建了另一种由中央政府直接管辖的行政单位——郡。郡作为军事据点主要设在新近征服的、比县更偏远、人稀的边境地区。郡的地位低于县，但郡守集军政大权于一身，其重要性在战争时期迅速提高，之后反而成为县的上级行政机构。在战国初期，魏国按郡县两级结构重构了国家，包括其核心领土和所占领土。为了加强对郡守的控制和监督，后又推行御史制，设郡尉分散郡守的军权，并"年终上计"，定期以严格的绩效考核制度强化对郡守的监督与制衡，凸显君王的权威。

新的政治制度不仅使国君直接管辖所占的领土，最重要的是强化了中央资源的汲取能力。通过向被征服地区征发兵役、土地税和徭役，中央与国君掌握了强大资源。例如，在晋楚之争的高峰期，楚国的申、息两县就分别提供了千乘兵车。

系统的改革是以变法方式进行的。战国初年，魏文侯起用李悝为相，率先变法。李悝变法的重点即是废除贵族官爵世袭制，而改以"食有劳而禄有功"的原则，根据功劳和能力进行官员选拔。公元前382年，吴起由魏奔楚，被楚悼王任命为令尹，主持变法。其变法的内容基本承袭自李悝，在打击贵族、废除世袭制的方面更加积极。他规定凡封君已经传了三代的一律取消爵禄，疏远的公族一律不再享受王室公族的特权；强令旧贵族去"实空虚之地"，从而收回了其旧有土地；整顿吏治，"捐不急之官"，官吏凡无能力者、官职凡不重要者一律裁撤。"战国七雄"中的秦、齐、赵、韩、燕五国也纷纷进行了官员任职的改革。齐威王任用邹忌为相，"谨修法律而督奸吏"；赵烈侯采纳荀欣和徐越之议，"选练贤能，任官使能"；韩昭侯任用申不害为相，建立了"循功劳，视次第"的因功行赏制度，并强调不许官吏越职办事，强化官吏的监督和考核；燕昭王亦"卑身厚币以招贤者"。

始于魏国而以燕国收尾的战国变法运动的核心，都是对世袭贵族的打击和对君主权力的增强与扩大。官僚制下官职任命以选贤任能、奖励功劳为基本原则，这也意味着对世袭制下以血缘出身为首要依归原则的否定。其中最彻底、最有效的是秦国的商鞅变法。

公元前356年，秦孝公任用商鞅为左庶长，主持变法。商鞅变法秉承李悝、吴起之法，借助后发优势，充分借鉴了之前几百年各国变法成败得失，推出的各项变法政策与措施更加系统配套，可谓是集之前各国变法之大成。

商鞅变法中最核心的内容包括：一、尚军功，制军爵，废世袭。爵明尊卑等级，各以差次名田宅；有功者显荣，无功者虽富无所芬华；宗室非有军功论，不得为属籍。二、行县制，明法治。集小都乡，聚邑为县，置令丞；法律上之平等，太子犯法，刑其师傅。三、禁族居，行什伍，禁私斗，编户齐民。民有二男以上不分异者倍其赋。四、开阡陌，平赋税，奖励耕织。五、统一度量衡，建立新都。

商鞅变法的各种做法，围绕富国强兵战略，环环相扣，相互配套。

首先，基础是耕战体系的建立。

耕战体系，说到底就是一种大炮与黄油兼得的体系。耕战体制成败的关键要素之一是"赏罚孰明"。因为"凡战者，民之所恶也"，但"怯民使以刑，必勇；勇民使以赏，则死"，那么这样的国家将所向无敌。与其他改革计划相比，秦国的赏赐更加实在，而惩罚也更加严厉。其他诸侯国的奖惩制度只是在某些战役中施行，战事过后就会废弃。秦国的奖惩制度与之不同，它被写入秦律和二十等爵制当中。

其次，富国强兵改革的执行需要一整套行政管理与财政汲取体系，确保王室控制一切人力和物力资源。

实施基本的军事和经济改革后，商鞅又在公元前350年进行了第二轮的行政改革。最重要的措施是，在魏国的郡、县两级行政体系的基础上增加乡和里两个更低的地方行政层级。这项措施使秦王的行政能力穿透社会而直达乡村一级。商鞅继而根据五人为伍的军事组织模式将各户按伍、屯等编制组织起来,作为兵役、土地税和徭役的基础,"几乎举国可以进行战争总动员"[①]。到公元前348年,为了进一步打破以氏族为基础的家庭关系,力推建立核心家庭,商鞅对一家有两个以上成年男子的家庭课以重税。由于资源汲取体系是以户为基础,大量增加户数就可为国家提供更多的实力和财富。由于提升了对国家资源进行总动员的能力,秦国的权力和财富飞跃到一个新的高度。

全民动员举国体制的核心是一套听命中央,能贯彻执行君主意志的官僚体系和行政区划体系。郡县官僚制使国君有能力任命官员、派遣其到边远地区任职,并在必要时撤换调任。为了防止各级官吏的割据倾向,商鞅要求地方官吏定期向国君提交"上计",在内容中要包括土地、人口、税收等方面的统计数据。

在变法运动和各种配套制度不断建立过程中,战国时期的各国相继形成了比较健全的官僚组织,这一官僚组织以"相"和"将"为首脑,实现了文武分职。在职官体系之外,秦国又有商鞅变法时创立的二十等爵制,以奖励军功之用。二十等爵制配以与之相辅相成的俸禄、监察、上计、玺符等制度,构成了比较完整的官僚制。秦的法制对官吏的司法、行政行为有着严格的规定,从《睡虎地秦简》的记载来看,审讯中禁刑讯、重调查、允复审、禁治狱不直等原则都表明了这一点。《史记》中还载有禁止殿上持兵、重罚任人不善等规则,这也从侧面反映了"法令如牛毛"的秦国在官僚制上的严谨。

正是得益于这套从中央到郡县、乡里的垂直行政管理制度,秦王将控制触手穿透社会直达每个家庭,形成强大的动员组织、征发

---

① 许田波:《大一统对抗制衡》,《国际政治科学》2005年第1期。

汲取与配置协调能力，使得秦军攻城拔寨，所向披靡。

施展在总结战国时期战争对大一统的促进时说："全民战争开始出现了，战争的实用性转而超越于礼仪性之上，各国进入了比拼资源动员效率的阶段。一旦进入这个阶段，其逻辑终点就是中原地区的大一统，并且这种大一统从技术上来说差不多是不可逆的，因为大一统首先基于中央财政的大一统，而能够阻挡中央财政大一统的古典贵族社会已经一去不复返了。中原地区连续成片的农耕地区，其人口与财富总量的汇聚度，在古代世界堪称独一无二。如此一种地理，利于大规模作战，而不利于割据自存；如此一种地理，能够养活庞大的人口，帝国政府从中汲取资源，反过来以此打碎社会自组织能力，从而进一步提升资源汲取能力。"①

三、编户齐民

在战国开始出现铁农具与牛耕之前，农业生产都是依靠石器与木器耕作，效率低下，需要集体协作，这就是原先血缘村社制度以及周代领主庄园制存在的经济基础。虽然农业方式原始，广种薄收，但因为有足够的土地提供了广阔发展的空间，即使《诗经》中多有埋怨、挖苦、讽刺贵族欺压剥削之语，却没有农奴暴动。

恩格斯在谈到第二次大分工时指出："随着新的分工，社会又有了新的阶级划分。各个家庭首长之间的财产差别，炸毁了各地迄今一直保存着的旧的共产制家庭公社；同时也炸毁了为这种公社而实行的土地的共同耕作。耕地起初是暂时地、后来便永久地分配给各个家庭使用……个体家庭开始成为社会的经济单位了。"②在恩格斯看来，从原始氏族社会解体后，人类社会曾经经历过"共产制

---

① 施展：《枢纽：3000年的中国》，广西师范大学出版社，2018，第59页。
② 马克思、恩格斯：《马克思恩格斯选集》第4卷，中共中央马克思恩格斯列宁斯大林著作编译局编译，人民出版社，1995，第164页。

家庭公社"的阶段,在这一阶段,个体家庭尚未成为社会的经济单位。这一阶段在以农业为基础的国家有不同的表现形式。如在印度和俄国,主要表现为村社制。这一制度的存续时间十分久远,一直延续到20世纪。"这种与世隔绝的小天地就使一种或多或少集权的专制制度凌驾于公社之上。"①一个个村社组织起来,从而形成村社制的国家形态。

与印度和俄国一样,中国也曾经历了"共产制家庭公社"阶段,只是其表现更具有家族性。在较低的生产力水平条件下,在没有牛耕情况下,农民只得使用石器、木器、骨器进行生产,农民以聚族而居的方式共同从事农业生产,并居住在同一个地方,形成了宗族集体村社。个体家庭寓于宗族村社之中,并依附于宗族村社。在宗族集体村社的基础上,形成宗法封建国家。宗族村社隶属于各个封建主,农民的直接主人是各个封建主,他们与作为国家最高统治者的国王不发生直接的联系。

具有革命意义的变化发生于战国时期。随着人口增长和铁器等新工具与牛耕等新耕作技术的推广,个体家庭的生产能力有所提升,自给自足的小农经济方式成为可能。随着耕地的广泛开垦,疆域空地减少,人口也逐渐增多,"千丈之城,万家之邑相望也","鸡鸣狗吠之声相闻,而达乎四境"。据史家的估计,战国中叶的人口已达两千万左右,人地关系紧张,春秋时代还司空见惯的"地广人稀"一变成为"土狭民众",国野杂处,都鄙混融。到了公元前594年鲁国施行"初税亩",开始按照土地征税。在魏国,李悝推行"尽地力之教"。出于战争的税役需要,统治者推行了"分家立户"制度,将过往的宗族大家拆分为一个个小家,登记户口,成为国家的"编户"。秦国在商鞅变法时严明政策,"民有二男以上不

---

① 马克思、恩格斯:《马克思恩格斯选集》第3卷,中共中央马克思恩格斯列宁斯大林著作编译局编译,人民出版社,1995,第766页。

分异者，倍其赋"（《史记·商君列传》）。"分家立户"创造了一种新的制度，这就是不同于村社制的家户制。

小农经济的出现，在社会学意义上就是地缘、业缘对血缘、情缘的打破与替代，就是生产力的发展对社会基层氏族制的打破。这对世袭制来说，就像釜底抽薪一样。战国时代所有改革都与废除氏族制与打压消灭贵族有关，而其中废贵族世袭则直接触及宫室氏族制的根本，严禁大家族聚居和改革基层社会体系更对沿袭已久的社会基层氏族制的瓦解起到了促进的作用，其后果就是小农户的产生及小农经济基础的建立。小农户作为血缘、经济、社会和政治的基本单元，组成国家的最小"细胞"和治理目标，社会学家徐勇称之为"家户制"。他认为传统中国的基础性社会制度是"家户制"，以此为基础，型构起典型的"家户国家"。

家户制包括两个方面内容：一是个体家庭不仅是最基本的经济单位，也是基本的社会单位。"中国家庭是自成一体的小天地，是个微型的邦国。从前，社会单元是家庭而不是个人，家庭才是当地政治生活中负责的成分。""每个农家既是社会单位，又是经济单位。其成员靠耕种家庭所拥有的田地生活，并根据其家庭成员的资格取得社会地位。"[①]二是以家庭为单位的"户"成为国家治理的基本单元。编户齐民，国家政权从中央，经由郡县、乡里，抵达家户，对所有国民编制户籍，并征收赋税和劳役，由此将国家政权与全体人口直接联结起来。

家户制既是生产力发展的结果，也是国家构建的需要。它表现出两方面特征：一方面是以个体家庭为基本的经济、社会和政治单位，既有增加生产的动力，又有发展生产的压力，能够最大限度促进农业生产，这与村社制造成的经济社会停滞格局有所不同。中国

---

① 费正清：《美国与中国》，张理京译，世界知识出版社，1999，第22、25页。

得以创造世界上最为灿烂的农业文明与家户制密切相关。另一方面是将一家一户与国家政权紧密联系起来,国之本在家。正所谓"齐家治国平天下",国家政权要实现持续的统治,需要从家户中获得财政和人口。而分散的一家一户不能自我保护,必须依靠国家政权。"家户是个人的社会保障和安全根基。国家只要稳固了家户,不仅能够获得财政、兵役,而且能够获得秩序和忠诚。"①由此构成家国一体、国高于家的特性。

家户制的内涵是中国人的家国意识和责任伦理。一方面,家户成员将"发家致富"和"光宗耀祖"视为自己的荣耀与责任;另一方面,家户成员由"齐家"到"治国",由"孝亲"到"忠君"。家户制作为历史中国的根基,也成为国家治乱兴衰的根源。王朝兴盛于家户制。每当新的王朝产生之后,国之大计便是授田于民,兴家定户;而家庭破产、户口逃匿,正是王朝走向衰败之时。但是,由于家户制将经济社会单位与政治统治单位联为一体,无论王朝如何更替,国家总能够通过家庭的自我再生产而重新恢复,总能够通过户口将人口统合为体,因此能够保持其持续性。大一统中央集权制、官僚制是重要的制度元素,而家户制则是基础性的制度元素。

中国的小农虽然脆弱,但能够在与外部环境的交互中,因为极强的适应性、生存稳定性、生产调整灵活性、人员技术与市场的吸纳性、互帮互助性,在各种压力下表现出"脆而不折,弱而不息"的特点。这种韧性内生于长期以来中国小农的自主责任机制,表现为小农作为命运共同体的责任对等机制、作为生活共同体的责任分担机制、作为生产共同体的责任内化机制、作为政治共同体的责任连带机制。②

---

① 徐勇:《中国家户制传统与农村发展道路——以俄国印度的村社传统为参照》,《中国社会科学》2014年第8期。
② 陈军亚:《韧性小农:历史延续与现代转换——中国小农户的生命力及自主责任机制》,《中国社会科学》2019年第12期。

小农有极强的生存自主性，有顽强的生命力与忍受力，形塑了中华文化惊人的活力、耐性与韧性，成为支撑中华文明绵延存续的最深沉的支撑力与最强大的驱动力，沉郁厚实，绵绵不绝。

任何一种制度都是适应特定的文明和国家需要的，家户制强调稳定性，是适应农业文明的缓慢进程而产生的。这种稳定性建立在个体对家庭集体及其国家的归属和依附基础上。对于家庭集体和国家而言，个体更多的是责任，而集体缺乏独立性，也缺乏相应的创造性。

费正清曾说："中国是家庭制度的坚强堡垒，并由此汲取了力量和染上了惰性。"[1]汲取的力量在于个体对共同体的责任，惰性则在于个人局限于共同体之中，个体创造能力受到抑制。这种状态使得传统中国难以突破既有的制度限制，创造出新型的文明和国家形态。

四、百家争鸣

春秋战国时代，战争频仍，礼崩乐坏，变法争霸，百家风起，治道问题即社会秩序及其重建问题成为各诸侯与各家共同关注的问题。梁启超说："我国自春秋战国以还，学术勃兴，而所谓'百家言'者，盖罔不归宿于政治。"[2]冯友兰也曾说："战国诸子，及其成'家'之时，无不谈政治。"[3]

司马迁的父亲司马谈曾用"务为治"三字总结先秦诸子百家的学说旨归，他说："夫阴阳、儒、墨、名、法、道德，此务为治者也，直所从言之异路，有省不省耳。"（《史记·太史公自序》）《淮南子·氾论训》也云："百家殊业，而皆务于治。"

所谓"治"，就是由战乱走向安定，由混乱走向秩序，"置身

---

[1] 费正清：《美国与中国》，世界知识出版社，1999，第21~22页。
[2] 梁启超：《先秦政治思想史》，东方出版社，1996，第3页。
[3] 陈来编选：《中国哲学的精神——冯友兰集》，上海文艺出版社，1998，第49页。

更大共同体"中。①大一统国家成为时代的要求，也是民心所向。

　　钱穆曾断言大一统国家的形成有赖于四个条件：中国版图之确立、中国民族之传承、中国政治制度之创建、中国学术思想之奠定②。梁启超更强调思想的作用。他说："我国之统一，物质上环境促成之者亦与有力，然其最主要之原因，则圣哲学说能变化多数人心理，挎而以为一也。"③

　　当时我国思想家首先考虑的问题就是天下大乱的原因。

　　春秋战国礼崩乐坏，这一危机最明显的体现莫过于君主权威的衰落。不但周王失去了大部分有效权力，而且诸侯们的位置也一样面临着强势卿大夫家族的威胁。春秋时代礼崩乐坏带来的是诸侯国内、国外的两大乱局。"今周室既灭，而天子已绝。乱莫大于无天子。无天子，则强者胜弱，众者暴寡，以兵相残，不得休息。"④为挽救危机，春秋战国的思想中出现了不断增强的、向往中央集权和君主专制的思维倾向。权力集中于天子，天子至高无上，这成为战国百家思想的一条主线。没有任何一个思想家或政治家认为多国体制是合法的、值得追求的。

　　但问题的关键不是要不要统一，而是天下如何统一。当时百家都认为要结束乱局，需要一个理想"王者"的出现。尽管百家在需要什么样的"王者"和统治方式上各抒己见，各执一词，但是几乎所有人都认为一个救世主般的"王者"的出现将给世间带来和平与秩序。⑤这种理想统治者的出现是天下统一的前提。

---

　　① 法国历史学家布洛赫在《封建社会》中指出欧洲封建社会第二阶段的特点时说："人们需要把自己置于更大的共同体内，社会对自己已经获得了更明确的总体意识。"见布洛赫：《封建社会》下卷，商务印书馆，2004，第694页。
　　② 钱穆：《国史大纲》，商务印书馆，1996，第116～119页。
　　③ 梁启超：《先秦政治思想史》，东方出版社，1996，第200页。
　　④ 吕不韦：《吕氏春秋》，中华书局，2011，第399页。
　　⑤ 参见杨伯峻：《孟子译注》，中华书局，1988，第109页。

《老子》最早将宇宙论和社会政治思想结合论述，认为天下要"定于一"，"万物得一以生"。得道的圣人"抱一为天下牧，天下莫能与之争"；"昔之得一者，天得一以清，地得一以宁，神得一以灵，谷得一以盈，万物得一以生，侯王得一以为天下贞"。他最早从道与德的高度论证统一圣王君主合法性，"故道大、天大、地大、王亦大。域中有四大，而王居一焉"。

老子创建了一个新的以君主为核心的思想体系，其中很多论述都是劝导君主如何"取天下"、如何爱民治国、如何"上民"而不引发动荡。老子的思想对战国王权思想的产生起到了决定性的影响。

孔子更是强调君主的礼制权威对保持社会的政治秩序至关重要。他激烈地抨击那些胆敢僭越礼制规范的贵族，如僭越使用八佾舞者并祭祀泰山的季氏、在私人仪式上演奏公室乐章《雍》的鲁国"三桓"，孔子痛斥他们这些做法违反礼制，将导致严重的政治后果："天下有道，则礼乐征伐自天子出；天下无道，则礼乐征伐自诸侯出。自诸侯出，盖十世希不失矣；自大夫出，五世希不失矣；陪臣执国命，三世希不失矣。"（《论语·季氏》）

孔子这些观念不仅反映了尚处于萌芽状态的天下一统的要求，还反映了权力集中于一体的愿望。《论语》的思想对战国时期的礼制学者有着深刻的影响。《礼记》认为礼制规范与礼制体系描述的是超越时间永恒不变的东西，其中最重要的特点就是天子权威的至高无上。"君天下，曰天子。朝诸侯，分职、授政、任功，曰予一人"。天子是唯一可以"祭天地、祭四方"的人，要通过礼制维护天子权威。

后来的孟子更加激烈地抨击当时的君主们，将他们视为"民贼""食人"和"嗜杀人"。尽管如此，跟当时大多数思想家一样，孟子从未认为国家不需要君主，他只是强调君主道德的重要性。

孟子曰："人不足与适也，政不足间也。唯大人为能格君心之非。君仁，莫不仁；君义，莫不义；君正，莫不正。一正君而国定矣。"君主手握重器，掌控一个国家，除了君主，没有人能够通过扩展自身道德建立一个理想的道德世界。"老吾老，以及人之老；幼吾幼，以及人之幼。天下可运于掌。"君主对臣民道德行为有极大的影响，不但足以保证臣民的顺从，更能成为统一天下的真正的王者。

孟子建议引进更有效的纠正君主错误的手段，如引入"大人"充当君主的导师。孟子的"大人"虽然在道德上优于君主，但绝不允许取代君主或者藐视君主的权力。他的任务是服务君主，引导他走上道德之路。引导的结果应该是道德和政治等级制的重新统一，以及给世界带来一个实行"仁政"的政府，孟子认为只要"君正，莫不正"。

尽管孟子激烈地批评当时的统治者，但他从未考虑过要用一种新的制度取代君主制。相反的，这种统治模式被描述为唯一可以最终保证达到道德目标的制度。

在礼制秩序瓦解的时代，儒家反对诸侯僭越礼制，却呼吁天下统一，强调处于礼制和政治金字塔顶端的君主的重要性。虽然这是针对僭越礼制的诸侯列强的批评，但正是儒家对天子权威的维护和对天下一统的呼吁，适应了以后帝王构建大一统帝国等级体系的需求，成了对后世君王最重要的贡献。

跟儒家一样，墨子也相信君主的道德对其臣民的道德有示范作用，但更加极端。墨子认为至高无上的君主是摆脱混乱社会的保证，君主应该被授予不受限制的权力，所有人都臣服于他。君主为了监督管理臣民，必要时要借助严厉的刑罚。

"君主论"是墨子学说的核心。他认为如果没有君主，天下将沦为禽兽野蛮之境："古者民始生、未有刑政之时，盖其语，人异义。是以一人一义，二人则二义，十人则十义。其人兹众，其所谓义者亦兹众。是以人是其义，以非人之义，故交相非也。是以内者父子、兄弟作怨恶，离散不能相和合。天下之百姓，皆以水火、毒药相亏害。至有余力，不能以相劳。腐死余财，不以相分。隐匿良道，不以相教。天下之乱至若禽兽然。"墨子认为："夫明虖天下之所以乱者，生于无政长，是故选天下之贤可者，立以为天子。"①只有贤明的天子才能引领大家摆脱这种境地，只有确立君主至高无上的地位，整个社会才能从蛮荒般的混乱中走出来。

《吕氏春秋》可谓战国集诸种思想之大成的典范之作，它认为神圣的圣人地位只有君主能够获得。"始生之者，天也；养成之者，人也。能养天之所生而勿撄之谓天子。天子之动也，以全天为故者也。"

战国时期君主集权制国家的演进，反映在当时的思想中。战国早期和中期的思想家聚焦于礼制、伦理以及用宇宙论论证君主权力的合法性，聚焦于君主高尚的道德与圣人品质。而到了战国后期，兼并之战的形势要求君王在保持国家富强和维护社会政治秩序方面发挥重要作用。这种变化在商鞅、荀子与韩非的思想中得到鲜明体现。

《商君书》通常被认为是法家代表著作，其围绕富国强兵，宣扬君权对国家富强的重要作用和君王的治国策略。

商鞅认为人类出现后，随着社会分化与争斗的日趋激烈，社会的组织形式经历了"亲亲""上贤""贵贵"阶段，从原始平等的以亲缘为基础的社会秩序，发展成分层社会，再发展到一个建立在产权明晰、"立禁""立官"等基础上的、成熟的政治秩序，而"立君"是该秩序的顶峰。

与墨子不同，商鞅认为君主之所以成为君主，并非因为他是天下最贤能的人，而是因为他是社会秩序正常运转的唯一保障，君主是整个国家机器必不可少而又最为重要的组成部分，君主的缺失将导致国家的解体。

---

① 吴毓江撰：《墨子校注》，中华书局，2006，第107页。

"分定而无制，不可，故立禁；禁立而莫之司，不可，故立官；官设而莫之一，不可，故立君。既立君，则上贤废而贵贵立矣。"商鞅认为社会的健康运转有赖于以君主为首的等级制度，而君主必须依靠严刑酷法，才能实现有效统治。商鞅摈弃了对理想圣王的追求，认为君主的德行与其担负的职责和地位相比并不重要。

"古者，民丛生而群处，乱，故求有上也。然则天下之乐有上也，将以为治也。今有主而无法，其害与无主同；有法不胜其乱，与无法同。天下不安无君而乐胜其法，则举世以为惑也。夫利天下之民者莫大于治，而治莫康于立君。立君之道，莫广于胜法。胜法之务，莫急于去奸。去奸之本，莫深于严刑。"①

几乎当时所有人都认为君主对于维持政治秩序至关重要，不可或缺，都认为设立官吏郡长的目的是维持安定的社会秩序。就像慎到所讲的：

古者立天子而贵之者，非以利一人也。曰：天下无一贵，则理无由通，通理以为天下也。故立天子以为天下，非立天下以为天子也；立国君以为国，非立国以为君也；立官长以为官，非立官以为长也。法虽不善，犹愈于无法，所以一人心也。(《慎到·威德》)

慎到清楚地阐明君主是秩序的基础，君王的道德并不重要，秩序最重要，甚至坏的法也比没有法要好。无君无法，天下必乱。只有当权力统一集中于一人之手时，争执和混乱才能避免。

故臣有两位者国必乱，臣两位而国不乱者，君在也。恃君而不乱矣，失君必乱。(《慎到·德立》)

---

① 集中体现在《商君书·开塞》篇中。

君主制是唯一能摆脱乱局的药方，君主集权是解决社会危机的唯一途径，这成为战国思想家普遍接受的政治信条。如《吕氏春秋·恃君》里说："凡人之性，爪牙不足以自守卫，肌肤不足以抨寒暑，筋骨不足以从利辟害，勇敢不足以却猛禁悍，然且犹裁万物，制禽兽，服狡虫，寒暑燥湿弗能害，不唯先有其备，而以群聚邪？群之可聚也，相与利之也。利之出于群也，君道立也。故君道立则利出其群，而人备可完矣。"

正如军队没有最高指挥官和清晰的命令，无法展开行动一样，一个国家必须有统一的指挥，君王必须专制独裁才能带领国家在竞争中求得生存。

> 国之所以治者三：一曰法，二曰信，三曰权。法者，君臣之所共操也；信者，君臣之所共立也；权者，君之所独制也，人主失守则危。君臣释法任私必乱，故立法明分，而不以私害法，则治。权制独断于君，则威。民信其赏，则事功成；信其刑，则奸无端。（《商君书·修权》）

类似的观点还见于与商鞅同时代的申不害。他论道："独视者谓明，独听者谓聪。能独断者，故可以为天下主。"在申不害看来，圣人耳聪目明，乾纲独断是统一天下的君主的必备特质。

由君主一手垄断决策的类似思想也出自《孟子》。在一段与齐宣王的对话中，孟子罕见地表现出对社会流动的不满，并且告诉齐宣王如何避免在用人方面由于轻率的升降导致与世卿和王亲疏远：

> 国君进贤，如不得已，将使卑逾尊，疏逾戚，可不慎与？左右皆曰贤，未可也；诸大夫皆曰贤，未可也；国人皆曰贤，然后察之。见贤焉，然后用之。左右皆曰不可，勿听；诸大夫皆曰不可，勿听；国人皆曰不可，然后察

之。见不可焉，然后去之。左右皆曰可杀，勿听；诸大夫皆曰可杀，勿听；国人皆曰可杀，然后察之。见可杀焉，然后杀之，故曰国人杀之也。如此然后可以为民父母。

（《孟子·梁惠王下》）

以往大家都认为孟子具有民本思想，经常批评昏庸君主的功利行为。实际上，孟子同样重视君主权威的树立与维护。在孟子看来，权力要集中于君主一人之手，为此不惜要对臣民实行"用""去""杀"的权力，他认为国人的意见虽然重要，但是必须由君主一人最终进行决策。甚至孟子的有些观点和管子非常类似，管子曾论道："故明王之所操者六：生之、杀之、富之、贫之、贵之、贱之。此六柄者主之所操也。"

孟子与法家的思想之所以有所交汇，不是偶然的或例外的。实际上面对战国混乱的局势，没有一个人反对君主的存在。虽然战国思想家们并不缺少对于昏庸君主的批评，也没有忽略君主的乖戾行为对国家机器的运行造成损害的可能性，但没有人敢将士人高于君主的道德优越感，进行制度转化为对君主权力的约束与制衡。这是思想家的懦弱和愚蠢造成的吗？

战国思想家并不懦弱，也不缺乏改革的精神。实际上，战国思想家们虽然立场不一，观点相异，但面对乱局时，他们的头脑都是清醒理智的。他们不是没有看到君权至高无上的缺点，但君王集权是当时摆脱危机代价最小的选择与途径。礼乐崩坏导致的乱局就是一个很好的教训，特别是春秋时期晋国和鲁国因为君权受到贵族联盟的挑战而瓦解的史实，对他们起到了强有力的警示作用。没有至高无上和被广泛认可的仲裁者，就没有办法保持合理的统治来避免痛苦的利益冲突。天下没有统一，就意味着战争的继续。战国时代的国家就像一台台巨大的战争机器，要想和平必须令这些战争机器合而为一，听从统一的决策。对战国政治家和思想家而言，"一则治，两则乱"的理念不需要更多的解释，因为大家都明白，坏的秩序也比没有秩序要好。

荀子及其弟子韩非子对君权的维护与支持最为详尽和周密。荀子从"人性本恶"的前提出发，明确指出，为了防止人们的贪婪导致纷争，君主与制度严格的国家是保持社会秩序的前提。君主不仅能够约束臣民，防止他们的贪婪破坏社会结构，而且君主专权还存在彰显社会分层的重要性。他说：

> 故人生不能无群，群而无分则争，争则乱，乱则离，离则弱，弱则不能胜物；故宫室不可得而居也，不可少顷舍礼义之谓也。能以事亲谓之孝，能以事兄谓之弟，能以事上谓之顺，能以使下谓之君。君者，善群也。群道当则万物皆得其宜，六畜皆得其长，群生皆得其命。（《荀子·王制》）

这段论述清晰地体现了荀子关于君主重要性的思想。正是由于君主的存在才使社会正常运作，由此确保整个社会秩序的合理运行，以及人类整体的生存。君主的重要性首先与君主的职权有关，而与君主的个人道德品质没有关系。君主是政治秩序的保证者，而政治秩序的获得，是以君主制规则的保持为前提的。

> 君者，国之隆也。父者，家之隆也。隆一而治，二而乱。自古及今，未有二隆争重，而能长久者。（《荀子·致士》）

任何君主都能完成确保政治秩序的任务，就像完成保持社会等级的任务一样。但是，最高的政治理想——统一天下——则只能由真正的王者来完成。

> 全道德，致隆高，綦文理，一天下，振毫末，使天下莫不顺比从服，天王之事也。故政事乱，则冢宰之罪也；国家失俗，则辟公之过也；天下不一，诸侯俗反，则天王非其人也。（《荀子·王制》）

这里荀子强调了"圣王"的重要性。尽管君主都对社会政治秩序起决定性的作用，但是只有真正的王者才能实现真正的天下太平。整个社会从官员到普通大众，都被具有无可企及的道德的圣王所支配。这位圣王会引致绝对的服从和秩序，扫除恶劣的风俗，保证天下秩序符合道德规范，因此也消除了对刑罚体系的需求。这些成就都基于君主作为其臣民的道德启示源泉的角色。

> 主者，民之唱也。上者，下之仪也。彼将听唱而应，视仪而动。唱默则民无应也，仪隐则下无动也。不应不动，则上下无以相有也。若是，则与无上同也！不祥莫大焉。故上者下之本也。上宣明，则下治辨矣，上端诚，则下愿悫矣，上公正，则下易直矣。（《荀子·正论》）

承袭墨子和孟子的思路，荀子也假定君主是臣民学习和仿效的对象，他甚至鼓励臣民对君主意志的机械性服从。上述的君主权威的各个层面——社会的、礼制的、政治的和道德的——反映了荀子对前代王权思想的创造性吸收。荀子似乎是最终采纳了一种极端君主主义的原则。确实，既然君主的意志是判断正误的手段，君主的存在确保社会政治秩序的维持，君主也就应该是一贯正确和不可或缺的。这些论述使《荀子》成为战国君主主义思想的集大成之作。

荀子的弟子韩非子更将君主推到了无比重要的位置，维护君主的绝对权威是韩非子在大部分篇章中所着重论述的内容。韩非子将君主身边的大臣都描述为君主身旁潜在的致命敌人，甚至形容大臣们为饿虎，君主如果不能够压服他们，就会被他们吞噬。君主不应该相信任何人，所有人都应该被怀疑，任何的失察都会让君主丢掉性命和权力。

荀子认为君主的问题在于个人能力有限而无法掌握庞大的信息，因此他建议君主应该依靠自己的臣下。对韩非子而言，这些臣下正是问题所在：正是由于臣下的险恶阴谋导致君主得不到可靠的信息。因此解决问题的方法不是增强大臣的权力，而是操纵、压服他们。公正的法律、对大臣行为的一再检查、对形和名的严格监督，所有这些都是健康统治的保证。运用这些办法，通过充分垄断赏罚的权力，君主就能确保自己的地位。而且，即便臣下有阴谋和恶意作为，君主仍然能够实现自己的政治目标。

韩非子清醒地认识到他所追寻的完美体制，可能会成为暴君实现自己邪恶目的的工具，进而给自己和臣民带来灾难和毁灭。然而，对韩非子而言，这是维护一个普通君主治下合理社会秩序所要付出的代价，是无法避免的。作为一个现实主义者，韩非子并不奢望世上出现一个真正的明君来统治，他特别强调君主应该依靠"势"来维护自己的权力与权威，而不是仅凭个人修养治理国家。他说：

> 且夫尧、舜、桀、纣千世而一出，是比肩随踵而生也；世之治者不绝于中，吾所以为言势者中也。中者，上不及尧、舜而下亦不为桀、纣，抱法处势则治，背法去势则乱。今废势背法而待尧、舜，尧、舜至乃治，是千世乱而一治也；抱法处势而待桀、纣，桀、纣至乃乱，是千世治而一乱也。且夫治千而乱一，与治一而乱千也，是犹乘骥骅而分驰。

韩非子的立场非常明确：公正的法律和规定能使君主将自己

的权力发挥到极致,相对于天真地期盼道德王者的出现,这种做法更可取。但上面的论述还有别的意思,其建议主要是针对"中君"而言,韩非子调整了自己经常提到的对"明君"的期望。通过将君主拔高到超人类高度而使之中立化的思想,尽管看起来非常富有说服力,但难以避免内在的冲突。前面提到过,在战国时代(甚至之后)都没有思想家敢于提出以制度约束君主的建议。最多是通过劝诫君主为了国家和自己的利益约束和压缩自己的活动。问题是,劝谏术有其局限性。尽管很多君主会满足于自己理论上的超人类的权力,而作为礼制领袖享受好的生活,还有一些君主则有更为长远的打算,他们的个性也并非偏于清静无为。这样的君想要的是掌控,而非单纯的统治。他们想要获得有效的权力,而这个在制度上合理的诉求,不可避免地会与大臣的普遍情绪产生冲突。这种冲突在秦朝建立之后不久就确实发生了。

诸子关于君民关系的论述存在诸多矛盾:一方面,诸子强调民众的重要政治影响力;另一方面,对于民众参与政治过程,这些思想家却一致持反感态度。一方面诸子宣扬尊重平民乃至将平民作为政权存在的理由,但是一方面他们又将人民排除在政治决策之外。这种潜在的紧张关系最终导致了帝国时期持续困扰中国的农民起义。

对民本思想的讨论,孟子的论述最经典:"民为贵,社稷次之,君为轻。是故得乎丘民而为天子,得乎天子为诸侯,得乎诸侯为大夫。"(《孟子·尽心下》)荀子呼应孟子,认为庶人是君主安全的基础。《荀子·王制》论曰:"马骇舆则君子不安舆,庶人骇政则君子不安位。马骇舆则莫若静之,庶人骇政则莫若惠之。选贤良,举笃敬,兴孝弟,收孤寡,补贫穷,如是,则庶人安政矣。庶人安政,然后君子安位。传曰:'君者,舟也;庶人者,水也。水则载舟,水则覆舟。'此之谓也。"西周早期的文献《尚书·泰誓》云:"天视自我民视,天听自我民听。"《左传·襄公三十一年》也引述《泰誓》云:"民之所欲,天必从之。"民是上天意志的显示器。《诗经·康诰》："天畏叶忱，民情大可见。"

宗族（后来的氏族）的凝聚性对于民本思想出现的重要影响不可低估。君主不仅仅是名义上的"民之父母"，而且确实是宗族之长，他对宗族成员的照顾也真的类似于父辈的关怀。在这种情况下，周代的民本思想实际上是当时宗族意识的反映。然而值得注意的是，到了春秋和战国时期，尽管社会政治环境发生了巨大的变化，关注普通人福祉的意识依然没有消逝。在西周文献中所见的民本理念，在春秋时期更是广为流传。《左传》和《国语》中，关于"民"对于国家命运重要性的论述随处可见。比如《左传》曾记载了公元前706年随国大臣季梁的一段话，他说"民为神之主"，民心民意决定了神明是否会继续支持君主，仅仅依靠祭祀，并不能保证神明继续对随国的眷顾。文曰：

> 夫民，神之主也，是以圣王先成民，而后致力于神……故务其三时，修其五教，亲其九族，以致其禋祀，于是乎民和而神降之福，故动则有成。今民各有心，而鬼神乏主，君虽独丰，其何福之有？

季梁这一思想强化了《诗经》中"民之声即神之声"的理念，他建议君主注意改善老百姓的生活，因为民情民意决定了神明对待君主的态度。

在对待"民"的方面，诸子存在一种内在矛盾：一方面他们反复强调听取人民需求和获得民心的重要性，另一方面却从未考虑像雅典一样让国人参政议政。如韩非子一方面蔑视人民，一方面又强调要留意他们的感受："今不知治者必曰：得民之心。欲得民之心而可以为治，则是伊尹、管仲无所用也，将听民而已矣。民智之不可用，犹婴儿之心也。夫婴儿不剔首则腹痛，不揊痤则寝益，剔首、揊痤必一人抱之，慈母治之，然犹啼呼不止，婴儿子不知犯其所小苦致其所大利也。"

其实，这种矛盾都来自"牧民"思想，根基产生于小农生存状态的政治诉求。

然而，就像战国思想家们认识到的那样，现实中大多数君主都不符合理想的王者标准。那么要如何确保称职者据有君位，防范平庸君主滥权呢？君主专制内在的滥权倾向与敬德保民、长治久安之间的矛盾，成为此后持续困扰中华帝国的难题。

五、华夏意识

周朝初期的天下，各诸侯国其实是点状分布城邑的集合。城邑之间多有旷地或隙地，大部分地区还属于化外之地，即所谓国野之分。城邑的规模不大，在气候、水旱等自然因素与农耕族群和游牧部落之间攻伐无常等人为因素的双重影响下，城邑时筑时废。游牧部落可以驰骋往来于城邑间的大量空地之上，这就是华夷杂处之局，华夷之间没有固定的边界。华夏族群虽有一个中心活动的区域，但这个区域的边界却是无法界定的，因而疆域的内部统一也就无从谈起。随着化外之地的渐次开化，国野都鄙最终合并成为"天下国家"的组成部分，这是在春秋战国时期完成的。

随着人口繁衍和土地拓殖，几个大的诸侯国的领土已然相互接壤，边界日趋明确固定。边境上出现了越来越多的观察哨、检查站，需要借道去第三国的使节必须得到借道国政府的批准。人口的跨境交往需要证明，否则就有被捕甚至有丧命之虞。这就是政治学上"领土国家"的出现。公元前338年，支持商鞅变法的秦孝公去世，太子嬴驷即位，即秦惠文王。原先受过责罚的公子虔等人趁机告发商鞅造反，商鞅被迫逃亡。等商鞅隐姓埋名逃跑到边境想住旅店时，店主却说："商君有令，住店的人要验明证件，如果店主让没有证件的人入住，要连带入罪。"商鞅听罢长叹："唉！新法的弊病竟然到了这样的地步！"商鞅最后被秦惠王捉到并处以车裂之刑。这是司马迁在《史记·商君列传》中记载的故事，也是成语"作法自毙"的由来。这段记载体现出"奔亡者无所匿，迁徙者无所容"，标志着一个新时代的到来。

各国地域合一，使得原有的夷夏观念发生了根本转变。"夷"不再用于指称诸夏疆域内的被统治族群，而是随着族群的同化融合，华夷杂处皆变为华夏。在华夷杂处的局面被打破之后，没有被同化融合的游牧部落被摒除在华夏各国的疆域之外，由此形成了四裔散居中国之外围的华夏中心观，也即"中国"观。

顾炎武称："春秋时犹论宗姓氏族，而七国则无一言之矣。"一语道破了华夏民族意识产生的标志——族群不再是社会结构的基本单位，代血缘而成为社会结构区分标准的则是社会经济地位。当时中山国祖先神话的谱系化正是白狄华夏化的表现，而白狄的华夏化正源于华夏族意识的形成。古人认为，中国不仅仅是一个地理概念，而是一个文明体系。《左传》曰："中国有礼仪之大，故称夏；有服章之美，谓之华。"华是指汉服，夏指行周礼的大国，故中国有礼仪之邦、衣冠上国之美誉。

经过春秋时代诸侯的大肆兼并和对华夷的攻伐之后，各大诸侯均自奉为华夏正统，这就造就了诸侯为诸夏的共同认识，也是大一统观念能够在诸多学派中均有其倡议者的本源所在。童书业即认为，迨至战国时代，华夏族疆域渐次完成，国人之"天下"观念也确立于此时。地域的整合和民族意识的产生共同铸造了中国观念，而中国观念也加速了地域的整合与民族意识的产生。

台湾学者王尔敏曾遍稽古籍，考察"中国"一词的来历，写成《"中国"名称溯源及其近代诠释》一文，他认为"中国"观念已然在先秦成为共识。西周青铜器铭文和西周典籍中，"中国"出现8次，主要作为王畿等地理名词出现，还没有诸夏、华夏含义。到春秋，尤其到战国时期，"中国"基本已作为"诸夏之领域"的代名词而出现。先秦典籍中载有"中国"称谓者146次，其中"中国"之含义，基本上指"诸夏之领域"。把"中国"视为"诸夏之领域"带有明显的民族文化一统观念。为诸夏各邦冠以"中国"这一统称，主要就在于表明同一族类之性质和同一文化之教养这两大特色。究其原因，则在于族群繁衍混同而达成一致的观念意识、生活习惯、语言文字与社会结构。"中国"这一称谓的使用显示出族群与文化的统一观念。无论"中国"名称的使用始于何时，从王尔敏的上述考察中可以得知，"中国"本身就表现出一统性质的国家观念，而这一国家观念的形成有赖于族群的繁衍、融合、同化。

从上文对先秦典籍中记载的"中国"称谓的统计情况来看，儒、墨、道、法各家均承认"中国"观念的存在，说明"中国"已成了自我文化认同和身份认同的共识。而且，儒、墨、法三家明确使用"中国"表达出大一统的观念。

儒家是大一统观念的首要表达者和提倡者。记载孔子言行的《论语》和孔子亲自编辑的《春秋》中却都没有"中国"的记载，只有华夏观念，但孟子和荀子就大不一样了。

在《孟子》中"中国"一词出共出现8次，除一次指京师外，其余含义都是指"诸夏之领域"。孟子"定于一"的理论常被引为"大一统"的经典表达。下面这段话还常被视为孟子建构一元古史观的佐证，而这种一元古史观又与大一统观念联系在一起：

由尧舜至于汤，五百有余岁；若禹、皋陶，则见而知之；若汤，则闻而知之。由汤至于文王，五百有余岁。

若伊尹、莱朱，则见而知之；若文王，则闻而知之。由文王至于孔子，五百有余岁。若太公望、散宜生，则见而知之；若孔子，则闻而知之。由孔子而来至于今，百有余岁，去圣人之世若此其未远也，近圣人之居若此其甚也，然而无有乎尔，则亦无有乎尔。

荀子的大一统表达则更加鲜明直接：

法先王，统礼义，一制度。以浅持博，以古持今，以一持万。

王者之等赋政事财万物，所以养万民也。……通流财物粟米，无有滞留，使相归移也。四海之内若一家，故近者不隐其能，远者不疾其劳，无幽闲隐僻之国，莫不趋使而安乐之，夫是之谓人师，是王者之法也。

隆一而治，二而乱。自古及今，未有二隆争重而能长久者。

天下为一，诸侯为臣。……故天子生则天下一隆，致顺而治，论德而定次。

《诗》曰："普天之下，莫非王土；率土之滨，莫非王臣。"……圣王在上，分义行乎下，则士大夫无流淫之行，百官吏人，无怠慢之事，众庶百姓无奸怪之俗，无盗贼之罪，莫敢犯太上之禁。

墨家亦有大一统观念。《墨子》："称先王，言尧、舜、禹、汤、文、武者六，言禹、汤、文、武者四。"墨子直接把夏商周三代的制度视为一脉相承的政治理念，并针对当时列国攻伐篡杀愈演愈烈的情况，提出"兼爱""尚同"之说作为救世之方，其思想中的大一统观念表露无遗：

> 明乎民之无正长，以一同天下之义，而天下乱也，是故选择天下贤良、圣知、辩慧之人，立以为天子，使从事乎一同天下之义。
>
> 乡长治其乡，而乡既已治矣，有率其乡万民，以尚同乎国君，曰："凡乡之万民，皆上同乎国君，而不敢下比。国君之所是，必亦是之；国君之所非，必亦非之。去而不善言，学国君之善言；去而不善行，学国君之善行。国君，固国之贤者也。举国人以法国君，夫国何说而不治哉？"察国君之所以治国而国治者，何故之以也？曰：唯以其能一同其国之义，是以国治。
>
> 国君治其国，而国既已治矣，有率其国之万民，以尚同乎天子，曰："凡国之万民，上同乎天子，而不敢下比。天子之所是，必亦是之；天子之所非，必亦非之。去而不善言，学天子之善言；去而不善行，学天子之善行。天子者，固天下之仁人也。举天下之万民，以法天子，夫天下何说而不治哉？"察天子之所以治天下者，何故之以也？曰：唯以其能一同天下之义，是以天下治。

除了"一同天下"，墨子还认为，"尚同"的最高境界是上同于天，"夫既尚同乎天子，而未上同乎天者，则天灾将犹未止也"。

大一统观念更是法家的核心思想。一般认为，管仲为法家之先驱，商鞅与韩非子是法家的代表。三人的思想虽有不同，但在尊君这一点上却是高度一致，而尊君的目的就是为了实现大一统。

春秋时期礼崩乐坏，礼乐征伐开始自诸侯出。管仲提出"尊王攘夷"的建议，目的是"安国在乎尊君"（《管子·重令》），主张尊君也就蕴涵着主张国家统一。《韩非子·扬权》："事在四方，要在中央。圣人执要，四方来效。"明言追求彻底的中央集权，也是尊君和统一诉求的明确表达。

面对战国时代列国纷争，战乱不已，生灵涂炭，民不聊生的悲惨现实，"天下为一统"不是一人一家所独倡，而是所有人的普遍意识。梁启超曾说："我国先哲言政治，皆以'天下'为对象，此百家所同也。"可见"天下一"已成为时代的最强呼声。

在同时代的世界地图上，与中国春秋战国同时代的是古希腊与马其顿帝国。春秋战国在变法混战中走向统一，泛希腊地区最终也被亚历山大征服。但中国之后两千多年间虽有王朝更替却保持了统一，而泛希腊地区在亚历山大王死后始终处于分裂局面。这主要有以下几个原因：

首先是种族方面。亚历山大王建立的帝国疆域辽阔，前所未有，横跨亚、非、欧三大洲，从西面的希腊本土到东面的印度，从南面的埃及、波斯湾到北面的色雷斯、里海。帝国境内种族繁杂，除了各希腊族裔外，还有波斯、埃及、小亚细亚，乃至阿富汗、印度等地的各民族。而春秋战国时代虽也是夷夏杂处，但不论是种族还是民族的繁杂差异程度与西方帝国相比相对较弱，冲突程度小。

其次，春秋战国时期虽是列国林立，战乱不断，但总在一个天下观念和周天子共主的政治体制下，同种、同祖、同文。即使各国之间存在四夷之族，也在几百年的冲突交流中不断以夏变夷，不断融合。反观西方，亚历山大帝国内种族多样，肤色不同，各族群语言不通，风俗各异，没有一个统一的信仰与意识形态统一臣民的头脑，没有形成统一的文化认同与身份认同。

再次，最重要的是中国大一统政治治理体系具有强大的超大规模共同体治理效力。正如两千年后马基雅弗利和马克斯·韦伯所发现的，相对于封建时代私人、分散的权力，公共等级制管理更有助于大规模吞并。在席卷古代中国的同时，秦国有能力把征服的国家变为新的郡县。

与欧洲多重的社会结构相比,春秋战国时期中国的社会结构显得十分简单。春秋之初,中国社会仅有两个权力阶层:君主和贵族。

春秋时期各诸侯国之间频繁且输赢不定的战争向战国兼并战争升级,盛衰强弱的竞争变为生死存亡的拼命,激发了各国对富强的极度渴望与极端追求。正是不断升级的竞争和冲突,为春秋战国时代社会各领域的变革提供了根本内驱动力,促进了对权力、资源、人口集中领导、统一管制、高效配置的需求。功利型理念指导下的变法通过对军事、政治、经济和意识形态等领域再造,经过五百年大规模、持续性的战争,诞生了以地域关系为主导的中央集权的统一国家,使得中国的国家形态实现了从封建式大一统到郡县制大一统的飞跃。

秦国的成功是战国变法时代结出的果实,它结束了列国纷争的割裂局面,呼应了时代对重建秩序的召唤,"中国"这个在西周出现、在战国频繁使用的名词,终于在战国的硝烟中随着大一统国家的形成而变成了现实。自此,统一成为中国人的宿命,秩序成为的中国人的追求。"稳定总是比变化、过程更受珍视,从来没有一种文化,能够像中国文化这样可以自我控制与自我平衡!"[①]

春秋战国不是一个简单的过渡期,而是中华文明存续和发展至关重要的时期,"周秦之变"代表中华文明一次脱胎换骨式的重生。领主庄园下的农奴变为君主统治下的自耕农,分封世袭贵族变为郡县制度下的任免官吏,宗主天子变为乾纲独断的皇帝,国家管理体系与国力有了指数的提高。春秋战国时期的重大变革包含了国

---

① 黄仁宇:《现代中国的历程》,中华书局,2019,第16页。

家的兼并统一、权力的专制集中、社会的编齐整合、民族的同化融合以及意识形态一元化等五大历史进程，这些进程最终汇促成秦朝大一统的实现。而秦朝大一统的建立，在新的历史条件下重建了周初开创的"天下国家"，实现了从封建大一统向君主大一统的转型升级。

第四章 建构与重构

公元前221年，六国灭，四海一，"在这幅员和组织都是空前的大帝国里，怎样永久维持皇室的统治权力，这是始皇灭六国后面对的空前大问题"[①]，为此，秦王嬴政在咸阳召开了一次具有深远历史意义的御前会议。会议主题为"立国建制"，议程主要有两项：第一项是议帝号，第二项是定帝制。

这是人类历史上第一次关于天下政治的会议，会上议定的国体、政体所蕴含的政治文化，影响中国历史两千多年，堪称世界历史上第一个"中国时刻"。

会上，嬴政认为自己功过三皇，德盖五帝，是自上古以来未尝出现之人，因而自定称号为"皇帝"，自称为"朕"，命为"制"，令为"诏"。这项提议自然顺利通过，但第二项关于国体、政体的议程却引发了一场大辩论。《史记·秦始皇本纪》中详细地记录了这场争论。

丞相王绾等建议说："各国诸侯刚被消灭，燕、齐、荆地遥远，不在那里立王，就没有人来安定燕、齐、荆。请把皇帝的几个

[①] 张荫麟：《中国史纲》，上海古籍出版社，2019，第191页。

儿子立为王，希望得到皇帝的赞成。"始皇把王绾等人的建议交给群臣讨论，群臣都认为很合适。只有廷尉李斯建议说："周文王、周武王所封立的同姓子弟很多，然而后来的族属疏远，互相攻击，如同仇敌，诸侯交相讨伐，周天子不能禁止。现在依靠陛下的神武统一了天下，天下都划分成为郡县，皇帝的子弟和功臣，都用国家的赋税重加赏赐，（这种局面）很容易治理。天下没有二心，这就是国家安定的方法，封立诸侯是不适宜的。"秦始皇说："天下苦于无休止的战争，是因为有诸侯王的缘故，我依靠宗庙之灵，刚刚平定了天下，再去建立诸侯国，这是自我树敌。通过建立诸侯国而要求得安宁，岂不是很困难的吗！廷尉的意见是正确的。"

由于秦始皇态度鲜明地站在李斯一边，御前会议通过决议：为"使后无战攻之患"，决定"无尺土之封，不立子弟为王，功臣为诸侯"，"分天下以为三十六郡，郡置守、尉、监。……一法度衡石丈尺。车同轨。书同文字。"由此在全国以郡县代封建，开始推行中央集权君主专制的政治体系。

一、两千年皆行秦汉之制

唐德刚曾说中国政治社会制度有两次大的转型，其中一次是封建制向郡县制的转型。"政治社会的转型，是一转百转的。各项相关事物和制度的转型，例如日常家庭生活、婚丧制度、财产制度……都是激烈的、痛苦的。转变程序要历时数百年才能恢复安定。——事实上为着这12个字（废封建，立郡县；废井田，开阡陌）的转变，秦国实自公元前4世纪中叶'商鞅变法'开始，一直到汉武帝与昭帝之间（公元前86年前后）才大致安定下来。前后'转'了二三百年之久！自此这一秦汉模式的中国政治、经济、文化制度，便一成不变地延续下来。"[①]

---

① 唐德刚：《晚清七十年》，岳麓书社，1999，第7页。

确如唐德刚所说，历史的大变革不是一蹴而就的，封建之制仍被念念不忘。公元前213年，齐人淳于越进谏曰："臣闻之，殷周之王千余岁，封子弟功臣自为支辅。今陛下有海内，而子弟为匹夫，卒有田常、六卿之患，臣无辅弼，何以相救哉？事不师古而能长久者，非所闻也。"秦始皇像上次一样，交由已为丞相的李斯审议。李斯认为其思想错误，言辞荒谬。

明明秦国扫灭六国，结束分裂，天下一统，为何久经沙场的秦廷群臣和博学多闻的博士淳于越仍然重提分封的主张？除了李斯所讽刺的他们想"面谀"秦始皇外，还有就是他们头脑中仍残存着"封建亲戚以藩屏周"的旧思想，即所谓"燕、齐、荆地远，不为置王，毋以填之"和"殷周之王千余岁，封子弟功臣自为支辅"。但在李斯和秦始皇看来，时移世易，重新分封宗室弟子背后的"亲亲"原则，和官僚制与郡县制所体现的选贤任能的"贤贤"原则是背离的。

应当说，作为法家的信徒，秦始皇和李斯头脑是清醒的。"天下初定，又复立国，是树兵也。"立国树兵与天下安定是对立不相容的。刚刚消灭各方诸侯和贵族势力，又要分封建国，就会再回到"天下共苦战斗不休"的"多君为政之世"。立诸子、置侯王，貌似是为不私占天下而分之，其实反而会导致"相侵暴乱，残伐不止"。而设郡县置流官，官员干不好可以撤换，皇帝不用担心地方割据，就能"抟心揖志""建设长利"。

在否决分封制后，为达成国祚传之万世的目标，秦始皇去周礼，行秦制。推行中央集权和君主专制，对国家进行一体化治理，建立起世界上第一个以官僚郡县制为基础的君主专制大一统政权，实现了对封建制大一统的迭代升级。

秦政以"定于一"的原则强化了中央集权君主专制：君权神圣不可让渡与分割，是一切权力的来源和最后与最高的裁决。大力推进政治、经济、文化等各个方面的一元化领导和标准化改造，破除任何妨碍皇权渗透治理的障碍，一切权力集中于皇帝之手。

在政治设计上，秦政一是倾力于对皇帝制的建立与巩固，行政权、司法权、立法权、人事权、军事指挥权、祭祀权等政治权力皆由皇帝专揽，"天下之事无大小，皆决于上"，由皇帝最终独裁拍板。中央的三公九卿与地方郡县制的官僚，都要依据皇帝的诏令行政。中央与郡县的三级御史系统，作为皇帝的耳目眼线，加强对官僚的监督与考核。皇帝通过御史绕过丞相，实现"独治"，以至于"赵正昼决狱而夜理书，御史冠盖接于郡县"。

二是建立文书系统和公文传送系统。秦政要求政务不能口头请示，必须书面申请，通过文书程序办理，而且不得托人代请，凡事留痕。为此，秦朝建立了邮传系统，并规定具体公文送达与办结期限，逾期则鞭笞并处罚金，还要追究其领导的责任。从而克服了距离与技术限制，加强了对郡县管理，防止出现鞭长莫及、尾大不掉现象。

三是铲平贵族政治，将社会管理一元化。皇帝至高无上，其余人等皆为臣民。原先六国旧贵族与富族豪强都变为黔首，迁居咸阳，接受监视。通过编户齐民与乡里制度，国家权力直达家户。解散社会上的各种民间组织，禁止民众聚集结社，以户籍制组织赋税、徭役、兵役的征收、动员、调动工作，实现了网格化管理。

四是堕城郭，通川防，夷险阻，"器械一量"，破除一切阻碍国内一体化的壁垒，促进天下一体，四海一家。通过统一度量衡、货币、车轨等，实现技术层面标准化、一元化，降低全国交易成本，实现全国的经济流通与整合。修建直道与驰道驿站，组成全国以咸阳为中心的交通干线网，提升物流文书信息速率和军事调配效率。

五是"别黑白而定一尊"，按照五德终始论推定秦政为水德，改正朔，易服色，定数纪。统一文字，不仅方便国人的交流沟通，更将其作为一种纽带，提升文化认同和共同体的认同。焚书坑儒，推行以吏为师，加强思想统一和思想控制。

通过上述措施，秦政全面打通了妨碍皇帝行使专制之权的障碍，消除了统管的距离问题和监管死角，实现了天下的同质化和一体化。四面八方都像辐条向着轴心一样地向着中央，皇帝实现了对整个社会的无差别等距统治。

如果将对超大国土、超多人口、超大规模国家的治理比作建房子，周代宗法封建体制就像一块块砖头（诸侯）堆积而成平顶房，而秦代君主专制中央集权体制则像有顶层设计（皇权）的以四梁八柱（各种一元化管理）为主框架的亭台。秦始皇开创了新的政治传统，重新定义了中国文明，对后世产生了深远影响，以至于后世之人认为"百代皆行秦政制"。

应当说，放眼两千年前的世界，秦政理念之先进、制度之完备、气势之恢宏、治理能力之强大，无与伦比。连"历史终结论"的提出者福山都赞叹："中国独自创造了韦伯意义上的现代国家，即中国成功地发展出了一个中央集权的、统一的官僚政府，去治理广大的疆域与人口。"[1]

中央集权君主专制的大一统体制有效得提升了秦朝的统治能力，使秦成为当时世界上最强大的帝国。然而极具讽刺意味的是，如此强大的帝国仅过了15年，就在一场场暴风骤雨般的起义中轰然倒下，二世而亡。强大的秦帝国为什么如此脆弱，五百年开拓奋斗换来的竟然只是昙花一现般的绽放？法家策略"在中国统一前后截然不同的表演为后世留下一个巨大的惊叹号和一个同样巨大的问号"[2]。

可以毫不夸张地说，秦始皇给后人留下的是一个复杂的遗产。他开创了人类史上超大规模治理的一次伟大实验。秦短命的原

---

[1] 弗朗西斯·福山：《政治秩序的起源——从前人类时代到法国大革命》，毛俊杰译，广西师范大学出版社，2014，第25页。

[2] 刘哲昕：《文明与法治：寻找一条通往未来的路》，法律出版社，2014，第72页。

因很多，唐人柳宗元说秦朝"失不在制，而在政"，今人孙皓晖则认为秦亡于八个字，"求治太速，善后无方"。但归结到一点，从历史的角度看秦的短命是第一次大国治理尝试所付出的试错成本。

秦的暴起速亡，有施政严苛，民心尽失的原因，但更源于君主独裁的体制问题。这就是君主专制和中央集权的统治体系存在着天下安危系于皇帝一身的结构性风险。皇帝的个性性情、才能品行、格局气度乃至身体状况都直接影响政局，直接制约治理效果，是国家治理体系中最大的不确定因素。其不仅存在人去政息的风险，更重要的是一旦皇帝幼弱或有能力缺陷，体制内外各种势力就会乘虚而入，权力架构就会失衡，轻则政局动荡，重则社会动乱，乃至土崩瓦解，王朝更替。

良政需要明君，一个疆域广阔的超级帝国，土广民众，治理事务之繁杂与责任之重大，对皇帝这个孤家寡人的"眇眇之身"提出了不小的挑战。

公元前219年秦始皇东巡至山东半岛，登上琅琊台，让李斯立石刻铭，歌颂他"器械一量，同书文字，端平法度，上农除末，匡饬异俗，兴利致福"的不世伟业，树立帝王模范形象，从而有了《琅琊台刻石铭》。从政治学角度分析这篇文章，理想帝王的执政逻辑是这样的：要建立功盖五帝、泽及牛马的"皇帝之功"，广拥"皇帝之土"，皇帝要有临察四方、细大尽力的"皇帝之明"，圣智仁义、端直敦忠的"皇帝之德"，朝夕不懈、莫敢怠荒的"勤劳本事"。绝对权力的背后是无限的责任。即使天纵英明，生而灵异，弱而能言，其仁如天，其知如神，但山一般的重任对凡胎肉身，海一样的事机对有限的精力，仅凭皇帝一个人还远远不够。

果然，这种情况终不可持续。纵使秦始皇英明神武，野心勃勃，"昼决狱而夜理书"，日理万机，夜以继日，最终也不幸崩殂于中道，年仅49岁。秦始皇过于自信，乃至"身死人手为天下笑"。许多的帝王进入晚年或昏庸无道，或倦怠无常，或暴虐迷信。生在深宫、长在妇人之手的后世帝王，则更是缺乏开国者的能力与热情，一旦后世皇帝年幼孱弱，荒淫无道，能力撑不起职位，政治上不是发生权臣擅权，就是宦官弄权、外戚专权，甚至兵变民变蜂起云涌，这就是黄宗羲所讲的"天子之子不皆贤"的现象，或者福山所讲的"坏皇帝"问题。在德不配位、才不胜任的情况下，皇帝似乎成了古代最高危的"职业"。

手握重器、高居权力之巅的皇帝注定是孤独、警惕甚至是恐惧的。皇权至高无上，权力的诱惑引发了觊觎的眼光和"取而代之"的雄心。君王骨子里满是防范与猜忌。韩非子说"君臣之交，计也"，君主以权术待下，群臣也以权术待上。"外有事君之礼，内有背上之心，造伪饰诈，趋利无耻，是以刑者众，死者相望，而奸不息。"

文明就是一部追求"有活力的秩序"的历史。

秦始皇作为贵族出生的帝王终结了贵族世袭社会，让平民开始登上历史舞台。秦以前的全部历史中，不论是夏商周三代统治者，还是春秋战国纷争的各路诸侯，其实都属同一个阶级，即他们都是贵族。秦国扫灭贵族，消除世袭制度，消除阶级固化，打通了社会上下流动的可能。刘邦朝为小亭长，暮坐天子堂，出身闾左，提三尺夺取天下，这在以前是不可思议的。这是一个天翻地覆的历史变局。

弗朗西斯·福山在《政治秩序的起源》一书中写道："中国西部的秦孝公和谋臣商鞅，奠基了世界上第一个真正现代的国家，秦王征服所有对手，建立统一国家，并将秦首创的制度推向中国北方的大部，国家巩固由此告成。""可以肯定地说，是中国发明了现代官僚机构。永久性的行政干部全凭能力获选，不靠亲戚关系或家族人脉。""秦朝凭借政治权力所建立的强大现代制度，不但活过了汉初的贵族复辟，而且在事实上定义了中国文明。尽管在后来中国王朝中，法家不再是钦准的意识形态，但在国家制度中仍可看到它留下的遗迹。"①

柳宗元在名篇《封建论》中还提出一个观点："公天下之端自秦始。"天下区别于一国，本质就在于天下是公，一国是私。秦朝的建立是一场反贵族专制的革命，是消灭世卿贵族势力、变多君为一君，实现大一统的过程。以"私天下"之心行公天下之义。

皇帝代表秩序，所以司马光在《资治通鉴》开篇就说："夫以四海之广，兆民之众，受制于一人，虽有绝伦之力，高世之智，莫不奔走而服役者，岂非以礼为之纲纪哉！……非有桀纣之暴，汤武之仁，人归之，天命之，君臣之分，当守节伏死而已矣。"寥寥数语，司马光就清晰地概括出了中国政治文化的精髓：第一，要有一个至高无上的大一统的君主；第二，君主权力、礼制金字塔结构的运作以及总的政治和社会秩序之间存在着内在联系；第三，君主应该享有臣民的绝对屈从。在特定的情况下，一个邪恶的君主可以也应该被替换，但君主的至高无上作为中国传统政治文化的一个核心特征不应被怀疑。王朝的更替只是一家一姓的兴替，而政治秩序的君主制基础则不能动摇。

准确地说，秦政奠定了大一统中国的政治根基。秦始皇创建的君主专制中央集权的体制，因秦朝二世而亡受到怀疑，甚至遭到抛弃。汉武帝以秦始皇草创的法家式君主专制中央集权为框架，用董仲舒式新儒学进行了升级，并以"大一统"名称面世。从此，儒法兼容的大一统才正式成为治国理政的自觉理念与意识。

秦皇草创，汉武精装。秦末汉初的反思探索，实现了"可大"到"可久"政治的升级，即从秦政"定于一"框架到汉政"定于久"框架的转型。

一个政权的稳固，需要权威。权威就是对一种正当权力的自愿

---

① 弗朗西斯·福山：《政治秩序的起源》，毛俊杰译，广西师范大学出版社，2014，第95、107、120页。

服从和支持。人们对权力的服从可能有被迫的成分，但是对权威的服从，则属于认同。认同来自权威具有的正当性和合法性。

秦朝的建立，标志着代表功利主义、重视国家管制汲取能力的法家政治理念和政治实践的胜利。惨烈的兼并战争是生与死的较量，秦国以法家的冷血主张为指导，依靠严格的法律、严厉的管理和严酷的管控，增强了秦国的统治能力，并最终在血与火的征战中一统天下，建立帝国。但秦朝单纯依赖强力的统治体系并不稳固。过分依赖严刑酷法与强制暴力的统治，刚性有余但弹性不足，这种高压统治有效但无果，不能持久。

秦的暴政引发的起义与暴动，首先唤起的是复国运动，这就是项羽推翻秦朝统治没有自立为帝，却分封十六王，自称"西楚霸王"的原因。刘邦也是在战胜项羽后接受楚、韩、淮南、梁、衡山、赵、燕等七国的推举才即皇帝之位，建立汉朝。因为出身低微，不是六国贵族血统，刘邦当上皇帝也是惴惴不安，认为他的统治缺乏出身自带的合法性。

刘邦是凭着个人魅力和才干取得天下的，但他对秦朝灭亡的原因理解得却很肤浅。他认为秦始皇不分封宗亲，危急时刻没有宗室相助，孤立无援，是导致秦朝早亡的主要原因。所以刘邦建国以后，除了原先的异姓王外，还大力分封亲族宗室，以至于西汉初年的疆土，有约三分之二是封国的，实行郡县制的不足一半。所以，汉帝国初期国体上是个联合帝国，由多个王国、众多诸侯国和朝廷直辖郡县组成，政体上混合封建制与郡县制，政策上实行黄老之治。

从剪除异姓王到解决刘姓王，汉初经历了多次诸侯王反叛，刘氏帝国多次危如累卵，命绝一线，到汉武帝时才基本解决了诸侯问题。汉朝在经历如此险境之后，深感封建制之危害，认为以郡县制为代表的秦政才是长治久安之良药。秦吏出身的萧何深知官僚郡县制为治国安邦之道，他一入咸阳便直奔秦丞相、御史府，搜集所藏律令、图书，掌握全国的山川险要、郡县户口，在日常治理中也是尽行秦政。汉初实行的黄老之治，只是因为战后社会经济过于萧条，没有多余资源可汲取，不得已实行轻徭薄赋，休养生息的政策而已，朝廷直辖区的行政管理制度与官僚组织结构仍一如秦政。

管理体制虽是相对稳定的，但治理政策是可以因时变化的。经过汉初几十年的动荡，汉初几代帝王切身感到"封建者，统一之反也。封建之制废，则统一之业成矣。然后世又有为统一之梗者，则叛民、叛将之割据是也。柳子厚谓秦有叛民，而无叛吏；汉有叛国，而无叛郡；唐有叛将，而无叛州。盖郡县之设，既无世袭，不得私有其土而有其民，而又不假之以兵，其势固无从叛"[①]。

在法律方面，刘邦命萧何参照秦朝法律"取其宜于时者，作律九章"，即"汉律九章"。在战国时期李悝所制订的《法经》六篇（盗法、贼法、网法、捕法、杂法、具法）基础上补充了户律（户口管理、婚姻制度和赋税征收）、兴律（主要规定征发徭役、城防守备）和厩律（主要规定牛马畜牧和驿传方面），一般所说的汉律就是指《九章律》。

在整理朝纲方面，刘邦重用的叔孙通参酌损益制定了一套适合当时形势需要的政治礼仪制度、规范，撰写了《汉仪十二篇》《汉礼度》《律令傍章十八篇》等仪法法令，明君臣之分，凸显皇帝尊严，严令遵守，违者严惩。自此朝堂之上，宴会之时，所有人都要按着严格的礼法进行，稍有不合礼规的，御史会立即把他们拉出去严惩不贷。自此，诸侯王以下的所有人都诚惶诚恐，对刘邦毕恭毕敬。刘邦心满意足地说："今天我才真正体会到了做皇帝的尊贵。"

应当说，刘邦虽然意识到秦政之残酷暴虐，也通过法律的修订废除了一些暴虐之刑，但一直到他去世都在着手平定叛乱、剪除异姓王和与匈奴争战，对当地百姓来说仍然是征调壮丁打仗，妇老负

[①] 吕思勉：《中国制度史》，上海教育出版社，1985，第442页。

责后勤运输，负担没有真正减轻。如果不是汉惠帝与吕后时期真正开始降低税赋，与民休息，汉朝说不定也会像秦朝一样二世而亡。

那秦朝二世而亡的真正原因是什么？针对秦朝二世而亡的历史教训，汉初掀起一股检讨思潮，其中贾谊的《过秦论》在历史上的影响很大，最受后世的青睐。

贾谊认为秦亡原因在于秦政的严刑酷法，缺乏弹性，缺乏认同，陷入合法性危机，最终导致攻守异势。在对秦制批判的基础上，贾谊申明治体经制的秩序纲要意义，关键在于确立以礼纪四维为原则的"尊尊""亲亲"体制，并强调移风易俗，教养君储，礼遇大臣，才能享国长远。其曰：

> 夫立君臣，等上下，使父子有礼，六亲有纪，此非天之所为，人之所设也。夫人之所设，不为不立，不植则僵，不修则坏。《管子》曰："礼义廉耻，是谓四维；四维不张，国乃灭亡。"使管子愚人也则可，管子而少知治体，则是岂可不为寒心哉！秦灭四维而不张，故君臣乖乱，六亲殃戮，奸人并起，万民离叛，凡十三岁，而社稷为虚。今四维犹未备也，故奸人几幸，而众心疑惑。岂如今定经制，令君君臣臣，上下有差，父子六亲各得其宜，奸人亡所几幸，而群臣众信，上不疑惑！此业壹定，世世常安，而后有所持循矣。若夫经制不定，是犹度江河亡维楫，中流而遇风波，船必覆矣。可为长太息者此也。[①]

到了汉文帝、汉景帝时期，二人继续施行轻徭薄赋的黄老政策，奖励耕织，鼓励商业流通。富商大贾周流天下，得其所欲，国力才逐渐恢复，甚至出现库存粮食新陈相积，钱串腐朽的盛世状

---

① 班固：《汉书》，中华书局，1964，第2246~2247页。

态。但其间也出现了刘姓王尾大不掉的问题，从而爆发了"七国之乱"。放任商品经济的发展，使汉朝经济出现了严重的贫富分化，"富者田连阡陌，贫者亡立锥之地"，甚至出现豪强之族。匈奴此时也屡屡犯边，汉朝面临新的外忧内患。

汉朝体制最终定型于汉武帝刘彻。汉武帝刘彻雄才大略，积极有为，甚至好大喜功。他一改汉初黄老的无为之治，对内强化中央集权的国家机器，加强政治、经济、思想、社会各个领域一元化统治；对外主动出击，开疆拓土。

为了加强中央集权，强干弱枝，进一步削弱诸侯王的势力，汉武帝以推恩令"众建诸侯而少其力"的方式，基本解决了汉初诸侯王强大难制的难题，解除了诸侯王地方势力对中央的威胁。

在中央，汉武帝为加强皇权，削弱相权，选用一些亲信侍从如尚书、常侍等组成宫中的决策班子，称为"中朝"。为了加强中央对地方的管理，汉武帝独创刺史制度，把全国除了三辅（京兆、冯翊、扶风）、三河（河南、河内、河东）和弘农以外的地区分成了13个州部，中央在每个州设立一名刺史，专职监察地方。刺史没有固定的治所，每年八月巡视所辖区域，考察吏治，奖惩官吏，决断冤狱。

在民间，汉武帝开创察举制选拔人才，凝聚民心，扩大执政基础。在长安创立专门的儒学教育机构"太学"，设五经博士，对后世产生深远影响。官吏的知识化与儒学化，催生了士大夫阶层。按阎步克的说法，两汉是春秋战国以来儒生和文吏融合的年代。原来的刀笔吏，经过经学的濡染（主要是受不通经无法做大官的选举制度的诱导），变成了有经学味道的官吏，开世界文官制度之先河。以至于福山赞叹道："西汉的中国政府几乎符合现代官僚机构的全部特征。"[1]

---

[1] 弗朗西斯·福山：《政治秩序的起源——从前人类时代到法国大革命》，毛俊杰译，广西师范大学出版社，2014，第124页。

为了提升资源汲取能力，加强国家对经济的统制，汉武帝将冶铁、煮盐、酿酒等生意收归中央管理，禁止诸侯国铸钱，使得财政权集于中央。

虽然权力被中央逐渐回收，但是统治的正当性与合法性问题，一直是汉初各代刘姓帝王的心病。

西汉之前的政治均为世袭的贵族政治，其合法性在于"积德累善十余世"的封建世袭。汉朝是中国第一个出身平民的帝王建立的王朝。刘邦起于闾巷，造反起家，而陆贾"马上得天下，不能马上治天下"论点，对刘邦的触动很大。刘家能暴力夺天下，别人也能依靠暴力夺取刘家的天下，"王侯将相宁有种乎"的呐喊估计经常惊醒梦中的历代汉帝。汉初建国之时，就存在一个刘氏政权合法性与正当性的危机。

为了维护刘氏政权的稳固，刘邦一方面用各种理由逐渐剪除各个异姓王，不惜背负"兔死狗烹，鸟尽弓藏"的怨恨与骂名。另一方面他利用各种方式树立皇帝的威严与尊贵，如听取萧何意见营造华丽宫殿，任用叔孙通用礼仪典章彰显皇帝的威严尊崇，严格尊卑等级秩序，炫耀聚贤而用的自身魅力与能力等。但这些不足以支撑日益强大的帝国统治，没有坚实强大的思想基础是无法奠定坚实的统治自信与治理力度的。统治的合法性和正当性关乎长治久安、国祚绵延，是"大道之要，至论之极"的终极问题，这是汉初任何一个统治者都无法绕开和回避的。

雄心勃勃的汉武帝在继位不久就以"古今治道"向天下"贤良文学"之士发布"策问"："三代受命，其符安在？灾异之变，何缘而起？"当时前去对策的贤良文学之士前后百数，最终董仲舒面试第一。汉武帝就天道、人世、治乱等三个方面的问题，进行了三次策问，董仲舒一一从容作答，最受汉武帝的欣赏，史称"天人三策"。汉武帝听从董仲舒的建议，建立起一套融合儒、法、道、阴阳各家学说的有神学意味的新儒家理论，其核心是大一统。正如董仲舒认为的"春秋大一统者，天地之常经，古今之通谊也"，"王者受命而后王。王者必改正朔，易服色，制礼乐，一统于天下"。

董仲舒的主要思想就是"天人感应，君权神授"。君主受命于天，就要奉天承运，执行天道，教化民众。而儒家的仁义礼乐担纲五常，是推行天道的具体内容。国家治乱的关键在于国君。国君执行天道，要以大一统治理天下。

关于统治合法性的问题，董仲舒认为天子改朝换代获得的权力，不是从前人那里继承而来的，而是受命于天。"明易姓，非继人，通以己受之于天也。"凭什么是你受命于天呢，因为你具有最高的道德，"德侔天地者称皇帝，天佑而子之，号称天子"。这种道德是一种什么样的道德呢，答案是"为民"。"天之生民，非为王也，而天立王以为民也，其德足以安乐民者，天予之。"

这种思想很好地说明了汉高祖刘邦获得政权的理由，也包含了另外一层逻辑，那就是当人主失德的时候必须去位。人主失德的体现即所谓的灾异，天灾人祸会通过异象的方式提出警告。有了这些，表明人主失德受到了上天的谴告，他必须让位，即所谓"虽有继体守文之君，不害圣人之受命"。

这样，天、帝王（圣人、人君）、民三者构成了中国传统政治合法性的核心内容，它们之间的关系恰如董仲舒所说："能常若是者谓之天德，行天德者谓之圣人；为人主者，居至德之位，操生杀之势，以变化民；民之从主也，如草木之应四时也。"

汉武帝刘彻接受了董仲舒的天人之策，董仲舒等多人改造而成的新儒学由此上升为政治显学和国家意识形态，此后两千多年中国的政治形态被看作是一个"儒法国家"，即一个奉儒家学说为合法性基础，同时采用工具主义的法家作为御民之术的、中央集权的官僚制国家。在这一政治体制中，皇帝被神圣化为"天子"，而"天命"的解释权则掌握在从知识精英中选任的儒士型官僚手中。这一政治体制在国家政权与儒家精英之间建立了一个相互依赖的共存关系，为国家的统治提供了合法性基础，为臣民的生活提供了道德准则。在社会精英层面上维持了一个同质性的文化，为社会下层群体提供了一定程度的从政入仕的机会。这套制度的难得之处，在于既塑造了权力，又约束了权力；不仅解决了苦恼汉帝的问题，还创建了一个与正统并立的道统，极大地提升了士大夫的地位，也给内心崇尚法家功利的帝国战车安装了一个刹车装置，避免其再因暴虐肆意在专制统治之路上狂奔而翻车倾覆。

汉武帝体制可以称为"士大夫与皇权共治政体"，它一经形成，就大体实现了稳定与活力的平衡。这个体制解决了导致秦制瓦解的规模难题与刚性治理的脆弱项，因此才具有顽强的生命力。儒士君子群体在国家治理中发挥了关键作用，它横跨于社会、政府之间，居官则以道事君，推动政治之理性化；在野则组织民众，推动基层之社会自治。这样的体制在某种程度上与周制有深刻的结构性相似。

经过汉初几代的探索，汉武帝"儒法兼容，王霸杂糅"的大一统建设更上一个台阶。法家为其提供强大的组织性和纪律性，以及动员力、集合力、整合力与资源汲取力，能有效防范强敌、防范内乱对政权的各种威胁。儒家提供统治合法性（天命观、民心观、德性观）、统治合情性（人伦与家国同构）、统治合法性（等级与礼制）与统治同化的包容性。

可以说，儒法体系思想是农业文明时代最精致入微的意识形态。儒法二家，刚柔相济，阴阳调和。外儒内法、霸王道杂的大一统建构，影响后世两千年。两千年来，中国虽跌倒过，却从未散过架。

如果说秦政搭建了大一统四梁八柱的框架，还属于毛坯房，汉代则用儒学装修了门面，进行了软包精装，并用盐铁专营架设了能量输入管道。赵鼎新把汉代形成的由儒家提供了意识形态、法家提供了治理技术的政体称之为"儒法国家"。统治家族和儒家学者之间的这种共生关系催生了一种前现代标准的权力政治制度——这种制度如此有弹性和适应性，以至于它经受住了无数挑战，并一直持续到1911年的共和革命。《剑桥中国秦汉史》在论述这段历史时评价说："汉代把一个长达两千年基本上保持原状的帝国理想和概念传给了中国。在汉之前，帝国政府是试验性的，并且名声不佳；在汉以后，它已被接受为组织人的正统的规范形式。"①实事求是地说，百代皆行的不是秦政，而是汉武体制。

武帝之后的帝王多自觉采用外儒内法、霸王道杂的治术。如汉宣帝的太子（后来的汉元帝）对汉宣帝任用文法吏、采用酷刑的做法表示异议，他劝诫父亲应该用儒生治理天下，但却遭到了父亲的训斥。汉宣帝认为太子崇尚儒家，不懂得治国之道。汉宣帝明确表示汉家自古以来的制度，就是霸王道杂之，如果只用纯良以及道德来教化天下人，只会导致刘氏政权的动摇乃至倾覆。

以色列学者尤锐认为，从秦汉开始的"中华帝国与其他帝国的不同，并不在于它从未被摧毁过——历史上有多次帝国的轰然垮台——关键是经过一段时间混乱之后，它总是能奇迹般地屡次复活。这种帝国的复活不仅仅停留在象征意义上——如在罗马帝国陷落之后有很多君主号称自己是罗马的继承者一样——而且就政治架构而言，是实质性的。尽管经过两千多年各个领域内的变迁——从人口变迁、地理嬗变到宗教、社会及经济结构的更新——但是在帝国早期已经奠定的帝国统治的根本的原则，仍然大体保持完整"②。

历史上波斯帝国、亚历山大帝国、罗马帝国、阿拉伯帝国等都曾进行过大规模帝国的治理尝试，但只有中国成功了，没有陷入长期分裂。其实，历史上各大帝国的很多选择都差不多，不论是修建道路、驿道系统，还是发行货币，统一度量衡，实现信息、人员和

---

① 崔瑞德、鲁惟一编：《剑桥中国秦汉史：公元前221年至公元220年》，中国社会科学出版社，1992，第98页。
② 尤锐：《展望永恒帝国：战国时代的中国政治思想》，上海古籍出版社，2018，第4页。

物资的流通，波斯、希腊、罗马都做过。得失之根本还是在于制度方案。大一统的郡县制，使得中央集权、上下一体成为现实，重塑了中央与地方的关系，王权直达编户。顾炎武说："封建之失，其专在下，郡县之失，其专在上。"除了中国，世界各主要文明都没能解决这个"其专在下"的问题，面临着"其专在下"的挑战。中国同样经过长期的试错才逐渐完善大国治理体系，之所以没有陷入长期分裂，对大一统这个主轴制度和治理思想的坚持是关键。[①]

钱穆在《国史大纲》里曾形象地对比过秦汉与同时代罗马帝国的不同。他说："秦、汉大一统政府之创见，已为国史辟一奇迹。近人好以罗马帝国与汉代相拟，然二者立国基本精神已不同。罗马乃以一中心而伸展其势力于四围。欧、亚、非三洲之疆土，特为一中心强力所征服而被统治。仅此中心，尚复有贵族、平民之别。一旦中上层渐趋腐化，蛮族侵入，如以利刃刺其心窝，而帝国全部，即告瓦解。此罗马立国之形态也。秦、汉统一政府，并不以一中心地点之势力，征服四围，实乃由四围之优秀力量，共同参加，以造成一中央。且此四围，亦更无阶级之分。所谓优秀力量者，乃常从社会整体中，自由透露，活泼转换。因此其建国工作，在中央之缔构，而非四围之征服。罗马如一室中悬巨灯，光耀四壁；秦、汉则室之四周，遍悬诸灯，交射互映；故罗马碎其巨灯，全室即暗，秦、汉则灯不俱坏光不全绝。因此罗马民族震烁于一时，而中国文化则辉映于千古。我中国此种立国规模，乃经我先民数百年惨淡经营，艰难缔构，仅而得之。"[②]

[①] 范勇鹏：《中国政治学知识体系的核心概念——统一性》，载《复旦政治学评论》第22辑《历史、社会与制度变迁》，复旦大学出版社，2020。
[②] 钱穆：《国史大纲·引论》，商务印书馆，1996，第13~14页。

二、熔融再造

汉宣帝兼有汉文帝的宽仁与汉武帝的强势，王霸杂糅，深谙帝王统治之术，设立西域都护，统辖西域各国。匈奴呼韩邪单于南下归降，更是标志着汉朝进入强盛。

汉元帝是汉宣帝流落民间时生下的长子，他性格柔顺，对人柔和，8岁时被立为太子。汉元帝继位后，正如其父汉宣帝所担心的，重用儒学人物，政事委托宦官，社会管理趋于松弛，结果中央宦官集团和文官集团内斗，地方豪强势力做大，盗贼蜂起。汉元帝死后，汉成帝继位，因沉迷女色，其母王政君重用王氏家族成员掌管朝政，外戚势力兴起并做大，自此，元、成、哀、平一代不如一代，最后王莽篡位，西汉终结。

汉代的衰亡暴露出儒法体制在实际执行过程中仍有许多漏洞与不足，直接动摇了国基。

首先就是权臣弄权，外戚专政。西汉时有霍氏专权、王氏篡汉，东汉时因皇帝大多年幼登基，导致外戚家族势力再次兴起。等皇帝长大后，因不满受外戚控制，往往依赖身边宦官从外戚权臣手中夺回权力，由此引发宦官集团与外戚集团的内斗，导致政治秩序的混乱。如92年，汉和帝刘肇联合宦官郑众等人，逼杀外戚窦宪。121年，汉安帝刘祜，跟宦官李闰、江京等人结合，逼迫继窦宪而起的外戚邓骘自杀。125年，在当了七个月皇帝的刘懿去世后，宦官孙程、王康、王国发动宫廷政变，迎立刘祜的儿子刘保登基，是为汉顺帝。159年，汉桓帝刘志与宦官单超、唐衡、左悺、徐璜、具瑗五人密谋，将外戚梁冀诛杀并灭族。到189年，袁绍与外戚势力何进联合将宦官彻底铲除，但随即权臣之间开始了朋党之争，并自此开启几百年内乱外患之序幕。从220年到589年，分裂割据、五胡乱华、南北对峙，中国命悬一线。

其次就是豪强做大，与中央政府争权、争资源。西汉中后期，土地兼并现象十分严重，逐步形成官僚、商人、地主三位一体的豪强地主势力。如当时的学者仲长统所言："豪人之室，连栋数百，膏田满野，奴婢千群，徒附万计。船车贾贩，周于四方；废居积贮，满于都城。琦赂宝货，巨室不能容；马牛羊豕，山谷不能受。妖童美妾，填乎绮室；倡讴伎乐，列乎深堂。宾客待见而不敢去，车骑交错而不敢进。三牲之肉，臭而不可食；清醇之酎，败而不可饮。睇盼则人从其目之所视，喜怒则人随其心之所虑。此皆公侯之广乐，君长之厚实也。"豪强利用经济实力，在政治、经济上乃至文化上都建立了自己的势力，变为世家大族，把持朝政大权。东汉政权就是在豪强地主的支持下建立起来的，因此豪强地主在东汉王朝享有政治上、经济上的特权。他们在政治上把持中央和地方政权，在经济上兼并土地，占有庞大的田产，还兼营工商业，成为世代为官的士族地主。进而在魏晋时期形成了门阀制度。

本来秦朝开始的大一统中央集权体制，消除了贵族和世袭，形成"一帝一民"社会结构：官员都是皇帝任命的流官，皇帝之下都是皇帝的臣民，官吏之外则是编户齐民管理下的"黔首"。但从汉到唐，"荐举制"导致在皇帝和平民之间，又恢复了一个类似贵族的稳定而强大的"士族"阶层。虽然高级官位不再世袭，但却由上层社会垄断。因此，从汉代到唐代，中国社会可以称为"半贵族社会"或者"士族社会"。

在士族社会中，"门第"成为决定一个人社会地位的最重要的标准。上层社会和下层社会之间，存在着一个巨大的阶层区隔，社会结构趋于僵化。类似于贵族文化的"士族文化"就在这种上下隔离的半封闭状态中发育成熟。这种情况的出现，意味着贵族传统在郡县官僚制的外壳下一定程度上的悄悄复苏。

门阀制度萌芽于西汉，成形于东汉，于魏晋南北朝时期盛行。尤其在东晋时期，司马家族就是在琅琊王氏的支持下坐上皇帝宝座的，朝廷班子大多由王氏家族成员组成，被称为"王与马共天下"。

魏晋南北朝的大分裂时期，是国家治理体系重构的阶段。不论是南朝还是北朝，都以重建大一统秩序为己任，但一次次的暴力夺权、德位不正的事实，极大冲击了儒学倡导的价值观与信仰，引发了士人们脱儒入玄，引佛入学。魏晋开始的九品中正制巩固了世家大族的地位，在北朝因战乱引发的聚族自保也导致豪族势力的增长。

魏晋更替，战乱引发人口的急剧变迁，大量的汉人向周边迁移，甚至在河西走廊地区建立起前凉、西凉等地方政权。北方的游牧民族更是越过长城进入中原地区，建立起很多政权，史称"五胡乱华"。但几乎所有胡人政权都把建立中华王朝当作自己的目标。因为"建元称帝"本身就意味着他们把自己的政权建设定义为中国的正常王朝更替。

前赵是中国历史上第一个入主中原称帝的胡人政权，建国者是匈奴人刘渊。刘渊，字元海，姿仪魁伟，猿臂善射，膂力过人，颇有其先祖冒顿单于的遗风。刘渊不但善武，而且能文，曾师事上党崔游，尤好《春秋左氏传》《孙吴兵法》，对《史记》《汉书》等，无不综览，是一位充分接受中原文化浸染、汉化程度相当高的匈奴人。西晋末年中原大乱，族人拥刘渊为大单于，刘渊却志在做中原的帝王。"匈奴怎么就做不得帝王！大禹是个西戎，周文王是个东夷，但他们都得到了上天授命而成为王。如今我有匈奴军队十余万，如果擂着军鼓南下，个个以一当十，消灭晋国就如摧枯拉朽一般。上可以一统天下，比肩汉高祖；下不失割据北方，作魏武帝曹操。""吾，汉氏之甥，约为兄弟。兄亡弟绍，不亦可乎。今四方未定，且可依高祖称汉。"于是，他打着兴复汉室的旗号建国号为汉，"作汉三祖、五宗神主而祭之"。

后来羯人石勒杀刘渊的儿子刘曜，自立为帝，改国号为"赵"。一次宴会上，石勒问中书令徐光："朕可以和古代哪一个皇帝相比呢？"徐光说："您的神武谋略超过了汉高祖刘邦，才略卓荦绝伦超过魏武帝曹操，自三王以来没有人可相比，可以说仅次于黄帝！"石勒笑道："人应该有自知之明，汉高祖刘邦崛起于泗水亭长，三年亡秦，五年灭楚，英雄盖世，项羽都不是他的对手。我若遇见汉高祖，当北面事臣，和韩信、彭越等比肩，为之横扫天下；若遇汉光武帝刘秀，当并驱中原，不知鹿死谁手。至于曹操、司马懿之辈，欺负孤儿寡母，窃取天下，不是英雄的壮举，我看不起他们。说到轩辕黄帝，那是上古的圣人，我怎敢相比？"

慕容廆奠定了前燕政权基础，也把建立中华王朝当作自己的目标。到了他的孙子慕容儁，因为得到从秦始皇开始的传国玉玺，前燕的统治者开始称帝。

鲜卑族拓跋珪建立代国，称代王，而所谓代王就是310年晋王朝授予鲜卑首领的称号。可见，在少数民族统治者心目中，王朝的正统性是与中原王朝有着继承性关系。孝文帝拓跋宏把北魏看作是继晋之后的"水德"政权。

各个少数民族政权都建立中央集权体制，采用中原王朝的政治制度，并都积极延揽汉人士族如王猛、崔浩等一流人才为自己服务，北魏孝文帝更是主动"汉化"。

少数民族政权在潜意识里认为中华文化是先进文明的象征，如果学习并接受了中华文化，他们就已经从夷狄变为中华。如后秦的石勒就特别忌讳"胡"字，称自己人为"国人"。为了强调只有自己才具有建立中华王朝的资格，他们极力主张自己不是"胡"，而其他与之对立的政权才是"胡"人的政权。

民族的融合是相互的，很多像王猛、崔浩这样的一流汉人之所以也加入胡人政权，在于他们认为胡人政权的统治者甚至比汉人统治者更加能够实行德治，更加能够继承中华文化的优良传统。例如，王实称颂前秦苻坚为："陛下神武拨乱，道隆虞夏，开庠序之美，弘儒教之风，化盛隆周，垂馨千祀。汉之二武，焉足论哉。"不是以出身民族集团，而是以是否遵行了天道，是否实践了德治，是否带来了社会的安定和民众的幸福为标准，判断统治者是否具有正当性、合法性，而这正是先秦时代的统治者们打造"天下"的初衷。五胡十六国时代，判断统治正当性和合法性的标准，更是具体化和明确化为是否能够在政治、文化和社会等层面上继承中华文化传统，是否尊崇和实践儒家理念。

许多汉人士族之所以能够如此判断胡人政权，无疑是受到了中华传统的"天下思想"中关于王朝交替的"革命"思想的影响。例如，被称为"宿德硕儒"的儒学家常炜，就将前燕政权的建立看作是"革命创制"，杨恒称西秦的秃发利鹿骨为"明主"，张宾等人认为后赵石勒是"明公应符受命"。也就是说，在汉人士族看来，效忠于新的政权并不是投靠异族，只不过是顺应天道，将实现理想的中华秩序的希望寄托给了接受了天命的"明君"而已。因此，五胡十六国时期胡人集团能够在"中国"建立起政权，不仅仅证明了中华文化具有吸引周边民族集团"向化"的魅力，同时还证明了"中国人"完全可以接受任何能够体现"天"之"德"，能够建立并维护中华秩序的政权，而不论其统治者是何民族出身。以上两点，对于中国多民族统一国家的形成和发展来说，无疑都具有非常重要的意义。[1]

观念上认同，加上没有历史包袱的牵引，北朝在建立大一统秩序中进行了许多有益的尝试。从485年开始，北魏先后推出了俸禄制度、均田制度、三长制度等，重建了官员的薪酬体系、土地赋役制度以及基层管理组织，开创了适应北魏社会新变化的管理新体系。493年，魏文帝将首都从大同迁往洛阳，同时改鲜卑姓氏为汉人姓氏，令鲜卑贵族必须与汉族通婚，穿汉服、讲汉语，北魏的社会面貌焕然一新。

北方少数民族以武力重建天命皇权，由于没有历史的包袱，

---

[1] 王柯：《从"天下"国家到民族国家》，上海人民出版社，2020，第127页。

反而更具创意，如北魏政权的系列制度改革和汉化政策，以及西魏政权关中本位、府兵制的价值和策略，提升了重建大一统的资源动员能力，促使了隋唐帝国的出世。对此，著名学者陈寅恪下过一个断语："李唐族之所以崛兴，盖取塞外野蛮精悍之血，注入中原文化颓废之躯，旧染既除，新机重启，扩大恢张，遂能别创空前之世局。"①

孔子说："质胜文则野，文胜质则史，文质彬彬，然后君子。"胡汉粗犷的草原文化与精巧的农耕文化的交流，以文明约束野蛮，以活力荡涤奢靡，生成了一种活泼开明张弛有度的新文化。

三、平民社会

从隋唐到宋的一段时间被称为"第二帝国时代"。这是一个豪族逐渐消亡，平民逐渐兴起的时代。

豪族世家门阀是左右汉末一直到隋唐的强大势力，对大一统中央集权造成很大威胁与冲击。它破坏了编户齐民的社会管理体制，与政府争夺民户，使得政府的税赋、徭役、兵役等财政与人力资源大幅度流失。豪强吸附了大量佃农、租、户、庄、客、流民，形成地方势力集团，轻则干涉、操控地方事务，重则通过政治、经济、文化手段把控朝政，左右朝局，玩弄皇帝于股掌，甚至取而代之。

形成豪族的原因主要有三个方面：一是经济放任政策导致贫富分化；二是原先官僚选拔上的荐举制，容易让大族把持，进而形成垄断；三是学术、教育、文化等多由大族把控。豪族的官僚化、儒学化不断加强，土地、权力与文化多种资源聚于一身，形成了巨大势力与影响力。

要想重建大一统体制，首要策略就要压制、打击豪族，重建编

---

① 陈寅恪：《陈寅恪集·金明馆丛稿二编》，生活·读书·新知三联书店2001，第344页。

户齐民的社会基础，实行均田制就是固本培基的对策之一。

均田制是北魏太和九年（485年），北魏孝文帝依照汉人李安世之议开始颁布执行的。它是一种按人口分配土地的制度，由北魏的"计口授田"制度演变而来。当时由于战乱，北魏境内土地荒芜，有大片无人区，战火下的农民为了活命大多依附富豪，形成了很多地主庄园。孝文帝为了与世家豪族争夺户口，使劳动力与土地相结合，以恢复生产，增加赋入，下令将无主的土地收归国有，按人口数分给小农耕作。在颁行均田令的同时，孝文帝又以三长制代替宗主督护制，健全地方行政，加强了政府对民户的控制。

均田制的实施，一方面肯定了土地的所有权和占有权，减少了田产纠纷，有利于无主荒田的开垦，解放和发展了农业生产力，促进了社会经济的繁荣发展；另一方面，有利于依附农民摆脱豪强大族控制，转变为国家编户，扩大了由政府控制的自耕小农阶层人数，保证了赋役来源，壮大了处于风雨飘摇之中的北魏王朝的实力。

均田制还奠定了军事基础，寓兵于农的府兵制就是在均田制下的形成的。农民受田为国家当兵成为府兵，府兵要自备粮资，减少了国家的养兵费用。均田制更为隋唐税制之根本，唐代的租庸调制就是在均田制的基础上施行的。

虽然钱穆说："用意并不在求田亩之绝对均给，只求富者稍有一限度，贫者亦有一最低之水准。"但均田制的实施，肯定了土地的所有权和使用权，有利于无主荒田的开垦，因而对农业生产的恢复和发展起了积极作用；均田制保证了赋役的来源，从而增强了专制主义中央集权制。从北魏孝文帝至唐朝前期，共计约300年，对这些地区的土地制度产生了深远影响。

打击豪族的第二个对策是推行科举制，打通平民参政渠道。587年，隋文帝杨坚废除九品中正制，规定采用考试的方法选拔官吏，并于开皇八年设立"志行修谨"（有德）和"清平干济"（有才）两科，用以选拔人才。607年，隋炀帝又在诸多科目之中设"进士科"，以考试策问取人。

唐代继承、发展并完善了科举制。唐代的考试方式主要分作两类：一是常科，二是制科。"常科"就是每年举行的考试，设立的科目不下几十种，常见的有秀才、明经、进士、明法、明字、明算、史科等，但以应考明经、进士两科的人数最多，其中又以进士科的考试最受尊崇，报考的人数最多，因而录取最严。因为考中进士后仕途提升较快，唐朝的宰相大都由进士出身。

科举制的实施，是中国古代用人制度的历史性变革。它彻底破除了魏晋以来以门第高下作为取人的标准，打破了由豪门士族把持国家政权的政治格局，为广大中小地主阶级的知识分子提供了晋升的机会，并由此壮大了中小地主阶级的政治力量，成为此后千余年封建统治的政治基础。这种社会流动性和上升渠道的打通，与西方中世纪领主制阶层的固化形成鲜明对比，成为中国历史上所独有的现象。这一平等的趋向与西方封建制社会崩溃以后的平等流行既有相合之处，同时又有自己的显著特色。中国也可说是以自己的方式参与了托克维尔以"平等的潮流"所概括的一个走向"现代"的世界性历史进程。[1]

一个社会能否长期维持，关键在于是否能有效建立对社会资源（包括政治权力、经济财富和社会地位与声望）不断再分配的机制。对比中外历史，科举制在古代社会中基本是一套非常有效的社会资源分配途径。它构建了一条特别的社会流动通道，成为社会分层结构的基本轴心，对士人儒生发挥了独特的社会整合与调适功能。耕读传家，学而优则仕，个人在这一社会中可以有合理期望，并能寻求到上升途径和发展机会，从而调和阶级矛盾与对立情绪，消弭了不满，减少了动乱。就如唐太宗所说"天下英雄尽入吾彀

---

[1] 何怀宏：《选举社会：秦汉至晚清社会形态研究》，北京大学出版社，2011，第34页。

中",正是得益于科举制。

打击豪族的第三个对策是在政治与官制方面,实行三省六部制削弱相权,加强皇帝专制。三省指中书省、门下省、尚书省。六部指尚书省下属的吏部、户部、礼部、兵部、刑部、工部。每部各辖四司,共计二十四司。三省长官都是宰相,但职能不同,相互制约。中书省起草诏令之后,呈给皇帝审批,皇帝审批通过后给门下省复查,门下省审核不过,驳回中书省重新起草,审核通过就交由尚书省执行。奏章上传也是一样,尚书省上交给门下省审核,门下省通过后给中书省,中书省提出处理意见再给皇帝裁决。

由于审批的过程会出现驳回又重新提出的情况,流程比较麻烦,所以后来又设置了"政事堂",三省的长官们在这里共同商议军国大事。三省六部的设立最明显就是对相权的削弱。该制度在隋朝开始确立,但完成是在唐朝,宋元明清的中央制度都基本有三省六部的影子。

唐初各种政策与体制,混合胡汉,超越秦汉,构建起帝制时期最为开放的世界性帝国系统。

安史之乱是唐朝由盛转衰的转折点。自唐玄宗天宝年间以后的150多年里,唐朝一直处于动荡之中。各种大一统机体内自组织势力再次萌发,逐渐侵蚀中央的权威和对国家的控制力。均田制因土地私有流通导致难以持续,租庸调制度和府兵制也难以进行;地方节度使权力扩展,藩镇长期割据,与中央对抗,严重削弱了中央集权的力量;中央宦官专权,使皇帝大权旁落,严重破坏了国家正常的统治秩序;朋党之争,瓦解了统治集团的力量。对此,唐政权展开过削藩、两税法改革。韩愈等也发起过古文运动,提出抑佛的同时将儒家道统作为国家唯一价值,以期"文起八代之衰,道济天下之溺"。但随着朝廷控制力的丧失,对各种力量的抑制最终失控,最终导致大规模农民起义的爆发。在起义军的沉重打击下,唐朝统治彻底崩溃,维持了约290年的大唐帝国寿终正寝了。

五代十国处于军阀割据时期，制度与唐代相似，政权的过快更迭甚至连官僚班底都没有什么变化，如冯道历仕四朝，位列三公，每次换代他都出面办交接，活了73岁，自号"长乐老"。但是儒家的文治与德治精神荡然无存，从国家的管理到秩序的维护，基本依靠军事实力，即所谓"长枪大戟"。

但由此导致的一个意外结果就是豪族世家的消失，平民社会的到来。从中唐到五代一百多年的战乱，"内库烧为锦绣灰，天街踏尽公卿骨"，那些从汉代到唐代延续几百年的大家族分崩离析，原来养尊处优的士族们或死、或逃、或沦为乞丐奴仆，士族作为阶层被整体上毁灭了。

鉴于五代政权的更替和自己上位的经历，宋太祖赵匡胤黄袍加身后，为防止武人篡权，采用"重文轻武"的国家政策，注意对武将的控制。他通过"杯酒释兵权"的方式解除了高级将领的兵权，军队由皇帝本人直接指挥调度。为防止将帅专权，宋太祖下令将各地的精壮骁勇之人充实禁军，以加强中央军事力量。宋初禁军，内外相制，约10万屯戍京师，约10万屯戍各地，兵将定期轮换。这些措施彻底消除了唐末五代军事将领拥兵自重，称雄一方，威胁中央朝廷的状况。

崇文抑武的宋太祖赋予了士大夫较高的政治自由，形成了不杀士大夫与言官的惯例。文官待遇好、地位高，只要不乱讲话、乱做事，就会"无灾无害到公卿"。但对于道德的讲求，宋朝也达到了一个前所未有的境地。既有范仲淹"先天下之忧而忧，后天下之乐而乐"的担当，也有理学"存天理，灭人欲"的道德束缚。

在选官用人上，宋代打破了唐代科举考试的门第限制，让所有人都能走进考场。对于那些出不起路费的穷人家孩子，国家甚至给他们应试补贴，因此宋代科举录取人数大大增长。唐代进士平均每年录取不过二三十人，而宋代翻了十倍，平均每年有二百多人被录取。宋代完善了科举制度，取消了唐代的举荐内定，通过匿名糊卷等方式，严格考试制度和考试程序，举人礼部试之后，必须通过皇帝亲自主持的"殿试"才算合格，成为"天子门生"。这些措施拓宽了一般人的晋身基础，疏通了上升空间，扩大了统治基础，使耕读传家蔚然成风。

但这并不意味宋代对文官的信任，为削弱相权，宋代设参知政事为副相，设枢密院为最高军事机构，凡军机大事，直接对皇帝负责，宰相无权过问。在地方，命令节度使在管辖其藩镇所在州府之外不得兼领支郡，任用文官担任地方一级长官，并在任用制度中采取"官与职疏""名与实分"的制度，防止了官员长期掌握某一职权可能出现的专权行为。

在财权上，宋太祖釜底抽薪，下令各州税收改地方"支度给用"为一律送交朝廷。后又在诸路设转运使负责各地税收，使节度使和地方官无权过问地方财政，彻底消除了地方割据的经济基础。

宋朝的制度是一个尽心设计的精致而繁复的体系。这个体系弥补了汉唐体制中的很多漏洞，对执政过程中出现的弊病通过制度设计予以防范根除，如宦官专权、外戚专权、藩镇割据等现象几乎没有在宋朝出现。但由于矫枉过正，过于考虑权力的分散和制衡，结果宋代出现"三冗"现象，机构庞杂重叠，职能混淆交叉，臃肿低效，事不放权，事权不一，效率空前低下。从北宋到南宋，既无法裁掉冗兵与冗官以及财政赤字（冗费）更是愈日增长。①

宋代这些政治设计，极大地改变了中国人的性格。汉唐以效力疆场荣立军功为荣，但宋代对军人的防范、对武将的贬抑完全改变了军人在人们心中的地位，甚至改变了国人的气质，儒雅斯文的气质受到人们的青睐。

一个繁复而低效的政府，却给社会发展留下了某些空隙：没

---

① 张鸣：《中国政治制度史导论》，中国人民大学出版社，2007，第140~145页。

有了豪族,宋代放松了对民众从事商业的约束以及迁徙的自由,取消宵禁和城市里坊的隔离,结果使工商业得到了空前发展,出现了规模宏大的手工业工场。各种现实需求也拉动了技术的发展,印刷术、火药、指南针等一大批发明涌现,还出现了世界上第一张纸币。总之,这是一个商业和发明都空前活跃的时代,以至于陈寅恪说:"华夏民族之文化,历数千载之演进,造极于赵宋之世。"

但宋朝又是一个多难悲情的王朝。它建立之时,正好赶上北方游牧民族的新一轮兴起,先是契丹,然后是党项和女真,接下来是蒙古,一个比一个强大凶猛。而作为北屏障的长城因燕云十六州的丢失化为乌有,宋朝陷入被动挨打的境地。又因宋朝"重文轻武"的国家政策,整个时代氛围偏于温和保守,转向内在。

"国力的衰弱、改革的败坏、道德的沦丧都使外事难为而促使士大夫转向内在,理学也因此兴起,最终为政治利用而成为维护现行统治秩序的意识形态。内在转向使中国稳定而停滞,内在的修养玄虚而无止境且难以言说,既不能比较也无法否定,知识分子本来希望以此来加强教化反而被权力规训。宋代并不是中国的近世,而是中国停滞期的开端。"[①]

南宋最大的危机是国家危机,是华夏帝国的正统性危机。蒙古人征服了西夏而完全占据了北方后,华夏民族的"中央帝国"地位已经丧失。尽管政治权力已经无法称为"中央帝国",但华夏的自尊心还必须要维护。如何来维护呢?一方面要巩固既有的南宋政权,同时通过这个羸弱的政权来塑造思想的正统性,以思想的正统性来勉强维护华夏帝国的"正统性"。因此,在蒙古人占据北方以后,南宋政权在巩固政治、统一思想的举措就变得十分积极。也正因为如此,朱熹、吕祖谦等重新梳理儒家脉络,就如在中唐历经

---

① 刘子健:《中国转向内在:两宋之际的文化内向》,江苏人民出版社,2002,第126页。

安史之乱以后，韩愈为树立政治秩序而梳理儒家脉络一样。不同的是，朱熹将儒家理想诉诸寻常生活，从而建立起一个关于儒学的思想体系即道学。因此，道学完全超越了传统（韩愈式）的本本主义儒学范式。与此同时，蒙古和南宋之间在文化层面上的政治竞争仍在继续。1237年蒙古开科取士，同年南宋皇帝御撰颂词，赞同道学的正统要求。1240年，朝廷举行盛大仪式，正式宣布道学学派为国家正统。

由于国家第一次置于外族占领之下，宋人对本民族文化的优越感和认同感的需求比任何时候都来得更加强烈，通过以说唱文学和表演艺术为代表的传播，道学教义中所蕴含的正统儒家理念逐步在民间社会中流传开来，这些理念演绎成简单的概念，甚至影响到社会众多的文盲。就这样，作为官方正统的儒家变成了大众普遍的思想意识，这有助于文化的整合与巩固。新儒学成为大众的思想意识以后，抑制了社会思想的多元化和多样性发展，从而导致社会思想的僵化，无论是在科举考试还是大众教育上，都呈现出非常浓厚的教条主义色彩。这种禁锢的藩篱有助于国家政治文化的相对稳定，但也导致其停滞。更有甚者，为了达到政治控制而有意地进一步歪曲新儒教的思想。这不只是"转向内在"的又一表现，更是宋朝最终灭亡的思想原因。

四、大中国格局

400毫米等降水量线是我国一条重要的地理分界线。它横跨东北与西南，大致经过大兴安岭—张家口—兰州—拉萨—喜马拉雅山脉东部，使两侧呈现了不同的景象。

它是一条地理界线：一边半湿润，一边半干旱；一边是森林平原，一边是草原高原。它是一条经济带线：一边种植为农区耕，一边长草为游牧区。它还是一条族裔分界线：一边是以汉族为主的农耕民族密集区，一边是游牧民族活动区。在历史上两边族群就像阴阳八卦图一样共生竞合，有碰撞，更有交融，最后汇为中华民族。

东汉以后，大批匈奴、鲜卑、羌、氐、羯等胡人南下或内迁，广泛聚居分布于黄河中下游各地。三国期间，今天的陕西北部、甘肃东部和内蒙古自治区南部已经成了"羌胡"的聚居区，东汉与曹魏甚至撤销了其行政机构，放弃对那里的统治。西晋初年，关中的"羌胡"已超过当地总人口的一半，匈奴甚至成为山西北部的主要人口。在十六国中，由胡人所建的有十四个之多。

从十六国中第一个政权建立起，"五胡"各族的首领无不以本族与汉族的共主自居，几乎完全模仿以往的中原政权，移植或引进汉族的传统制度。有的政权虽然实行"一国两制"，在称王登基的同时还保留着部族制度，但随着政权的持续和统治区的扩大，特别是当它们的主体脱离了原来的部族聚居区后，部族制度不可避免地趋于解体。例如北魏孝文帝主动南迁洛阳，实施全面汉化，尽管出现过多次局部的反复，但鲜卑族的"汉化"已成定局。

东晋与南朝时期，南方政权与民众称北方人为"索虏"，将北方视为异域，但北方政权却以中国自居，反将南方人称之为"岛夷"。随着交往的增多，南北双方的有识之士都已承认对方为同类，有时还会作出很高的评价。如北魏永安二年（529年），梁武帝派陈庆之护送元颢归洛阳，失败后陈庆之只身逃归南方。尽管当时北魏国力大衰，洛阳远非全盛时可比，还是出乎陈庆之意外，在南归后说了一段发人深省的话：

> 自晋宋以来，号洛阳为荒土，此中谓长江以北，尽是夷狄。昨至洛阳，始知衣冠士族，并在中原。礼仪富盛，人物殷阜，目所不识，口不能传。所谓帝京翼翼，四方之则。始知登泰山卑培塿，涉江海者小湘沅。北人安可不重？

经过东晋、十六国、南北朝期间的迁徙、争斗和融合，到隋朝重新统一时，定居于隋朝范围内的各族，基本都已自认和被认为是华夏一族，尽管其中一部分人的"胡人"渊源或特征还很明显，可他们自己也不避讳。南北朝末年，文中子《中说·述史》遂谓："大哉中国！五帝三王所自立也，衣冠礼义所自出也！"

自此，以中国之盛夸示于四夷外邦者，更是史不绝书。如《资治通鉴·隋纪五》所记大业六年隋炀帝之例：

> 诸蕃请入（东都洛阳）丰都市交易，帝许之，先命整饰店肆，檐宇如一，盛设帷帐，珍货充积，人物华盛，卖菜者亦藉以龙须席。胡客或过酒食店，悉令邀延就坐，醉饱而散，不取其直，绐之曰："中国丰饶，酒食例不取直。"胡客皆惊叹。

在唐朝，突厥、沙陀、高丽、昭武九姓、回鹘、吐蕃、靺鞨、契丹等族人口不断迁入，其中的部族首领和杰出人物还被委以重任，授予高位，或者赐以李姓。血统的界限早已破除，相貌的差异也不再成为障碍。

唐太宗确定《北史》《南史》并修，就已肯定北朝、南朝都属中国。皇甫湜在《东晋元魏正闰论》中更从理论上明确："所以为中国者，礼义也。所谓夷狄者，无礼义也。岂系于地哉？"陈黯在《华心》中说得更明白：

> 以地言之，则有华夷也。以教言，亦有华夷乎？夫华夷者，辨在乎心，辨心在乎察其趣向。有生于中州而行戾乎礼义，是形华而心夷也。生于夷域而行合乎礼义，是形夷而心华也。

宋、辽、夏（西夏）、金对峙时期，大家平分秋色，同为"中国"，这较之南北朝时期的互相排斥，无疑进了一步：契丹的辽、女真的金是"北朝",汉族的宋是"南朝",党项的夏是"西朝"。辽朝从耶律阿保机到耶律德光,将"中国帝王名数"尽袭用之,以示自己是"中国"之君。《续资治通鉴长编》曾记载辽国契丹民族对于"中国"的深深仰慕:"自契丹侵取燕蓟……其间所生豪英皆为其用,得中国土地,役中国人力,称中国位号,仿中国官属,任中国贤才,读中国书籍,用中国车服,行中国法令。"清代朱彝尊的《日下旧闻》中,就记有这样的感人事例:"契丹主鸿基以白金数百两铸两佛像,铭其背曰:愿后世生中国!"文化的"中国"对于周边民族的吸引力是巨大的,这奠定了中国这个统一的多民族国家形成的思想基础。

像结束了长期分裂纷乱局面的秦朝与隋朝一样,结束五代、宋、辽、西夏、金分据的元朝,也给后人留下一份复杂的遗产。

其中最大的遗产是"大中国"格局的奠定。在历史上真正把农耕文明区和游牧文明区整合内化为一个政治实体的是元朝。元代之前王朝的名号,大多来自原先开国者的封号,如秦、汉、魏、晋、宋齐梁陈、隋、唐,元代的国号来自《周易》"大哉乾元",宏阔的气魄与其超越民族的广阔空间与规模相得益彰,多民族统合治理的新局面,为大一统增添新的内容与内涵。包括云南、贵州、广西、西藏和中亚地区都纳入中央政府管理之内。明代在元朝版图基础上,继承行省制度,在东北设奴儿干都司,在西藏设乌斯藏都司,在云南的少数民族聚集区直接设省级建制如布政使司,逐步开始改土归流,将其纳入正式行政管理体制,加速族群整合融合的进程。

行省制度重塑央地关系。首先行省区域面积大,突破了原先主要按照"山川形便"划分行政区的做法,"犬牙交错"成为划分行省的主要原则,地方割据的地理基础被打破。最主要的是行省作为"行中书省",是中央政府的派出机构,强调的是对中央的负责。行省内部实行行政、财政与军事分权管理,集体决策的制度,便于内部相互制衡，防止分裂割据，对后世影响很大，现在的省份及名称大多是从元代开始的。

"中国"这一名称所代表的疆域因王朝势力盛衰与更替不断伸缩变化，但总体呈现逐渐扩大和稳定的态势。它所容纳的民族与文化也有过冲突和变异，总体因共存和融合不断丰富多彩；它所形成的制度不断改易弥补，日渐系统完善。不论从哪个方面讲，中国是始终延续的，从未中断。

厓山前后，都是中国。

第五章 深化与内卷

元清两朝少数族裔入主中原，开创了多民族融合的"大中国"之格局，奠定了现今中国的版图。明朝则以完备的大一统治理体制承前启后。元明清三代一起开创了六百多年的统一大业。

一、洪武模式

著名史学家孟森先生在《明史讲义》"开国篇"起首便讲："中国自三代以后，得国最正者，惟汉与明。"然后接着解释："匹夫起事，无凭借威柄之嫌；为民除暴，无预窥神器之意。"刘邦和朱元璋这两人出身微贱，都不是豪门世家，没有任何可以依凭的资源，造反起事都只是为了活命有口饭吃而已，没想到最后竟然夺取天下做了皇帝。不过如果严格以出身而论，刘邦身为亭长，大小是个官，而朱元璋赤贫出身，放过牛、讨过饭，他才应该是中国历史上唯一的农民皇帝。

由于出身卑微，因此朱元璋极为重视正统的树立。

首先，明朝承认了元朝的正统地位。朱元璋虽以"驱除胡虏，恢复中华"为号召，以明代元，但他却承认元朝是正统合法的政权，只是元朝天数已尽，天运转移到了他的身上，因而明朝也是合法正统的政权。1368年正月初四，朱元璋在南京登基，他在祭天诏书里说："自宋运告终，帝命真人于沙漠，入中国为天下主，其君父子及孙百有余年。今运亦终。"他"荷上天眷顾、祖宗之灵"，戡定天下，建立明朝。

不仅如此，朱元璋还建立了帝王庙，集中祭祀历代杰出帝王，开创了当代帝王祭祀前朝帝王之先河。朱元璋认为历代帝王开创基业，有功于民，应当一同祭祀，如此既表现出"一统"，又表现出"德行"。经过朱元璋和众大臣们的商议，最终将祭祀名单确定为16位帝王，36位名臣从祀。其中元世祖忽必烈和木华黎等五位元臣在祭祀之列。元顺帝去世的时候，明太祖朱元璋以其"知顺天命，退避而去"，给予其"顺帝"的尊号，并派人前往吊唁。

天下得之不易，朱元璋分外珍惜。"既得天下，唯恐其祚命之不长也，子孙之不能保有也，思患于未然以为之法。"他认真吸取元朝暴政导致国祚不足百年的教训，以史为鉴，制定了许多措施，完善政制国典，以求长治久安。

朱元璋作为一个通过九死一生夺得天下的农民，对皇位的重视就像抱窝的老母鸡警惕地守护着自己的蛋一样，时刻不让任何外人靠近、染指。在《皇明祖训》中他自言："总揽万机，晚眠早起，劳心焦思，唯忧天下之难治。"，并坦承"常怀警备，日夜时刻不敢怠慢"。他怀疑一切，不放心任何人，"日则观人语动，夜则巡禁严密"，"察情观变，虑患防微，如履薄冰，心胆为之不宁"，甚至告诫后嗣君主"虽亲信如骨肉，朝夕相见，犹当警备于心"。

为了朱氏天下的长治久安，他殚精竭虑，费尽心机，不仅生前替"生长深宫，未谙世故"的子孙剪除了难服之群雄与难齐之奸民，还担心后代子孙倦怠厌政，几十年如一日地针对各种危及政权稳固的隐患，议定律令国法，刊印家法祖训，树立铁牌石碑，做出相应的制度性安排、规训式指示、决绝式禁令，欲"藏天下于筐箧"。他不厌其烦，苦口婆心地教育子孙为政治国的注意事项，告诫子孙要敬戒垂法，不可改易，真可谓处心积虑，用尽手段。传说明太祖朱元璋的太子朱标生性仁厚温和，曾当面规劝朱元璋不要诛杀功臣过甚，朱元璋听后将一根布满尖刺的荆条扔在地上，让朱标捡起来。朱标怕伤了手不敢捡。朱元璋告诫他道，诛灭功臣就像去除荆条上的刺，此举是为了让太子今后便于执政，稳定江山社稷。

究竟有哪些扎心棘手的问题让朱元璋如此劳心焦思、心胆不宁呢？

朱元璋经常说"朕本农夫，深知稼穑艰难"，"朕本布衣，深知民间疾苦"。他身经元末兵荒马乱，更让他体验了什么叫民不聊生，是什么造成了官逼民反。他一生同情贫弱之人，一说起稼穑之艰苦，就想起童年往事，每每为之涕泣；他对于富豪大户兼并他人土地，贪官污吏榨取百姓钱财的行为深恶痛绝，犯者必置诸法。在《御制大诰序》中他说："朕闻曩古历代君臣，当天下之大任，闵生民之涂炭，立纲陈纪，昭示天下，为民造福。""今将害民事理，昭示天下诸司，敢有不务公而务私，在外赃贪，酷虐吾民者，穷其原而搜罪之。斯令一出，世世守行之。""君臣同心，志同一气"，"由是雨旸时若，五谷丰登，家给人足"。面对明初战乱之后残破的形势，朱元璋采取了"宽""猛"并用的两手治国策略，以期达到他心中的理想国。

朱元璋曾这样描述过自己的治国蓝图："人有田耕，安居乐业；男耕女蚕，无有游手；摧富抑强，各安生理；贫富相携，共济互助；轻徭薄敛，阜富与民；趁时稼穑，完交赋税。"

马克思在《路易·波拿巴的雾月十八日》中描述了19世纪中叶的法国农民："小农人数众多，他们的生活条件相同，但是彼此间并没有发生多种多样的关系。他们的生产方式不是使他们相互交往，而是使他们相互隔离"，"各个小农彼此间只存在地域的联系，他们利益的同一性并不使他们彼此间形成共同关系，形成全国性的联系，形成政治组织"。他们"便是由一些同名数简单相加形成的，就像一袋马铃薯是由袋中的一个个马铃薯汇集而成的那样"。"他们不能代表自己，一定要别人来代表他们。他们的代表一定要同时是他们的主宰，是高高站在他们上面的权威，是不受限制的政府权力，这种权力保护他们不受其他阶级侵犯，并从上面赐给他们雨水和阳光。所以，归根到底，小农的政治影响表现为行政权支配社会。"①

马克思这段描述同样非常适用于中国古代农民的状态、心态与期望需求。小农因分散贫穷，成了政治上消极的台柱和沉默的大多数，容易将自己的命运交给政治权威，期望政治权威"为民做主""替民做主"，他们得到温饱和差序格局下卑微的公平就很满足。中国小农经济下的农民的需求可以大致分为以下几点：第一，期盼父亲般的明君（君父）。明君威严公正，惩恶扬善，仁慈悯人，爱民如子。第二，期望平等有序的社会。一方面在小农内部，"不患寡而患不均，不患贫而患不安"；另一方面在上下级方面，又讲究长幼有序，尊卑有别，安分守己。第三，期盼自给自足、轻徭薄赋的生活。无贪官污吏层层盘剥，无地痞无赖为非作歹，无豪强大户以强凌弱。他们希望过上男耕女织，按时纳税，退而甘食其土之有，熙熙而乐的生活。

由于深知民间疾苦，朱元璋设计的帝国蓝图与农民的梦想重合得天衣无缝。

朱元璋对天下的臣民有种使命感，他说"为人君者，父天母地子民，皆职分之所当尽"。他"深慕二帝三王之治，宵旰不遑，欲丕变胡俗，复我中国先王之治"。他急切地期望恢复极端残破的社会经济，改变纷扰混乱的社会秩序，力图治理出一个"海宇宁谧，民乐雍熙"的太平盛世。在他的治国蓝图中无不体现着对农民利益

---

① 马克思、恩格斯：《马克思恩格斯文集》第2卷，中共中央马克思恩格斯列宁斯大林著作编译局编译，人民出版社，2009，第566～567页。

的根本关切。

朱元璋认为自己对天下所有人有再造之恩，是他们的再生父母。他自认为天命在身，天下皆为他所有，他就有了予夺之权。作为开国皇帝，对天下百姓来说，他有两大恩德：一是开创了太平，使天下人不再相互残杀，可以保全性命；二是天下都是皇帝的，天下人都是皇帝一个人养活的，所以每个人都应该对皇帝感恩戴德。他曾发布命令："率土之滨，莫非王臣。寰中士大夫不为君用，是自外其教者，诛其身而没其家，不为之过。"后来他还专门写了一篇《严光论》来继续阐述他的"不为君用即为罪"的理论。

朱元璋虽然没读过几天书，但却很注意学习，在军旅空闲时经常向谋士请教。登基之后，为力保朱氏江山长治久安，他"忧危积心，日勤不怠"，广览书籍，尤其注重总结历代王朝之兴衰、政教之得失，并结合他的亲身经历，对威胁政权稳定、动摇国祚根本的隐患因素予以清除，朱元璋将细致入微的律令家法、制度设计交与后代。他很明白创业者需要不世英才，而守成者则要靠制度。

他总结历代失国的原因主要有三类十一项：一内忧，二外患，三自息。内忧包括人心、豪族、游民、贪官污吏、权臣、朋党、宦官、外戚、藩镇。这些或造成皇帝暗弱，权臣朋党，外人干政，大权旁落；或导致贫富分化，土地兼并，民不聊生，流离失所；或因为苛捐杂税，贪官污吏，暴虐不公，官逼民反。外患，就是北遁大漠之北元蒙古。自息，则是生于后宫之后代嗣君倦于政事，导致权柄易手。

为了避免重蹈历代失国的覆辙，朱元璋采取了一系列措施，试图在风险来临前就将其消灭。

首先，朱元璋认为要加强道德伦理教育，明礼义，正人心，厚风俗。

在朱元璋的帝国蓝图中，礼仪是国家的基础。他在元末备尝世态艰辛炎凉，遍历人情善恶真伪，为达到思想一统，行为一致，朱元璋极其重视礼乐道德及修为规范建设。

在朱元璋看来，元朝灭亡的一个重要原因就是人心不古，道德沦丧。元政府重视法律而忽视礼仪，使得老百姓不懂尊卑上下，对上缺乏畏伏之心，所以一有骚动，就纷纷犯上作乱。他说："元氏昏乱，纪纲不立，主荒臣专，威福下移，由是法度不行，人心涣散，遂致天下骚乱。"也就是说，元政权建纲立纪的工作没有做好，大权旁落权臣之手，导致人心涣散，天下大乱。所以最重要的是明礼义，正人心，厚风俗，这才是治天下的根本。他说："礼者，国之防范，人道之纪纲，朝廷所当先务，不可一日无也。"也就是说，礼仪是政权的第一道防线，它在老百姓生活中的重要性大于法律。因为老百姓可能一辈子也不和官府打交道，却一天也离不开礼仪。礼仪看起来似乎缓不可恃，实际上对社会成员的心理塑造发挥着潜移默化的巨大力量。礼者，防也。政法是强制力，而政教是软力量。软力量如水，大象无形，润物无声，潜移默化，涵养性情。礼仪建设就是使人们规规矩矩，安守本分，不起犯上作乱之心。只有当民众的生活超出规矩，才需要用法律来处置。这就是所谓的"明礼以导民，定律以绳顽"。

朱元璋极其重视纲常礼教，刚刚当上吴王，他就宣布建设国家的第一项工作是："建国之初，先正纲纪，纲纪先礼。"从吴元年到洪武三年，整整四年当中，"他务未遑，首开礼乐二局，广征耆儒，分曹究讨"。经过数百位学者文臣数年的辛苦工作，终于制定出了诸如《大明集礼》《孝慈录》《洪武礼制》等一系列规章制度，不仅体系完善健全，规定更是细如牛毛，涵盖了大明王朝上至皇帝，下至细民的生活的方方面面。举凡穿衣戴帽，门第礼仪无所不有，无所不包，目的是将每个社会成员都纳入一种等级从属秩序之中，强化每个人的身份意识和等级意识，成为良民顺民。朱元璋在《御制大诰续编》中说："天尊地卑，理势之必然。富贵贫贱，神明之鉴焉……所以官有等差，民有富贵，而至贱者也岂得易为而用乎。"

开国不久，朱元璋又出台了"申明亭"学习制度，要求民众每月学习《宣谕》。洪武三十年（1397年），朱元璋要求每村每里应该选派一名声音洪亮的老人，手里摇动一个装有木舌的铜铃，每五天一次，在五更时分，行走在乡村的街道上，大声朗诵朱元璋钦定的"六谕"："孝顺父母，尊敬长上，和睦乡里，教训子孙，各安生理，毋作非为。"

过去出于技术与成本的原因，大部分朝代的政府权力只能抵达县一级，县以下要靠乡绅协助进行乡村自治。唯有在朱元璋时代实现了统治力的扩张，突破了所有限制，将政府的权力伸入到民间社会的每一个角落。基于无限皇权的逻辑，朱元璋的政府不仅仅要维持秩序，还作为正义与公理的化身，对老百姓的衣食住行甚至思维方式进行全面指导与管控。朱元璋不断地教导民众何为美好生活，甚至直接规定百姓们的生活细节。例如能背诵《大诰》的人可以享受赋税、通行、见官等方面的优待。另外删除《孟子》中所谓犯上之言的行为，更是反映了朱元璋的独尊心理。黄宗羲在《明夷待访录》中批之"欲以如父如天之空名，禁人之窥伺者，皆不便于其言，至废孟子而不立"。

其次，朱元璋认为要严防土地兼并与豪族势力坐大，防止贫富分化导致流民产生。

朱元璋深知豪强大族对土地的兼并和对农民的盘剥，会严重动摇国家的根基。贫富分化，土地兼并，农民失地，流民蜂起，就是历朝历代农民起义揭竿而起的前奏，所以"'节制资本，平均地权'，大体上是中国历史上的传统政策"[①]。作为起义军首领的朱元璋自然深知失地农民的苦痛，更深知"富民多豪强"，难免"欺凌小民，武断乡曲"，引起社会矛盾的尖锐化。

---

① 钱穆：《中国历代政治得失》，九州出版社，2012，第60页。

朱元璋非常清楚，稳定的农户是赋税徭役的来源。防止农户流失，防止小农自我组织，保持散沙般的底层结构是维护社会稳定的最佳模式。所以，朱元璋一方面打击豪族，编户齐民，互保连坐；另一方面轻徭薄赋，重农抑商。通过构建一个平均化的社会，试图筑牢统治基础。

由于明初荒地很多，朱元璋下令中书省："宜验其丁力，计亩给之，使贫者有所资，富者不得兼并。若兼并之徒多占田以为己业，而转令贫者佃种者，罪之。"（《大明太祖高皇帝实录》）通过颁布法令抑制兼并，禁止地主多占土地。

同时朱元璋"徙富室以实京师"。豪强大户都是地方上的强悍势力，把他们从地方上拔出，并放到皇帝的眼皮底下，不仅可以削弱他们的势力，防止他们为乱地方，还能将资本聚集于京师，活跃首都经济。建国不久，朱元璋把江南大量富豪之家强行迁到南京，使南京很快发展成为一个人口百万的巨型城市。他说："过去汉高祖刘邦迁徙天下豪富之家到关中，我一开始对此不以为然。现在想来，京师是天下根本之地，把他们迁到这里，实在是事有当然，不得不尔。"

朱元璋在诛杀功臣时还顺便罗织罪名摧残富民。江南首富沈万三被朱元璋嫉杀的故事虽被历史学家证明为杜撰，却表现了朱元璋对富家大族的防范心理。"皇明受命，政令一新，豪民巨族，划削殆尽。"

为防止贫富分化影响社会稳定，朱元璋对中小富户也不忘时刻警告申诫。洪武三年（1370年）二月，他专门召见各地富民，告诫他们："汝等居田里，安享官税者，汝知之乎？古人有言：'民生有欲，无主乃乱。'使天下一日无主，则强凌弱，众暴寡，富者不得自安，贫者不能自存矣。今朕为尔主，立法定制，使富者得以保其富，贫者得以全其生。尔等当循分守法，能守法则能保身矣。毋凌弱，毋吞贫，毋虐小，毋欺老，孝敬父兄，和睦亲族，周给贫乏，逊顺乡里，如此则为良民。若效昔之所为，非良民矣。"

为了防止大户通过"飞洒"等手段将赋税转移到贫民身上，朱元璋在全国大力进行土地普查，建立鱼鳞图册，以定赋税。鱼鳞册制度，即全国土地登记制度，每家每户的土地情况，包括每一块地的位置、大小、四至，都写得清清楚楚，全国一家不漏。通过精细严密的土地丈量，在全国范围内清查出地主隐瞒的大量土地，使豪强地主再难隐瞒土地、逃避赋税。朱元璋明确规定，如果地主们有"将田洒派，作诡寄名色，靠损小民等做法……所在被害人户及乡间耿直豪杰，会议将倚恃豪杰之家，捉拿赴京，连家迁发化外，将前项田土给赏被扰群民"。一旦发现奸顽的富豪有不法行为，他均以重刑处置，一时"豪强为之屏迹"。

当时，公侯之家是最大的豪强大户，为了防止他们为非作歹，洪武六年（1373年），朱元璋敕令工部专门铸造了申戒公侯的铁榜。规定公侯人家如有倚势凌人、夺侵田产财物的，私托门下、隐蔽差徭的，都处斩罪。如家族中有一人犯罪，则按一家一族进行屠杀。同时朱元璋还准许用枭示、凌迟、剥皮、抽筋，以及刷洗、抽肠、黥刺、刖、剕、阉割、挑膝盖等名目繁多的酷刑折磨公侯家的犯人。

朱元璋出身农民，深知民间疾苦，深知稼穑艰难，也深知农夫的梦想：君正臣良，轻徭薄赋，秩差有序。因此明初的田赋为三十税一，如遇上水涝蝗虫造成的饥荒，则开仓济民，豁免钱粮。朱元璋规定：凡地方发生水旱灾害，地方官不报告的，允许老百姓申诉。因为瞒报灾情及赈灾不力，不少官员遭到了诛杀。朱元璋对下属极不放心，要求事事向他请示而后执行，唯独救济灾民的事可以先行动后汇报。即使在没有灾情的年头，朱元璋也会挑选一些贫穷地区，减免农业税。除了这些应急措施，他还建立起了一套制度化的福利救济体系：凡有病而无钱医治的军民，可去"惠民药局"进行治疗；无家可归的人，可以进入"养济院"由国家出资赡养。

经过大规模移民和对地主富豪的持续打击、限制，明初社会终于逐渐变成了朱元璋心目中的理想状态。洪武三十年（1397年）户部统计：全国土地占有数超过七顷的大户仅有14241户，而当时全国户数为9490713户，较大的地主仅占全体户数的0.15%，占全国人口90%以上的农户都是小农。黄仁宇说："很显然的，朱元璋的明朝带着不少乌托邦的色彩。它看来好像一座大村庄而不像一个国家。中央集权能够到达如此程度乃因全部组织与结构都已经简化，一个地跨数百万英亩土地的国家已被整肃成为一个严密而又均匀的体制。"①

为了防止游民产生，明朝也采取了很多措施。

朱元璋认为，市井之民和无业游民是一批游手好闲、交结官府、扰乱社会治安的危险人物，"宽此等之徒，法坏而纲弛"。因此，他特别下令严禁下民结交官吏，并规定，里甲四邻对一切奸顽之民及逃军、逃囚、逃吏知情不举要连带坐罪。

宋朝继承了元代严格的职业世袭制，建立了中国古代史上最严厉周密的户口制度——黄册制度。实行黄册制度还有一个目的，就是防止百姓随便迁徙。为了把农民固定在土地上，稳定收取赋税和征集劳役，明代设立了"互知丁业"之法，规定民户"除充官用外，务要验丁报业，毋得一夫不务生理。是农是工，各守本业，毋许闲惰"。明令"农业者，不出一里之间，朝出暮入，作息之道，互知焉"；外出做工者，"往必知方，巨细作为，邻里采知"。如若违背此令，则会被认定为"不务生理"的"逸夫"，不仅本人要处死，还要把"里甲四邻，化外之迁"。

朱元璋对经商者的管束更为严厉。规定："无物引老者，虽引未老，无物可鬻，终日支吾者，坊厢村店拿捉赴官，治以游食，重则杀身，轻则黥窜化外。设若见此不拿，为他人所获，所安之处，本家邻里罪如之。"

---

① 黄仁宇：《中国大历史》，生活·读书·新知三联书店，1997，第183页。

通过一系列措施，朱元璋把传统的"里甲"制度强化成了镶嵌式的社会控制体系，用"里甲"这张大网对全国人民进行了网格化固定。正如朱元璋自己说讲，里甲制度如同一个牢笼，"使（天下人）就约束，如鸟之在笼，兽之在柙，虽欲放逸，有不可得"。

朱元璋最痛恨贪官污吏，害怕官逼民反。他对官吏的贪暴专横，深有感受。在《皇明祖训》中，他说："朕昔在民间时，见州县官吏多不恤民，往往贪财好色，饮酒废事，凡民疾苦视之漠然，心实怒之。故今严法禁，但遇官吏贪污蠹害吾民者，罪之不恕。"（《大诰三编后序》）他意欲"明刑弼教""惩戒奸顽"，以威为治，明纲常，正法度，严吏治。

朱元璋生怕地方官们办事不尽心、不细心，他亲自撰写了《授职到任须知》，对每一级地方官吏的职责都做出详细的规定。他把地方公务分为"发布公告""征收田粮"等三十一项，逐项列举地方官在执行公务时应当注意的事项，这些注意事项往往还列有许多具体的要求。对于京官，他则制定了《六部职掌》，把每个部、每个司、每个科所有官员的岗位职责制定得明明白白，连每个月用多少墨水钱都算得清清楚楚，真正实现了精细化管理。

针对贪腐，朱元璋更是制定了史上最严厉的反贪法令。他严禁官员们公务之余出去挥霍潇洒，规定"官吏们嫖娼，罪亚杀人一等，虽遇赦，终身不得再当官"。另外凡贪污到达六十两的官吏，就要被剥皮揎草。后来朱元璋干脆说："我欲除贪赃官吏，奈何朝杀而暮犯！今后犯赃的，不分轻重都杀！"为了震慑贪官，他甚至不惜诛杀贪官的九族。例如著名的空印案与郭桓案，两案连坐被杀的人数达七八万人。

为了防止官吏欺压盘剥百姓，《大诰初编》号召百姓们：从省级官员到府州县级官员，如果在国家规定之外，巧作名目，搜刮百姓钱财的，准许境内德高望重的老人，联合附近的乡亲，联名到京城来上告。如有凭有据，则惩办罪犯，更换好官，抚育人民。洪武十九年（1386年），朱元璋的政策又大幅度地向前推进了一步。他宣称，在他的帝国之内，任何一个人都可以冲进官府，捉拿人民所不满意的吏员！他还宣布：凡是进京反映问题的人，不论有没有通行证，一律放行。如果有人敢阻挡，治以死罪。他又规定：百姓们捉拿吏员时，当官的如果敢阻拦，那么会受到"族诛"的处罚。

朱元璋希望用刀剑创造一个绝无贪腐的纯而又纯的世界，但即使这般残酷地严打，明朝贪污腐败问题仍然愈演愈烈。"朝治而暮犯，暮治而晨亦如之，尸未移而人为继踵，治愈重而犯众多！"朱元璋惊叹道，"我这般年纪了，说得口干了，气不相接了，也说他不醒"。（《大诰武臣序》）

与把百姓捆在土地上相似，明代官员们的自由度与主动性也被朱元璋压缩到了极点，皇帝成了最忙的人。黑格尔认为，朱元璋式专制的缺点在于，只有皇帝一个人对整个国家的前途命运负责，其他人都缺乏责任心。皇帝必须担任这个庞大帝国的那个不断行动、永远警醒和自然活泼的灵魂。假如皇帝的个性不是上述那样彻底地敬业辛勤，那么一切都将废弛，政府将全部解体，变成麻木不仁的状态。因为政府官吏的尽职，并非出于他们自己的良知或者他们自己的荣誉心，而是一种外界的命令和严厉的制裁，即统治与管理完全依靠恐怖与恐惧来维持。

为防止权臣分权，朋党争权，朱元璋借胡惟庸案，下令取消实行了1500多年的宰相制度。他认为："自古三公论道，六卿分职，并不曾设立丞相。自秦始置丞相，不旋踵而亡。汉、唐、宋因之，虽有贤相，然其间所用者多有小人，专权乱政。今我朝罢丞相，设五府、六部、都察院、通政司、大理寺等衙门，分理天下庶务，彼此颉颃，不敢相压，事皆朝廷总之，所以稳当。以后子孙做皇帝时，并不许立丞相。臣下敢有奏请设立者，文武群臣即时劾奏，将犯人凌迟，全家处死。"（《皇明祖训》）洪武六年（1373年）朱元璋又"作铁榜诫功臣"。（《明史·太祖本纪》）

朱元璋非常警惕权臣朋党现象，他认为大臣拉帮结派会扰乱朝纲，败坏法度。为了防止权臣结党营私，大明法律规定朝廷官员如果交接朋党，祸乱朝政的话，他们的妻子儿女都要被贩卖为奴，财产充公；其他的人员如果同朋党有交结的话，那么他们的家人将会被流放。为了加强对官员的严密监察，中央设都察院，监察百官；地方上则有十三监察御史，考察官吏得失。此外，明太祖特设秘密特务组织——锦衣卫，授权锦衣卫可缉捕、刑讯、杀人而不必遵守明律。朱元璋以兵兼刑，制造出人人自危的气氛。

对于宦官，朱元璋认为："此辈所事，不过供洒扫，给使令而已。若求善良，百无一二。用为耳目，即耳目蔽；用为心腹，即心腹病。驭之之道，但当使之畏法，不可使之有功。有功则骄恣，畏法则检束，自不为非也。……此辈日在左右，其小忠小信，足以固结君心。及其久也，假窃威权，以干政事，遂至于不可抑。自古以此辈乱者多矣。今立法不许寺人干预朝政，决去之。"

为此登基之初，朱元璋"鉴前代之失，置宦者不及百人"。还在《皇明祖训》中严格规定宦官"不得兼外臣文武衔，不得御外臣冠服，官无过四品，放在宫门之中，月米一石，衣食于内庭"。为防微之计，朱元璋特铸一个大铁牌，上面刻着："内臣不得干预政事，犯者斩！"

明太祖鉴于对汉代吕后和唐代武则天临朝称制、各代太后专权的担忧，登基伊始就"诏儒臣修女诫，戒后妃毋预政"。（《明史·太祖本纪》）以后更将"后妃虽母仪天下，然不可俾预政事"列为祖训家法之一。他在《皇明祖训·内令》中规定："凡皇后止许内治宫中诸等妇人，宫门外一应事务，毋得干预。"也就是说，皇后只允许管理宫中的嫔妃和宫女，严禁干涉宫外任何事务。

在《皇明祖训》中，朱元璋还对后宫的行为举止作了具体明确的规定，例如"凡宫闱当谨内外，后妃不许群臣谒见"。内廷外廷有别，后宫嫔妃和外廷大臣不许有所来往。"凡私写文贴于外，写者接者皆斩,知情者同罪。"也就是说,凡是有后宫嫔妃向外廷传递文帖的,不论是写文帖的皇后嫔妃,还是接收文帖的文武大臣,全部要被处死,就连知情者也要被处死。

朱元璋设立的选妃制度,奉行从民间选秀女的原则,严禁皇家与大臣结亲。《皇明祖训》中规定:"凡天子及亲王、后、妃、宫人等,必须选择良家女子,以礼聘娶,不拘处所,勿受大臣进送,恐有奸计。"也就是说,不论是天子、亲王的皇后、王妃还是宫女,都必须从民间选择良家女子,不许迎娶大臣进送的美女,防止外戚趁机做大。对此,于慎行曾评价说:"本朝后妃多出民间,勋戚大臣不得立,也其势使然,顾于国家有益。"[1]

对外戚干政,朱元璋很是反感,他反复提及外戚干政的弊端,如《太祖实录》"自古末世之君,至于失天下者,常在于此"。为了防止外戚干政,朱元璋鉴古知今,立重法对外戚干政进行警示。据《明史》记载:"明太祖立国,家法严。史臣称后妃居宫中,不预一发之政,外戚循理谨度,无敢恃宠以病民,汉、唐以来所不及。"严法之下,明朝外戚干政弄权的现象确实比较少见,"其贤者类多谨身奉法,谦谦有儒者风。而一二怙恩负乘之徒,所好不过田宅、狗马、音乐,所狎不过俳优、伎妾,非有军国之权,宾客朋党之势"。"故有明一代,外戚最为孱弱。"[2]

藩镇割据,是历代导致政权涣散、秩序崩溃的最大隐患。为了防止军人专权,朱元璋在起义过程中,依照元朝的体制建立统军元帅府,后改为大都督府。胡惟庸案后,为了加强中央集权,朱元璋撤销了大都督府,分设中、左、右、前、后五军都督府。都督府的权力大大缩小,只是掌管军队的管理事务,没有选任、升迁军官和调动军队的权力。将人事调遣、政令发布等工作归于兵部,但兵部

---

[1] 于慎行:《寓圃杂记谷山笔麈》,中华书局,1994,第5页。
[2] 张廷玉:《明史》,中华书局,1974,第7660页。

尚书无权了解全国军队和马匹的具体数目。最终的军事决定权在皇帝之手，凡遇战争由天子命帅出征，兵部签发"出兵之令"调兵出征，待战事完毕则大将回家，军队回卫。在这种制度下，吴晗先生指出："唐宋以来的悍将跋扈，骄兵叛变的弊漏，在这种制度下完全根绝了。"

此外，外患是始终压在中原政权心头一件大事。从夏商开始，诸夏就与四夷存在冲突，或和或战，时归时叛，每每遭受侮辱，也每每如陈寅恪先生所说："盖取塞外野蛮精悍之血，注入中原文化颓废之躯，旧染既除，新机重启，扩大恢张，遂能别创空前之世局。"对朱明王朝来说所谓外患自然来自蒙古人的威胁。不过经明军的打击，蒙古人远遁大漠，成残余之势，后又分为鞑靼、瓦剌两部。朱元璋委派十个儿子分驻北疆镇守，又修长城巩固，蒙古军队暂时被阻挡。

朱元璋通过有力措施与严格制度将历代失国的原因加以防止、防范。他清楚皇权世袭制下，后代明君的出现是受"高度的偶然性"所支配的。创业之君"备尝艰苦，阅人既多，历事亦熟"。但生长于深宫的后代，"未谙世故"，不可能都像创业之主那样洞明人情善恶与真伪，总会有不肖之子孙耽于安乐，沉溺怠惰，胡作非为，导致他精心设计的国家机器因操作不当陷入混乱，甚至大权旁落，江山易色，败家失国。

在有生之年，朱元璋不仅把难办的事与难搞的人都给搞定剪除了，他还用了整整六年时间，七易其稿，精心写就了一部皇位操权手册及维护大全《皇明祖训》，作为祖宗家法留给子孙后代。

《皇明祖训》作为皇帝行为规范手册，既是持家家训，又是治国方略。大到指导后世皇帝如何操持日常政务，制定外交政策；小到皇族之间要怎样行礼，皇室和亲王子孙们的辈分用字，甚至皇帝每天正常生活起居的标准，朱元璋都做了周全的考虑，规定得清清楚楚，后代照着做就行了。"凡我子孙，钦承朕命，无作聪明，乱我已成之法，一字不可改易。"

《皇明祖训》中告诫后世嗣君务必做到"权谋与决,专出于己。察情观变,虑患防微,如履薄冰",即使对自己的兄弟也要有防备之心。

朱元璋自认为为朱氏子孙设计了一套既能安坐享福,又能防止兄弟相残的两全之策。一方面他为皇族安排了优厚的待遇,不许皇族从事任何职业,另一方面他还提醒后世皇帝,"虽亲信如骨肉,朝夕相见,犹当警备于心,宁有备而无用",以防"自家不和,外人窥觎,英雄乘此得志"。为了防止兄弟相残,有碍伤"亲亲之义",洪武六年(1373年)朱元璋颁布《昭鉴录》,训诫诸王。他后来又在《皇明祖训》中规定朱氏王爷终生只能生活在王府里,想出城游玩得专门派人向皇帝递出申请。如果没有皇帝的亲自许可,亲王连出城扫墓都不行。为了防止亲王们相互串通,朱元璋还规定,亲王们终生不得相互见面。

在传统中国,统治者最关心的问题是政权的稳固与社会的稳定。古代中国文明是以止争息分为基础的非竞争性文明,追求秩序与稳定,提倡安分守制,每个人在属于自己的位置和网格中安分守己、循规蹈矩。朱元璋不敢奢望后代能将他开创的事业发扬光大,只是殚精竭虑想突破"人去政息"的困局。为了江山永固,他忧危积心地探知一切能威胁政权稳定的不安定因素,力图消除一切可以危及政权的隐患,以身作则,用忘我的工作践行对后世嗣君的具体要求,树立帝王的标杆。为了巩固成果,明示路径,他将自己毕生的经验教训,化为治家治国的政治智慧,昭示为祖宗家法,要求后人不改一字、不打折扣地执行。

在朱元璋看来,他亲自制定的律令训诰,是留给后人的万全之策。它既是驾驭、操作手册,又是养护、维修手册,还是危机处理预案,他认为自己的子孙后代即便不动脑子,只要能够严格按照他制定的规则来执行,也可以实现大明王朝的长治久安。

张宏杰说,遍数古今中外,可能找不到比朱元璋更热爱"安定"的统治者，在某种程度上，这种热爱甚至成了一种偏执和狂热，像一个强迫症患者。强迫症患者的意志往往如超人般坚强，他们倾向用自己的意志来规定世界，最不能忍受就是无秩序的状态。他们渴望把一切安排得条理分明，任何事情都要按部就班。为了个人的"省心"，必须使其他人都"静心"或者"无心"。朱元璋"摄缄縢，固扃鐍"，编制了一张细密的大网，把帝国的每一个成员都牢牢地、永远地控制起来，让每个人都不敢乱说乱动。[①]

朱元璋"对社会稳定的追求超过了经济增长或者普遍繁荣"[②]，为此他不惜"把中国这么大的国家冻结为一个静止的国度"[③]。他希望他的蛛丝能缚住帝国时间之钟。[④]许倬云评价说："明代固然恢复了中国人自己的统治，却丧失了天下国家的包容气度，也没有消除征服王朝留下的专制统治。……中国失去了主动积极的气魄。"[⑤]

是什么导致了这种洪武模式？

黄仁宇说："是视野和想象力的缺乏；是脱胎于一个乡村经济学家视野的节俭强迫症，因而重视简陋的生产方法，而忽视流通、分配和质量提升；是短期的公平主义，而以投资一个更好的未来为代价。"这种结构看似稳固，甚至均匀地渗透着某种公共精神，不过，这种公共精神是脆弱的，它只能依靠皇帝个人的警惕与勤劳（所谓朝惕夕励）来维护。这是中国制度的缺陷。[⑥]

俗话说，越怕什么就越来什么，墨菲定理在朱氏王朝表现得最明显。一人治天下，天下之安危系于一身，容易导致人去政亡。

[①] 参见张宏杰：《倒退的帝国：朱元璋的成与败》，重庆出版社，2019年。
[②] 黄仁宇：《现代中国的历程》，中华书局，2019，第26页。
[③] 黄仁宇：《现代中国的历程》，中华书局，2019，第226页。
[④] 张宏杰：《倒退的帝国：朱元璋的成与败》，重庆出版社，2019，第149～150页。
[⑤] 许倬云：《说中国：一个不断变化的复杂共同体》，广西师范大学出版社，2015，第177～178页。
[⑥] 黄仁宇：《现代中国的历程》，中华书局，2019，第14页。

这就是黄宗羲的所讲的"天子之子不皆贤"现象，或者福山所讲的"坏皇帝"问题。朱元璋一生殚精竭虑为子孙谋，但其子孙却多有不肖：或叔侄火拼，或兄弟相残；有喜欢动物的，有喜欢斋醮的，有喜欢木工的，更有罢工几十年拒不上朝的。

但饶是这样，明朝仍能延续276年，推究缘由，多半是靠吃朱元璋健全制度设计的红利。

不过，再好的制度终究抵不过人事之消磨、世道之浇漓。正像黄宗羲所言："前王不胜其利欲之私以创之，后王或不胜其利欲之私以坏之。坏之者固足以害天下，其创之者亦未始非害天下者也。"

二、康乾盛世

继明兴起的是来自白山黑水的清政权。清军入关逐鹿中原，"其势之骤，为前史所未见。然而其后完成全国统一过程之漫长艰难，亦为前史所未见"。入关不到三年，全国大部分版图已归入清廷，但直到康熙二十二年（1683年）收复台湾，天下才算平定，前后历时约40年。"明清嬗替的历史过程曲折而漫长，故使清太祖努尔哈赤之后的几位满洲统治者皆带有开国之君的特征，清代庙号于太祖、太宗、成宗之下，复有世、圣二祖，昭彰史册，绝无仅有。"[1]

清入主中原，以小治大，骤然统治如此规模的众民广土，不论是在统治的合法性、正当性（得国之正）方面，还是在治理体系与治理能力方面，都出现了十分突出的问题。不过，清廷开国各君很快就认识到朱元璋设计的国家治理体系之成熟完备，治理效果之卓有成效，于是"率由旧典"治国理政。清廷入关后不久，在1646年以顺治的名义翻译刊刻的第一部汉籍就是《洪武宝训》。在序言中

---

[1] 姚念慈：《定鼎中原之路：从皇太极入关到康熙亲政》，生活·读书·新知三联书店，2018，第1页。

顺治帝自认清是继承明统治，表示要与天下共遵明朝祖训。

顺治皇帝亲政后，有一次问大臣："自汉高以下，明代以前，何帝为优？"范文程等回答说："汉高、文帝、光武、唐太宗、宋太祖、明洪武，俱属贤君。"顺治帝说："朕以为历代贤君莫如洪武。何也？数君德政有善者有未尽善者，至洪武所定条例章程，规画周详。朕所以谓历代之君不及洪武也。"1684年十二月二日，平定三藩、收复台湾后的康熙帝专门去南京孝陵祭拜朱元璋，行三跪九叩大礼，并致《祭明太祖文》。之后，康熙又五次南巡祭拜明孝陵，并手书"治隆唐宋"，对朱元璋推崇备至。

从这个角度说，朱元璋不只开创了三百年大明基业，而是开创了明清五百年的治平之基。

入关之后，清朝面临着内外多重矛盾。皇权与氏族军事民主公议制矛盾不断，如八王共治及议政王大臣会议制等。在皇族内部、满汉官僚之间、汉族南北官僚之间的冲突矛盾也非常尖锐，加之顺治、康熙二帝都是幼年继位，君权更为脆弱。内忧外患几度让皇权处于危机之中，所以从顺治帝到乾隆帝都把加强君权作为重心。

首先确立清统治之正统性。康熙帝公开提出"自古得天下之正莫如我朝"。他说"太祖、太宗初无取天下之心"，皇太极曾兵临北京城下，能取而不取。后至顺治时期，因"李自成攻破京城，崇祯自缢，臣民相率来迎，乃翦灭闯寇，入承大统"。所以，与汉高祖刘邦、明太祖朱元璋崛起于草莽，趁乱攫取天下相比，清军入关不仅"承席先烈"，更是"应天顺人"。之后雍正帝与乾隆帝，也秉承声气，继续宣扬。雍正帝在《大义觉迷录》里说："本朝之得天下，较之成汤之放桀、周武之伐纣，更为名正而言顺。"乾隆帝在《世祖章皇帝实录序》中也继续强调"自古得天下之正，未之有比也"。这种口径确定了清代官方史学关于明清嬗代的历史基调。

其次是混融夷夏之别，展拓中国之内涵。努尔哈赤与皇太极之时，就认定"中国"并不是明朝皇帝一姓专有垄断的，"中国"

是天命所归之人的治下之地。"其南京、北京、汴京，原非一人独据之地，乃诸申、汉人轮换居住之地。"入主中原之后，"仰承天命，抚定中华"，清廷自居"统驭天下中国之主"身份。康熙时期，与俄罗斯签订的《尼布楚条约》中凡与俄罗斯对称之处，一律用中国。通过开疆拓土，清将蒙古、新疆与西藏一律"画疆置吏"，纳入中国版图。正如雍正所言"自我朝入主中土，君临天下，并蒙古极边诸部落俱归版图，是中国之疆土开拓广远，乃中国臣民之大幸，何得尚有华夷中外之分论哉！"

清代诸帝为了维护清朝统治的合法性，针对"华夷之别"进行了批驳。雍正说："我朝肇基东海之滨，统一中国，君临天下，所承之统，尧舜来中外一家之统也，所用之人、大小文武，中外一家之人也，所行之政礼乐征伐，中外一家之政也。"他还说"且自古中国一统之世，幅员不能广远，其中有不向化者，则斥之为夷狄。如三代以上之有苗、荆楚、狁犹，即今湖南、湖北、山西之地也，在今日而目为夷狄可乎？至于汉、唐、宋全盛之时，北狄、西戎世为边患，从未能臣服而有其地，是以有此疆彼界之分。自我朝入主中土，君临天下，并蒙古极边诸部落，俱归版图，是中国之疆土开拓广远，乃中国臣民之大幸，何得尚有华夷中外之分论哉！"

乾隆则说，"东夷西戎，南蛮北狄，因地而名，与江南河北，山左关右何异？孟子云，舜为东夷之人，文王为西夷之人。此无可讳，亦不必讳"。他还批驳了汉人"未闻以夷狄居中国治天下者"的偏见，他强调"夫天下者，天下人之天下也，非南北中外所得而私"。

清代是中国统一的多民族国家逐步发展以致最后定型的关键时期。清朝奠定了今天中国的版图，近现代国家意义上的中国概念也是在清代才出现的。

清初诸帝在继承朱元璋设计的政治制度基础上，围绕巩固皇权这一核心，充分学习历朝历代兴衰的经验教训，创设奏折制度、军机处及秘密立储制，查缺补漏，将中央集权君主专制推向完备，把大一统推向极致。不仅做到了机构精简、迅捷高效、机密严谨、运转协调，甚至朱元璋念念不忘，最为担心后世嗣君不肖的"坏皇帝"问题，也因雍正朝建立择贤立储制度上得到一定程度的解决。

清初文书制度基本因袭明代，私事用奏本，公事用题本，而题奏本章都不能直达皇帝，须先送内阁阅览票拟后再进呈皇帝裁夺，既费时又易泄密，不利于皇权的加强。"奏折"之称最早见于顺治十三年（1656年），比较确切的是始于康熙朝。康熙常令其亲信官员及部分督抚大员密奏见闻，以便互相监视和探听政风民情，遂有密折文书的出现。他说："天下大矣，朕一人闻见岂能周知，若不令密奏，何由洞悉？"他规定奏折由专人或通过驿站直接送入内宫，由皇帝亲自拆阅并用朱笔批示，然后再交来人或通过驿站发回原奏人执行，中间不经过任何机构或个人转手。因为奏折私密且高效，有利于皇帝个人的专制独裁，康熙四十年（1701年）以后，奏折制度广泛推行。不论是中央的王公大臣，还是外放的督抚提镇均可使用奏折。康熙在一次江宁织造曹頫（曹雪芹之父）上奏的折子里批道："尔虽不管地方之事，亦可以所闻大小事，照尔父（曹寅）秘密奏闻，是与非朕自有洞鉴，就是笑话也罢，叫主子笑笑也好。"看似皇帝在与亲信奴才唠家常，谈一些平常琐事，实际正是皇帝通过江宁织造等人，在江南为他布置一张情报网，举凡江南一带民情等情况，随时通过奏折迅速呈报给皇上，这就是奏折独有的特色。

雍正继位以后，更进一步扩大奏折的使用范围，规定内外诸臣，对凡属应速递上闻的机密、国政、庶政，都可以用密折先行奏闻，然后再用题本正式奏请批示遵行。于是，奏折作为机密文书被普遍使用，成为定制。雍正充分利用奏折的这种特色，把触角伸到了全国各地，奏折的内容基本上是无所不涉。如在雍正七年（1729年）九月，时任天津总兵管承泽给雍正上了一个折子，大致的意思是：我们这文安县，有个叫卢尚义的人，他的媳妇梁氏，在大街上捡到了白银六两五钱，后来交还给失主了。让人想不到的是，雍正看完这件小事后，立即指示内阁，赏赐米、布匹等，另外还送了一块匾额，表彰梁氏的良好品质。雍正认为如此民风，是他努力、辛勤工作换来的，让他觉得很有成就感。同时，他也是在提醒群臣，不论国内大小事他都能知道，臣子蒙蔽不了皇帝。

军机处的设立更是清代中枢机构的一项重大变革，标志着清代君主专权发展到了顶点。雍正七年（1729年），因用兵西北，雍正以内阁在太和门外，恐漏泄机密，于是在隆宗门内设置军机房，选内阁中谨密者入值缮写，以为处理紧急军务之用，辅佐皇帝处理政务。雍正十年（1732年），改称"办理军机处"。乾隆以后省去"办理"二字，遂简称为"军机处"。军机处本为办理军机事务而设，但因它利于君主专制独裁，其职权愈来愈大。原来的内阁变为办理例行事务的机构。乾隆五十六年（1791年），创行了二百年的议政王大臣会议也废止了。

军机处机构人员精简干练。军机大臣由皇帝从满、汉大学士、尚书、侍郎等官员内特选，有些也由军机章京升任。军机大臣的任命，称为"军机处行走"，或"军机大臣上行走"。所谓"行走"，即入值办事之意。军机大臣没有定额，军机处初设时为三人，以后增加到四五人至八九人，最多至十一人。军机章京初无定额，至嘉庆初年，开始定为满、汉章京各十六人，共三十二人，满、汉章京又各分两班值班，每班八人。军机章京的任命，或称为"军机司员上行走"，或称为"军机章京上行走"。

军机处机密严谨，运转协调，极大地提高了政事处理效率。根据内阁制度，下属官员有事题奏，或皇帝颁发诏旨，都要经过层层机构，辗转交送，常常要花费很多时间。军机处则不然，一切均由大臣和章京共同办理，皇帝有谕，随时奉诏承办，而且必须当日事当日毕。在通常情况下，军机大臣每天早5点左右进宫应召觐见皇帝，有时一天应召数次，主要是承受谕旨，然后回堂拟写。起先由大臣亲自主稿，后来才改由章京起草，大臣拟定。经皇帝认可后，按照谕旨的性质分"明发上谕"和"廷寄上谕"两种形式向下传达。明发上谕指交内阁发抄，宣示天下。廷寄上谕因奏请而降旨，事属机密，由军机大臣直接密寄具奏人。廷寄需封入信函，交兵部加封，发驿驰递。根据事情的缓急，安排日行里数，即日行三百里、四百里、五百里、六百里加急等，一律由军机章京在封函上注明。封口及年月日处，加盖"办理军机处"银印。如遇特别机密紧要的密谕件，则由军机大臣亲自缮写封固，上写"军机大臣密寄"。这一套廷寄制度，减少了很多中间环节，极大地提高了办事效率。

当然，军机处的设立大大加强了皇帝对大权的独揽。军机处在权力上是执政的最高机构，在编制上始终处于临时机构的地位，等于皇帝的私人秘书处。军机大臣无日不被召见，无时不承命办事，皇帝所到之处，军机大臣也无不随从在侧，完全置于皇帝的直接掌握之下。军机处办公的地方也不称"衙署"，仅称"值房"，开始只有数间板屋，后来才改建瓦屋，也是低矮昏暗。军机处因无固定编制，军机大臣、军机章京都是以原官兼职，皇帝可以随时令其离开军机处，回本衙门。军机大臣既无品级，也无俸禄。军机大臣的任命，并无制度上的规定可供遵循，完全出于皇帝的意志。军机大臣的职责职务也没有正式制度的规定，一切都是皇帝临时交办，军机大臣承旨办事。"只供传述缮撰，而不能稍有赞画于其间。"但军机处的设立"居然实现了明太祖提出而未能达到的目标，即以皇帝个人之力独揽国家一切繁剧军政事务"[1]，即达到朱元璋追求的"权谋与决，专出于己"。

立储问题关系政权稳固、国祚延续，为历朝历代所重视。但这

---

[1] 参见郭成康：《清代政治论稿》，生活·读书·新知三联书店，2021，第302页。

种头等大事却存在先天致命弱点，那就是"天子之子不皆贤"。即使如思虑周全的朱元璋曾呕心沥血给后代写就《皇明祖训》，详释之完备犹如皇权驾驭大全，也没能让后世嗣君小心驶得万年船。其奇葩子孙屡屡偏离航线，终致翻车颠覆。

清朝的祖制是皇帝在位不立太子。康熙时，因为形势所迫，立了太子。但是后来发生了两废太子、九子夺嫡、臣工分派、朋党之争，造成政局不稳，根基动摇。雍正继位后，鉴于以前残酷的储位之争及其给朝政带来的严重影响，决定实行秘密立储制度。其方法是，皇帝将自己默定的太子人选书写为密诏，密封于匣内，当众放置于乾清宫内最高处的正大光明匾之后，昭示臣民"国本"已立，以安天下。另写一份与此内容相同的密诏，由皇帝自己收藏。皇帝临终前，以两份密诏所书太子之名宣示而传位。即使皇帝突发不测，未能以身藏密诏示人，或猝亡而别人未能找到这份密诏，也有乾清宫正大光明匾之后的密诏为凭。雍正元年（1723年），雍正以这种方式密立皇四子弘历为储君，也即日后的乾隆。此后，嘉庆、道光、咸丰三位君王也都先被密立为太子，而后顺利登上皇帝宝位，没有发生继位风波。后来咸丰只有一子载淳，自然由其继位，是为同治帝。此后同治、光绪二帝都无皇子，只能从旁支选取继位者。

秘密立储除了因储君密立，政局稳定，交接顺利外，最大的优点是立储不拘嫡长，从优选择。乾隆在最初实行秘密立储时，因对嫡妻孝贤皇后感情深笃，想立嫡子，但权衡利弊之后，决定不拘嫡庶长幼，根据品德与才能，择贤选储。为此，他还专门发上谕进行说明，认为立储"以长不以贤，以贵不以长之说"，"实甚谬"。

密诏立储制度某种程度上解决"天子之子不皆贤"，容易出现"坏皇帝"这一影响历朝历代皇权永固的致命问题，堵上了中国传统政治体系中最大的一块短板，至此，中国传统治理体系日臻完备，至清代达到高峰。正如梁启超所总结的："中国为专制政体之国,天下所闻知也。虽然,其专制政体,亦循进化之公理,以渐发达,至今代而始完满。"①

君主专制中央集权体制的强化和完备,最大限度地遏制了统治集团的内耗,从而使国家统治效率空前提高。具体来讲,皇帝可以通过密折制度及时全面地掌握事关国家安危治乱的重要信息,使得清代皇帝对政情民意了解的真实程度远远超过了以往任何朝代;国家中枢和六部、都察院等职能部门在皇帝督责下,分工明确,配合协调,能够娴熟地管理社会控制的细枝末节;军队方面,无论是满洲族人编成的八旗还是汉人组成的绿营,都绝对处于皇帝的严密控制之下;驿站、塘铺网络覆盖全国,驿传制度周密完善,政令通畅,传达迅速,对广大边疆地区的控制力空前增强;朝廷之于地方,犹如身之使臂,臂之使指,令行禁止,运转自如;法网绵密,功令森严,臣民畏法奉法;社会动乱以至其他越轨行为往往在萌发酝酿时,就被发现并及时加以消弭;可以集中财力、人力和物力开展大型水利工程;跨省区的大规模的救灾与赈灾工作有效进行。②

传统中国,皇帝集天下权力于一身,也意味着天下安危也系于一人。宝位至高无上,职责重于泰山。绝对权力对应的是无限责任。安邦治国给皇帝提出了很高的要求:既要身健体康,勤政不倦,又要有勇有谋,有胆有识;既要勤政爱民,宵衣旰食,又要朝乾夕惕,竭虑殚心。一句话,德要配位,才要配位,身也要配位。皇帝虽名为天子,天潢贵胄,也是肉身凡胎,非仙非圣。以眇眇之身托于江山社稷,万钧重担,不克负荷,不耐劳瘁,就让政权存在极大的脆性和不确定性。

为减少风险,历代完善治理体系,健全行政制度。如整治吏

---

① 梁启超:《李鸿章传》,百花文艺出版社,2000,第8页。
② 参见郭成康:《清代政治论稿》,生活·读书·新知三联书店,2021,第307页。

治，畅通言路，重本抑末，轻徭薄赋，思想一致，以期政治清明，社会秩序井然，百姓安居乐业。

但首要一条，就是皇帝要勤政。

清代历代皇帝都把"敬天法祖，勤政爱民"作为凛然恪守的祖宗家法。如雍正所言："自古帝王统御天下，必以敬天法祖为首务。而敬天法祖本于至诚之心，不容一息有间。是以宵旰焦劳，无日不兢兢业业也。"就勤政而言，清朝皇帝都说得上勤勉，每天卯刻晨起，处理军国要务。康熙帝"数十年来，殚心竭力，有如一日，此岂止仅劳苦二字所能概括也"。雍正帝"励精政治"，每天批阅奏折，每至二鼓三更，"虽至劳至苦，不敢一息自怠"。他亲政十七年，留下奏批四万多件。经过康熙、雍正、乾隆三帝王的不懈治理，中国达到历史上最长的一个盛世，成为中国历史的最高点。即使最后的咸丰、同治、光绪三帝也都做到了勤政。遍阅历朝历代，清帝的勤政可谓史上第一。

乾隆帝七十寿辰之时，工部尚书彭元瑞进呈《古稀之九颂》贺表，称乾隆帝为"古稀天子"，乾隆帝非常高兴，亲自撰写《古稀说》，历述秦汉以下帝王寿七十者仅六人，而他的功绩这六人却不可比拟，因为他不仅让人民实现了小康，而且"前代所以亡国者，曰强藩，曰外患，曰权臣，曰外戚，曰女谒，曰宦寺，曰奸臣，曰佞幸，今皆无一仿佛者。即所谓得古稀之六帝，元、明二祖，为创业之君，礼乐政刑有未遑焉。其余四帝，予所不足为法"。就是说凡强藩欺主、外患频仍、权臣当道、外戚擅权、后妃误国、太监乱政、奸宦窃威、佞臣骗君等亡国之象在乾隆朝都不存在，真正实现了国泰民安。其得意之情溢于言表，简直就是千古一帝。

实事求是地说，清代的国家建设和国家认同建设，不仅使得清代进入全盛，也是中国历史上的全盛时代。用李怀印的说法就是清朝达到了"财政构造以及国家-社会关系上独特的均衡状态。它实质上反映了一直持续到18世纪后期的中国地缘政治和人口规模的理想状态"①。

1644年清廷入关便宣称要采用轻徭薄赋的政策,废除明末"三饷",并编订《赋役全书》明示赋税种类、税率及征收方式,取消全部附加税。但由于各种战事,实际税赋达到15%以上,直到三藩平定之后才开始下降,1685年约为10%,1724年约为5%,18世纪后期约为3.5%,直到19世纪初则不到3%。不仅为历朝历代最低,相比同时代欧洲,不到英法两国的一半。除了经常蠲免田赋,1712年康熙更宣布"盛世滋生人丁永不加赋"。康熙解释之所以实行这项政策,首先是"今国帑充裕,屡岁蠲免,辄至千万,而国用所需,并无不足之虞"。就是说即使经常减免上千万两的赋税,国库仍然充足,财政一点不吃紧。其次,是现在全国空地闲田已开垦无遗,即使"山谷崎岖之地,已无弃土"。全国耕地已达极限,意味着全国的财富总量也将是一个固定的定数。但"今海宇成平已久,户口日繁",人口却还在与日俱增,所以"由是观之,民之生齿实"人地矛盾开始显现。国家在税收足够用的情况下,对新增加的人口征收人头税,不仅无意义,还会危及民众的生计。

为了减轻民众负担,雍正时又实施"摊丁入亩",推行"火耗归公",将灰色收入合法化,一小部分纳入政府日常开支,大部分则以"养廉银"的方式发给官员。这样不仅有效避免了原先征收中的侵吞现象,降低了百姓负担,财政情况也大为好转。到乾隆时期,皇帝直接下令永久性终止清查地亩,停止登记新开垦的土地,在继冻结地丁银之后,实际上把田赋也冻结了。

清代统治者以少统多,为了长治久安,以"仁政"显示其得国之正与统治的合法正统。乾隆说国家"持盈保泰"的根本之道在于"足民"。"天下之财只有此数","不聚于上,即散于下"。而

---

① 李怀印:《现代中国的形成:1600—1949》,广西师范大学出版社,2022,第125页。

"国用原有常经",而今"帑藏充盈",足够满足朝廷财政需求,所以"与其多聚左藏,无宁使茅檐都屋自为流通"。就是说,清朝财政政策,并不是要千方百计地搜罗财源,竭尽全力增加政府财政收入,而是在财富分配方面,让国家与民众保持一种平衡,富国不弱民。

但这种均衡是低水平的,建立在传统农业社会低水平发展的约束条件下的。

清代国土面积达到最大。经过康熙朝平三藩,统一台湾,三次亲征准噶尔,进军西藏,反击沙俄侵略;雍正朝继续用兵准噶尔,对西南地区大规模改土归流;乾隆朝持续对边陲用兵,以十全武功,推进清朝的疆域:西到巴尔喀什湖和葱岭,北到唐努乌梁海,东北到外兴安岭、库页岛和鄂霍次克海,东到东海及台湾诸岛屿,南到南沙群岛,国土面积1300多万平方公里,比明朝时增长一倍,奠定了今天中国的版图。最为重要的是,随着和蒙藏中原为"一体之国",变长城为内城,就彻底消除了自周秦以来反复困扰中原华夏王朝的"边患"问题,形成满洲、内蒙为后院,内地十八省为腹地,外蒙、新疆、西藏为边疆的地缘战略格局。康熙即曾曰:"昔秦兴土石之工,修筑长城。我朝施恩于喀尔喀,使之防备朔方,较长城更为坚固。……本朝不设边防,以蒙古部落为之屏藩耳。"

清代耕地面积超过10亿亩,人口快速增长。乾隆六年(1741年)为1.43亿,乾隆二十七年(1762年)为2亿,乾隆五十五年(1790年)为3亿。速度之快,前所未有。中国今天人口的基数以及在整个世界人口格局中所占的地位是康乾时代最后奠定的。

清代经济空前发展,18世纪末,中国GDP占世界总额近三分之一,在世界经济格局中长期处于领先地位,以至于弗兰克在《白银资本》中提出"中国中心论"[1]。

---

[1] 贡德·弗兰克:《白银资本:重视经济全球化中的东方》,刘北成译,四川人民出版社,2017。

清代尤其是康雍乾时代的中国，在整个世界中具有很高的地位和美好的形象，在欧洲甚至掀起一股中国热。法国启蒙学者伏尔泰说，中国是"世界上最古老、最广阔、最美丽、人口最多、管理得最好的国家"。德国数学家莱布尼茨则是"狂热的中国崇拜者"，他认为中国拥有"人类最高度的文化和最发达的技术文明"。法国重农主义经济学家魁奈则极为赞赏中国历代重视农业的政策。魁奈说："幅员辽阔的中华帝国的政治制度和道德制度建立在科学和自然法的基础之上，这种制度是对自然法的发扬。"[1]

最重要且最可贵的是，清代的国家建设和国家认同，奠定了现代中国"大而强"的基础。其中最令人惊奇的是，在西方列强的冲击下，中国不仅没有被征服，没有像世界上其他多族群帝国一样分崩离析，反而成为世界上唯一一个建立在旧日"帝国"疆域之上的民族国家。直到清廷退位，民国建立，边疆少数民族聚集区不仅没有脱离中国，反而合五族为一体，新生的民国继承了原清朝的广大版图。"其生命力之强……这在21世纪的世界诸大国中，同样是独一无二的。"[2]

其原因有二。一是清代入关，不仅带来版图的扩大，更进一步导致中国的重新定位和定义。

清代将蒙古、新疆、西藏等地纳入版图，合内地十八省与东北、西北等边疆地区为一体进行行政整合与社会治理。在观念上，清廷在明确将自己定位为明朝的继承者基础上，突破了夷夏之间的隔阂，将原以汉人为主体的对华夏文化的认同，变为对多族群组成的中国的认同，成为统治更大中国的正统王朝。

1644年顺治帝在北京继位，祭告天地"兹定鼎燕京，以绥中

---

[1] 参见何兆武、柳卸林主编：《中国印象：外国名人论中国文化》，中国人民大学出版社，2011。

[2] 李怀印：《现代中国的形成：1600—1949》，广西师范大学出版社，2022，第10页。

国"。他在接见西域国师时也说:"今天下一家,虽远方异域,亦不殊视。念尔西域从来尊崇佛教,臣事中国,已有成例。"康熙年间与俄罗斯订立《尼布楚条约》,文中凡与俄国对称之处,一律用中国。对其他小国和藩属国,清廷也总以"统御天下中国之主"的身份自居。

雍正帝曾有理有据地对"华夷之别"进行了批驳。他说:"我朝肇基东海之滨,统一中国,君临天下,所承之统,尧舜来中外一家之统也,所用之人、大小文武,中外一家之人也,所行之政礼乐征伐,中外一家之政也。"乾隆帝则说:"东夷西戎,南蛮北狄,因地而名,与江南河北,山左关右何异?孟子云,舜为东夷之人,文王为西夷之人。此无可讳,亦不必讳。"

二是有效的国家治理和行政整合,带来长期的和平和稳定,使得各个族群对中国有归属感与认同感。

对清廷来讲,内地与边疆功能各异。内地承担着几乎全部财政收入,但不横征暴敛,肆意剥夺,而是轻徭薄赋。康熙帝更是摊丁入亩,永不加赋。边疆地区作为捍卫国家安全的屏障,不仅没有加征税赋,甚至对其提供补贴。清廷对边疆地区加强了对世俗与宗教精英的控制,但没有政治歧视与宗教压迫,鼓励民族间通婚,庇护宗教信仰。所有这些行之有效的措施维持了内地和边疆的稳定,增进了各族群对中国的认同,使得"华夏文明核心区与边缘区进一步整合,形成了中华文明地理覆盖区域与国家行政版图的基本重合,中华文明共同体核心区农耕社会和周边区域游牧社会之间的周期性分合聚散从此结束"[1]。即使清朝垮台之后,边疆地区也没有分裂独立,仍然接受中央政权的管理,这与各族群对中国强烈的归属感和认同感息息相关。

如辛亥革命爆发,隆裕太后懿旨授权袁世凯与民军方面谈判

---

[1] 赵轶峰:《明清帝制农商社会研究初编》,科学出版社,2017,第21页。

时，非常担心中国统一大局会"为山九仞，功亏一篑"。因为，"共和政体，列邦有行之者，惟中国幅员寥廓，满蒙回藏及腹地各行省，民情风俗，各有不齐。是否能收统一之效，不至启纷争割裂之祸？"最终，"总期人民安堵，海宇乂安，仍合满蒙汉回藏五族完全领土为一大中华民国"。1912年2月12日，隆裕太后懿旨宣布清帝逊位，中国得以保全，"驱逐胡虏"的故事没有重演。

清朝皇帝自动退位，得益于中国历史上多民族国家统一趋势的巨大力量，是清朝三百年国家建设与国家认同的结果。"从这个意义上讲，清朝不仅留给今天中国人民国家版图与统一的多民族国家的物质财富，且留下了界定中国与中华民族内涵与外延的弥足珍贵的精神财富。"[①]

三、大分流

1793年，借给乾隆祝寿之机，英国马嘎尔尼使团来到中国，想建立两国外交关系并进行相互国际贸易。这次中英相遇因仪礼之争无果而终，却突出中英不同发展阶段的巨大差距：英方的偏见与中方的傲慢。

18世纪的英格兰与同时期的清朝很不一样。英国在圈地运动之下，混合种植业与畜牧业的大规模农场经济开始形成。由于轮作技术的应用和大量畜力的使用，其农业劳动生产率大幅提高，到18世纪末，仅占英国总人口三分之一的农业人口，却能够为全国提供足够的粮食、乳品和肉等食品。

农业劳动生产率的提高对经济增长起到一系列贡献：首先是为非农部门释放了劳动力，以此推动城镇的手工业与后来的制造工业的发展。同时，农业收入的提高，剩余产品的增多，有力地促进了

[①] 郭成康：《清代政治论稿》，生活·读书·新知三联书店，2021，第509页。

商品经济的发展和"消费革命"的发生。而城镇化与蓬勃的城乡交换，导致了斯密式增长（分工、竞争、规模经济效益以及螺旋式发展）。另外，科学和技术革命为工业制造业提供了条件。在以上所有力量的推动下，工业革命首先在英国发生。

18世纪英国蒸蒸日上，在来到中国之前，英国人对中国充满了美好的想象，认为中国是一个强盛大国。然而到了中国之后，他们却"没有看到任何人民丰衣足食、农村富饶繁荣的证明"，"触目所及无非是贫困落后的景象"。"房屋通常都是泥墙平房，茅草盖顶"，"中国普通老百姓外表非常拘谨。在他们私下生活中，他们也是非常活泼愉快的，但一见了官，就马上变成了另一个人"。英国人认为这是人民"长期处在铁的政权统治之下自然产生出来的"。使团副使巴罗说："就现政权而言，有充足的证据表明，其高压手段完全驯服了这个民族，并按自己的模式塑造了这个民族的性格。他们的道德观念和行为完全由朝廷的意识形态左右，几乎完全处在朝廷的控制之下。"[①]

中英第一次见面就因叩头礼仪的冲突不欢而散。乾隆在《敕英咭利国王谕》中傲慢地说"天朝德威远被，万国来王，种种贵重之物，梯航毕集，无所不有"，"然从不贵奇巧，并无更需尔国制办物件"。

乾隆清廷的傲慢，更加深了英国使团对中国认识的偏见："清政府的政策跟自负有关，它很想凌驾各国，但目光如豆，只知道防止人民智力进步。""政治之争证明中国不是开明的君主专制，而是依靠棍棒进行恐怖统治的东方专制主义暴政的典型；经济之争最后证明中国不是富裕，而是贫困。"

英国使团回国后纷纷撰写报告与见闻并出版发行，向西方人

[①] 参见约翰·巴罗：《我看乾隆盛世》，李国庆等译，北京图书馆出版社，2007。

撩开了这个神秘国度的面纱，导致西方人对中国的认识发生了根本性的转折：中国的形象从天上掉到地下，从文明变成野蛮，从光明变为阴暗。以武力教训中国的声音开始在欧洲响起。正如马戛尔尼宣称的："清帝国好比是一艘破烂不堪的头等战舰，它之所以在过去一百五十年中没有沉没，仅仅是由于一班幸运的能干而警觉的军官们的支撑，而它胜过邻船的地方，只在于它的题记和外表。但是，一旦一个没有才干的人在甲板上指挥，那就不会有纪律和安全了。"他甚至狂妄地宣称："只要我们派两三艘小战舰，不消两三个月工夫，就可以把中国沿海的海军全部摧毁。"[①]正是中西之间的傲慢与偏见，直接导致了几十年后的刀兵相见。

乾隆盛世为什么在英国使团看来却是满目凋敝呢？因为表面上中英文明的不同，实际上是古今文明的代差！

传统社会以自然经济为基础，受到土地、气候、水利、种子、肥料、科技等"严格约束条件的束缚"，靠天吃饭，"传统社会的一个基本事实是该社会能达到的人均产量水平存在一个最高限度"。[②]工业革命之前的时代又被称为"零增长时代""暴力秩序"[③]。这个限度产生于这样的事实：即来自现代科学技术的潜力不是不存在，而是未被经常地和系统地利用。即使再多劳动投入也不能再增加产量。即陷入所谓边际效益递减的"内卷"之中。剩余少，能供养的非劳力人员就少，这就是古代国家公务人员少的原因。所以不能产生"自我维持的增长"，生活处于最低水平，挣扎在温饱线上，整体有起伏，总体无增长。这种脆弱状况被称为"马尔萨斯陷阱"，即人口的增长

[①] 参见佩雷菲特：《停滞的帝国：两个世界的碰撞》，王国卿等译，生活·读书·新知三联书店，1993。

[②] W.W.罗斯托：《经济增长的阶段》，郭熙保等译，中国社会科学出版社，2001，第5页。

[③] 参见张笑宇：《商贸与文明：现代世界的诞生》，广西师范大学出版社，2021。

超过生存资源的增长,结果"大自然是红铅笔来查账的",战争、灾荒、瘟疫会暴戾迅猛地抹去多余的人口。

这种情况在近代技术革命之前是人类的生活常态,大部分人是挣扎在生死线上讨生活的。战国时代孟轲奔走各国,宣扬王道与仁义,而他自视为完美的政治目标不过是"乐岁终身饱,凶年免于死亡",也就是说,在风调雨顺的好年景能吃饱饭,在饥荒年份不至于饿死。一个家庭理想的生活也不过是"五亩之宅,树之以桑,五十者可以衣帛矣,鸡豚狗彘之畜,无失其时,七十者可以食肉矣;百亩之田,勿夺其时,数口之家,可以无饥矣"。一个耕种"百亩之田"的"数口之家",挣扎奋斗一生,五十岁之前还不能"衣帛",七十岁之前不能"食肉"。这种仅为温饱的生活竟然成了农民千年的期盼,竟然成为梦寐以求的"王道"理想!而这还需要在不夺农时,无天灾人祸,没有横征暴敛的条件下才能实现。

零和博弈的暴力掠夺是零增长时代快速获得财富的方式,但这也造成社会的动荡与秩序的瓦解。国家作为垄断暴力的组织,为了长期垄断暴力掌握权力,需要三项永恒的任务:维护国家的统一和安宁,保持正义的品质,以及检查在宫廷和官僚机构中是否有腐败现象[1]。这不禁让人想起春秋时代子贡问政于孔子时获得的教诲,"足食,足兵,民信之矣"。

中国传统政治、经济、文化在康乾时期达到全盛,但这也意味着达到极限,就是说土地产量达到可以承受人口的最大极限。土地、人口与GDP总量上升,但人均产量或单位产值却在下降,呈现出"没有发展的增长"。

如人地关系与人均粮食剩余量方面:1741年人口1.43亿,1736年人均耕地7.87亩;1762年人口2亿,1766年人均耕地4.98亩;1790

---

[1] 参见W.W.罗斯托:《这一切是怎么开始的——现代经济的起源》,黄其祥等译,商务印书馆,2014,第11页。

年人口超过3亿，人均耕地3.35亩；到1840年下降到2.78亩。人均剩余粮食也随之由1766年的439斤，降到1790年的171斤，1840年左右更降至40斤以下。①

同样，在生产总值与人均产值方面，18世纪末中国GDP在世界总份额中占到将近三分之一，但人均GDP却持续下降。中外经济学家经过核算一致认为："从北宋至清代的整个历史时期，实际GDP和人口的变化趋势相近，因此，人均GDP波动并不是很大。然而，在清代，人均GDP显著下降，以每年-0.34%的速度衰退，1620年的人均GDP水平和980年相差无几，但是，到1840年时，已经下降到980年的70%左右了。"②

不仅如此，清代中国人均GDP整体也落后于欧洲。"总经济规模增长，人均水平几乎没有变化的现象表明，中国古代经济是典型的马尔萨斯经济，即经济增长被人口增长所抵消。"③

人地矛盾愈益严重的结果就是民众生活的日趋贫困。

在传统技术条件下，自然经济的发展受到土壤、肥料、灌溉、种子、种植技术等的制约，人均三亩地的产量除去赋税、种子及其他开支（衣食住行、生老病死、婚丧嫁娶等开销），不足果腹。普通农民是"瓜菜半年粮"，平时只能粗粮淡饭，勉强维持温饱，青黄不接之时，还需要以野菜度日，一遇水涝旱灾就要逃荒要饭。这种小农经济下的生计被称为"糊口经济"。而同期英国汉普郡农场的一个普通雇农一日三餐的食谱是：早餐是牛奶、面包和前一天剩下的咸猪肉；午饭是面包、奶酪、少量的啤酒、腌猪肉、马铃薯、

---

① 参见李怀印：《现代中国的形成：1600—1949》，广西师范大学出版社，2022，第131页。
② 李稻葵等：《中国历史GDP核算及国际比较：文献综述》，《经济学报》2017年第2期。
③ 李稻葵等：《中国历史GDP核算及国际比较：文献综述》，《经济学报》2017年第2期。

白菜或萝卜；晚饭是面包和奶酪①。

对此清朝统治者心里非常清楚。康熙皇帝说："今人民富庶，食众田寡，山巅尽行耕种，朕常以为忧也。"雍正皇帝则担忧："国家承平日久，生齿殷繁，地土所出仅可赡给，偶遇荒歉，民食为艰，将来户口日增，何以为业。"等到乾隆时期人口大增，乾隆皇帝忧虑"那得许田供耕耨"。到了晚清，汪士铎（1802—1889年）说："人多之害，山顶已殖黍稷，江中已有洲田，川中已辟老林，苗洞已开深箐，犹不足养，天地之力穷矣。种殖之法既精，糠覈亦所吝惜，蔬果尽以助食，草木无几子遗，犹不足养，人事之权殚矣。"②

实际上，清代学者官员洪亮吉在马尔萨斯之前就发现了这种人地不匹配的现象，并写进他的著作中。

洪亮吉（1746—1809年），字君直，号北江，晚号更生，清朝阳湖（今江苏常州）人。乾隆五十五年（1792年）进士，授职翰林院编修。乾隆五十七年，洪亮吉奉命到黔地考察，历时一年。其间，他在与社会各阶层广泛的接触中，敏锐地看到了人口增长超过土地等生存资源增长的现象，于1793年写出了著名的《意言》。在该专著的第六篇《治平篇》中，洪亮吉集中论述了他的人口论思想。他说雍正、乾隆三朝百余年，社会安定，人口急剧增加，"其户口，则视三十年以前增五倍焉，视六十年以前增十倍焉，视百年、百数十年以前不啻增二十倍焉"。但是相对应的空地、空屋却只是"增三倍五倍而止矣"，于是便产生了如下的矛盾，"一人之居以供十人已不足，何况供百人乎？一人之食以供十人已不足，何

---

① 侯建新：《工业革命前英国农民的生活与消费水平》，《世界历史》2001年第1期。

② 汪世铎：《乙丙日记》卷三，载赵靖、易梦虹编：《中国近代经济思想资料选辑》上册，中华书局，1982，第308页。

况供百人乎",这就造成了严峻的生存困境,"田与屋之数常处其不足,而户与口之数常处其有余"。洪亮吉在谈到人口繁衍过快造成生活资料贫乏的同时,还十分忧虑因此会导致社会不安定因素的增加。洪亮吉的《意言》,特别是《治平篇》比英国经济学家马尔萨斯的《人口论》发表还早五年,是世界上最早的人口论专著。

人类突破马尔萨斯陷阱,开启经济的飞速发展,实现社会、政治、文化、精神状态的变化的被称为现代化的进程,进步变为新时代的核心词。

"现代化"首先是一个相对概念和时间尺度,例如罗荣渠认为,欧洲现代化既泛指中世纪以来延续至今的一个长时程,也指区别于中世纪的精神与特征。一般来说是从15世纪航海大发现开始的。

对于不同学科而言,现代化存在诸多解释和维度。迈克尔·曼在其《社会权力的来源》中提出政治、经济、意识形态和军事四个维度,将现代化视为一种综合性合力的结果。在经济上,现代化意味着从农业社会向工业社会的转型,这一过程往往伴随着劳动分工和生产力的提高等。在政治上,现代化意味着(民族)国家建设,即国家基础性能力的提升而非早期政治哲学家们所认为的民主化。这一过程则伴随着国家官僚制度的完善和治理能力的提升以及稳定有序的社会变化等。在军事或技术上,现代化反映了人类控制环境的知识亘古未有的增长,包括科学革命的出现、军事技术的发展、非生命动力的使用比率以及能量获取和战争相关能力的提升。在社会和意识形态领域,现代化则意味着启蒙运动以来的理性光辉,即有意识的个人选择、理性的利己主义、宗教等领域的世俗化以及积极进取的精神。无论是从各个维度进行细致定义,还是基于直觉判断,现代化总体上是各个方面综合性发展和演进的过程。

于是就产生工业革命为什么首先发生在西欧的英国,西欧有什么独特的内生优势率先近现代化,中国封建社会为什么长期延续的李约瑟问题（中国为什么没有发展出现代科技）。2000年，美国加利福尼亚大学尔湾分校历史与东亚语言文学教授彭慕兰出版《大分流：欧洲、中国及现代世界经济的发展》，引起了很大的国际反响，让关于中西近代殊途而行，分道扬镳问题的大争论持续至今。彭慕兰认为18世纪以前，东西方处在基本同样的发展水平上，西方并没有任何明显的和独有的内生优势，只是到了18世纪末19世纪初，历史才来到了一个岔路口，东西方开始逐渐背离，此后距离越来越大。造成这种背离的主要原因，一是美洲新大陆的开发，二是英国煤矿优越的地理位置。彭慕兰把这个东西方分道扬镳的过程称之为"大分流"。

关于西方走向了现代化而中国却没有的问题，学术界百年来进行了长期研究，提出了各种观点，并在20世纪三四十年代"中国社会性质"、新中国成立后"五朵金花"、80年代"中国封建社会长期延续"和2000年《大分流》出版后形成了四个争论高潮，并进而形成国际学术热点。中外社会学家、哲学家、历史学家、政治学家和经济学家甚至人类学家、地理学家、生态学家，从地理环境、资源禀赋、社会结构、政治经济形态、文化等方面提出十几类一百多种观点[①]，如地理生态环境影响论、文化意识形态决定论、政治官僚体制决定论、高水平均衡陷阱论（内卷论）、技术发明模式论、系统—结构决定论、交易成本分工与市场规模论、世界体系决定论、加州学派大分流论等，如同盲人摸象各有所据，各有所得，各有其理。包容这些条件与因素的历史合力是以基于生存约束条件下的生存方式及共同体系统性的制度安排，即政府的治理理念、治理体系与治理模式。

马克思说的"一袋马铃薯"，形象比喻了自给自足小农经济与

[①] 参见赵红军：《小农经济、惯性治理与中国经济的长期变迁》第2章，格致出版社，2010。

农户制的政治诉求，这与大一统的管理诉求是相互耦合的。

在中国历史上，农民及其家庭一直是中国封建社会最为重要的经济个体和组织。这源于中国大地上适宜农作物生长的地理、气候和土壤等自然环境，而这个适宜农业生产活动得以展开的自然、地理环境也奠定了在此之上建立的封建国家的制度基础——重农主义、家庭生产、科举考试、重农抑商政策等。从春秋战国时期起，中国的农民家庭就成为兼具多种功能的社会、政治、经济的基本单位。作为基本的血亲单位，家庭由家长和子孙组成，承担家族延续的任务，影响着中国农民的生育、婚姻等行为。作为一个生产单位，家庭是自给自足的以农业生产为主的基本单位，男耕女织，农业与副业均通过家庭分工承担完成，收入与消费也在家庭范围内共享。家庭追求的是产量的最大化，而不是利润的最大化，在劳动的边际产量降低时，为了增加产量也不停止劳动投入。在保证主业的情况下，充分利用家庭剩余劳动力，有机会也经营家庭副业，增加家庭收入。由此，中国农户具有超强的生命力，甚至能够对机械的普及以及与此相匹配的工场手工业的出现形成强烈的抵制。当外国商品入侵时，它能充分利用家庭生产的柔韧性与之展开竞争。

孤立的农户不能代表自己，希望国家的保护；通过编户齐民，家庭成为社会管理和政治管制的基本单位，国家则以小农户为税赋、兵役等资源的汲取对象，并通过保甲连坐制度，维护"户""口""丁"的稳定性。为了政权的稳固与长治久安，农户与国家的契合恰如水与舟的平衡关系，防止国家对农户的过度剥夺征集，也要防止豪强大族的产生。不论是轻徭薄赋、重农抑商，还是察举科举的选人方式，都是想通过"财富和政治地位高度的垂直社会流动，给帝制下的等级制度的不公正提供了公正的理由，同时也鼓励底层老百姓对美好生活的向往和为了实现这个向往而付诸行动，从而创造一个新的韧性极强的等级政治及社会秩序"[1]。

中国帝制时代的这种社会结构与西欧中世纪社会结构的主要差别在于缺乏贵族、教会、自治城市等有影响力的集团与政府抗衡。这种差别导致中国的政治合法性来源和维持政治秩序的机制与欧洲国家大相径庭。中国传统社会结构相对简单，虽说是士农工商四民社会，其实主体是农户与官僚的双层社会结构，沟通上下的是流动性的"士"阶层。这样的结构，政府不必像欧洲国王那样需要与各种势力进行持续谈判。因此，政府权力的合法性不依赖与各方政治权利代表达成的妥协。相反，政权的合法性直接基于人心。中国的政府不受其他权力集团利益的劫持。然而，由于缺乏制度化的抗衡力量，导致政府的权威和权力过度扩张，并能够严重介入私人领域。独立于政府之外、拥有重要社会地位和物质财富的任何集团，都将被认为是威胁，可能被政府废除。在中华帝制时代，对官府的唯一最大挑战是农民的集体行动——农民起义。当人民的基本福利得不到满足时，起义将展示出超强的能力推翻政权，或者至少将破坏政权的合法性，从而削弱整个统治阶级的利益。

由于在这种双层社会中缺乏多元竞争，即便起义成功，推翻了旧的政权，起义者也只不过是把自己提升为统治阶层，而社会及政治结构的总体模式仍然保持原样。这就是在两千多年时间里中国周期性盛衰变化的关键原因之一。在两千多年的时间里，尽管中国的制度有了巨大发展并逐渐走向成熟，但是这一历史时期的政治制度或社会结构并没有发生真正的革命。故此，金观涛称之为"超稳定结构"。从春秋战国时代以降到西方崛起之前，中国历史有着与西方截然不同的发展轨迹，民族国家、工业资本主义和代议制政府是欧洲历史发展的"意外"产物。

---

[1] 白果、米歇尔·阿格列塔：《中国道路：超越资本主义与帝制传统》，李陈华等译，上海人民出版社，2016，第34页。

傅衣凌曾描述中国传统社会为:"这种既又早熟又不成熟的弹性特征,使中国传统社会具有其它社会所无法比拟的适应性,不管是内部生产技术水平的提高,还是外部环境的变化,这个多元的结构总是能以不变应万变,在深层结构不变的前提下迅速改变自己的表层结构以适应这些变化。中国历史上多次遭受变乱和分裂,而最后仍然作为一个统一国家长期存在,其奥秘正在于此。这样的社会结构对于社会变革的化解和抵御能力,也是西欧和日本中世纪的社会结构所难以相比的。这些与西欧封建社会解体时期有相似之处的因素,并未能导致资本主义社会形态在中国建立,究其原因,正在于中国传统社会多元结构的影响和制约,一方面,这样一个结构使在其中产生的新因素走上与西欧不同的发展道路,具有另外一种导向性;另一方面,这个弹性的、内部多矛盾统一,有广泛适应性的结构对新因素的冲击有很强的化解能力,可以比较灵活地改变自己的表层结构以适应各种变化。"①

正是中国传统社会的弹性与韧性,维系了几千年来中国的延续与发展,但这也造成向近代转型的艰难与漫长。

中英仪礼事件后三年,为向祖父康熙皇帝致敬,在位六十年的乾隆皇帝退位给儿子嘉庆皇帝。同年,美国总统乔治·华盛顿卸任,他拒绝了第三次连任,从而避免了美国总统终身制,创立了和平移交最高权力的范例。

在我们的印象中,他们两人一个是近代总统,一个是古代帝王,华盛顿好像比乾隆皇帝晚得多,实际上他俩是同时代人,而且同样都在1799年去世。这种错觉的产生是因制度层面上的反差造成的。同一时代,两种文明,中西之异实为古今之别。虽说文明无高下优劣之分,但文明间的冲突有成败,战争有生死,国家民族有存

---

① 傅衣凌:《中国传统社会:多元的结构》,《中国社会经济史研究》1988年第3期。

亡，中西问题和古今问题总是纠缠在一起。但差距就是差距，不能用文化上的差异为自己辩护。在力量面前，弱者的正当性不能从弱自身获得。力量催逼着中国必须往前走，而不是囿于自己文化的独特性而通过道德评判让强者停步。弱者改变自己的唯一出路，是从力量中寻找自己新的正当性，区别在于途径。中国把西方的进化主义思想变成自己的武器，实现赶超便是寻获自身正当性的努力。王人博说得好："贫弱不能成为人类追求的普遍性价值，不是因为它缺乏德性，而在于它不具有再生产的能力。特殊性变身为普遍性的一个必要条件是能力（力量）的介入。'越是民族的越是世界的'这句话的真实含义是，民族的只有经过（有能力代表）世界的承认才能成立，否则，它就只能归属于当地的奇风异俗。"[1]

四、没有发展的增长

赵鼎新在《东周战争与儒法国家的诞生》中说，假如帝制中国真的有机会内在地发展出工业资本主义的话，那么，最可能发生在宋代而非宋代之后的那个时期。

确实，宋朝在许多方面与中国历史上的其他朝代都存在着明显差异。宋朝无疑是整个帝制中国史上商业最为繁荣的朝代。在宋朝，汴京这样的繁华大都市的居民已经达到一百多万，而人口规模如此庞大的城市在以后各朝中再也没有出现过。宋朝城市中商业活动兴盛发达的景象，不仅可以从马可波罗游记，也可以从《清明上河图》中得到更加真切的佐证。

就政治体制而言，宋朝是中国历史上最后一波技术大发明的时代，其中最为著名的当然是活字印刷术和指南针的出现，以及火药在战争中的广泛应用。这些技术在欧洲的社会发展和工业资本主义的兴起中都发挥了关键作用。明代的商业活动在15世纪中叶才开始

---

[1] 王人博：《1840年以来的中国》，九州出版社，2020，书前的话第4页。

得到大规模发展，一些市镇的商业繁荣程度很可能已经达到了可与宋代比肩的水平。从这些现象很多学者认为从宋朝开始，中国已经出现资本主义萌芽。

但商业的发达与工业资本主义有本质的区别。只要社会上存在剩余产品，商业型的市场关系就会存在，或者说商业型市场关系是可以自发地形成的。但是，工业资本主义的形成却需要一系列条件的支持，包括：有利于科学革命的政治环境、资本主义会计方法的出现，以及既有利于培养勇于担当风险的企业家精神，又有利于促进关键的集约型技术发明的激励机制的形成。

应该说，工业资本主义起源于欧洲只是一个偶然的历史事件，因为，在欧洲工业资本主义发生过程中发挥过关键性作用的那些条件，世界其他地方都不具备。所以，帝制中国晚期商业贸易的活跃程度和所谓"资本主义萌芽"，的确只是金观涛和刘青峰两位学者曾经指出的"假资本主义"。在这里，最为重要的是要区分商业型的市场关系和在英国首先形成的工业资本主义之间的区别。工业资本主义在很大程度上属于政治现象而不是经济现象。中国没有出现工业资本主义的内生性发展的原因在于，虽然在帝制中国两千多年的历史上中国社会经历了巨大的变迁，但在西汉时期定型的基本政治模式（即"儒法国家"模式）却从未发生过根本性变化。甚至恰恰相反，自宋代以降，明清对社会的压制趋于严厉。这种性质的政府虽然没有也没有想到把商业贸易活动从社会生活中根除彻禁，但其所作所为足以有效地阻止了工业资本主义在中国的兴起。经济学界把为阻止、制约甚至窒息"人类合作的扩展秩序"生成和扩展的某种社会机制和社会安排称为"布罗代尔钟罩"。

到清代，中国古代文明确实达到了传统农耕文明所能达到的最高水平：精耕细作的基础经济，科举制为核心的官僚制，王霸兼具的礼法治理体系，世俗理性为主（朴学）的兼容性思维，恩威并施天下朝贡体系等。用人均最少的土地养活了世界最多的人口。由这些观念制度组成的治理体系，可以说体现了统治者在农业文明时代所能遇到问题的最完美的解决方案。尤其是以"金瓯永固"为导向的大一统制度体系，不仅极大地满足了最高统治者维护最高统治权的需要，更以完善的制度设计有效防止了任何对君权的威胁因素，甚至还有治理韧度弹性与冗余度的设计（王霸兼有的儒法礼教，县以下带有无为政治色彩的自给自足的乡绅社会，天高皇帝远，完粮便是王），极大满足了长治久安的治理诉求与梦想。这就是虽有朝代更替甚至外族征服都最终无不认同并回归这种统治秩序的原因。

这套凝聚千年统治智慧的中央集权治理体系是如此完美，被视为颠扑不破的"祖制"，被珍藏、学习、体味，运用之妙取决于各个统治者是否用心、专心以及统治者的执行治理能力。农业文明为基础的社会像庄稼一样周而复始，统治面临的问题就是那么多，历代积累的经验给所有会遇到的问题提供了答案。天灾非人力可控，需要认命，人祸只要清正爱民就可避免。这种对中国文明的自满自足在1793年乾隆皇帝《敕英咭利国王谕》中展现得淋漓尽致、霸气十足："天朝德威远被，万国来王，种种贵重之物，梯航毕集，无所不有。……若云仰慕天朝，欲其观习教化，则天朝自有天朝礼法，与尔国各不相同。尔国所留之人即能习学，尔国自有风俗制度，亦断不能效法中国，即学会亦属无用。"

英国使臣的表现也充满了傲慢与偏见，乾隆皇帝的回复无疑可笑，但是有缘由的。一是没有必要。因为长期处于和平富足的大一统环境，这套千年积累的智慧足以应对遇到的生存问题，能用，够用，好用，那就没必要改进甚至丢弃；二是在中西文明相遇之前，中国没有遇到对手，即使来自草原森林的游牧民族的虎狼之师征服了中原，也被这套文明所俘获。中国缺乏像欧洲国家那样参与国际军备竞赛和商业竞争的意识及"困而知之"的压力[①]。

---

① 参见文一：《科学革命的密码：枪炮、战争与西方崛起之谜》，东方出版中心，2021年。

自古以来，重大的科学突破都是由现实问题推动的，是为了回答当时科学家所处时代最重大的现实问题，包括生产活动提出的问题和实验室提出的问题。而人类面临的最重大的现实问题莫过于生存问题，生存危机是人类面临的最大危机。生存危机主要分为两个方面，一个是自然灾害对人类的威胁。人类为了防避自然灾害带来的巨大危险，必须具备对大自然进行解释和预测的能力。另一个就是战争。战争对人类的集体性生存造成威胁，给科学发展提供了巨大的刺激。

基本生存环境没有剧烈改变，基本生存问题还是那么多，祖宗之法足以应付国家治理所遇的问题，就毫无改变的必要。

中国的历史之所以不同于其他一切文明的历史，在于中国在公元前若干个世纪前就已经发展出了一种中央集权的政治体制。它不是国内统一市场的产物，而是建立在马铃薯化小农经济基础之上。马克思所说超越其上的总是表现为一种行政权力，即超经济强制是其核心特质。

由于"这个农业社会过早地处于一种中央集权官僚体制的管理之下，而其经济规模又使得它具有非竞争性。稳定总是比变化、过程更受珍视"，"从来没有一种文化，能够像中国文化这样可以自我控制与自我平衡"[1]。它强调安分守己，明分止争，追求稳定与秩序，杜绝一切逾越与僭越，注重政治控制的强化。"在漫长的历史长河中，中国国家的唯一问题就是扼制国家以外的其它力量——如商人、军队和宗教社团的——的发展，防止国家的最上层发生危险的分裂。"[2]

皇权的特点是主导和依附。帝制中国的目标是稳定地控制数百万以农业为生的家庭，形成一个以自身为中心的组织依附体系。

---

[1] 黄仁宇：《现代中国的历程》，中华书局，2019，第16页。
[2] 参见谢和耐：《中国社会史》，江苏人民出版社，2008。

从战国时期开始，国家就在很大程度上包围和渗透进社会。经济只被看作是国家的一部分，也就是政府社会责任的一个方面。官僚制编户齐民制度，"意味着国家对社会的高度渗透和控制，以及国家能力的提升"①。

古代中国作为一个农业帝国，对皇权来说，总是希望通过政治强制力实现政权的稳定。例如：原子化、散沙化的安分守己的小农，能提供汲取稳定的赋税徭役和兵源；权力集中中央，官僚体制清洁廉明，百官忠心耿耿，令行禁止；忠君爱国的思想灌输头脑。之所以说是一个不稳定存在，而不是金观涛所讲的"超稳定结构"，因为总是有很多无秩序力量在形成、在侵蚀这个共同体。这些能侵蚀、破坏甚至解构的无序力量，包括贫富分化导致地方豪强的兴起，苛政灾祸导致的大量自耕农变为佃农、农奴与流民土匪，官僚体制内威胁皇权稳固的异己力量（皇族内讧、权臣专权、朋党之争、外戚势力、宦官专权、藩镇等地方割据势力等），观念思想领域的异端邪说等。这些都能动摇国基，威胁皇权的稳固。

传统体制是个充满张力的矛盾体。通过处理、把握这些矛盾关系，最终发展起一整套管理智慧和治理体系。经济上重农抑商，社会管理上编户齐民，政治体制上采用中央集权，强化君主专制，及持续长久的政教宣讲等，整体构成了大一统体制。

但自满则自闭，故步则自封。中国古代社会虽不停滞，但总在循环。工业文明、市场经济总像困在农业文明的壳中萌而不发，或像罩在一个无法突破的金钟罩里，既保护了小农经济却也限制了其发展，增加的GDP总被增加的人口抵消，发展到一定程度总遇到一个天花板就掉头往下，走出一个兴亡盛衰波动的循环曲线，总体呈现"有增长无发展"的状态。即使侥幸跳出了"马尔萨斯陷阱"，

---

① 郑永年，黄彦杰：《制内市场》，浙江人民出版社，2021，第82~83页、第168页。

却又一头栽进"内卷"的旋涡。

传统农业社会可谓是一个人均生产零增长的社会。1800年以前不论东西方总体都是这种状态,甚至一直到20世纪初,大多数农民还是只能够"在最低生活水平线下而活着,以不挨饿为侥幸,视饱食暖衣为福境"①。

这种社会体制和社会生活方式不断自我维系、自我保持和自我复制,社会发展总体呈现一种周期性治乱循环和王朝更替状态。这种状态,金观涛称之为"超稳定结构",国际上称之为"布罗代尔钟罩",也有人叫作"印度均衡"②,笔者姑且称之为"中国结状态"。处于这种状态中,各种政治、经济、文化、社会要素相互嵌套,相互耦合,整体呈现一个紧密结构与稳定状态,但随着时间流逝,各种自发因素又不可避免地生发出来,不断侵蚀原有文明机体的构架,引起功能失调,逐步造成机能丧失、宕机乃至崩溃。就像牵住一个线头就能拆散整个中国结一样。经过大动荡之后,新的统治者又按照大一统文化基因复制出一个王朝,进入下一次的兴衰周期。

古代中国传统社会的"中国结形态",政治、经济、社会、文化要素互嵌,但政治要素是决定性的。自给自足的自然经济变现为家庭经济的形态,镶嵌在身份社会中,整个社会表现为泛政治化、官本位。稳定导致了停滞,强控扼杀了创新,稳定压倒了发展,除熵除掉了活性因子。

如果说中国古代文明是以安分敬制为基础的非竞争性文明,欧洲文明则是建立在多元体相互竞争基础上的文明。前者在前资本主义时代虽然可以通过规模效应来形成对前资本主义西方的优势,但这种一体化的帝国结构,与西方文明的多元结构相比,缺乏面对环

---

① 李景汉编:《定县社会概况调查》,上海人民出版社,2005,第311页。
② 参见金观涛、刘青峰:《兴盛与危机:论中国社会超稳定结构》,北京大学出版社,2008。

境挑战的适应力，即试错变异能力。这就导致它既不能发展出资本主义，在近代也无力应对西方资本主义文明的挑战。

为什么"科学革命"和"工业革命"都发生在西方，而不是东方？流行的新自由主义和"西方中心论"认为，这是因为西方拥有古希腊民主自由的文化传统和基于其上的西方独有的严格私有财产和知识产权保护、契约精神与法律制度。然而这与历史事实截然不符——欧洲这两场"革命"都是多元社会结构和国家间生存竞争的产物。

古代中国传统社会结构简单，而欧洲中世纪的社会结构有多种力量，国王、各级领主贵族、教会、农奴、自治城市的自由民。欧洲各国国王在与贵族教会内斗，在国家间竞争的过程中不断向富商等构成的第三阶级借款寻求支持。在不断的角逐、谈判与妥协中，各大势力参与国家事务，尤其是在征税的谈论与博弈中，而国家间对富强的竞逐强烈刺激了对军事技术的需求。

欧洲社会的发展乃至工业资本主义、民族国家和民主社会的形成，发端于中世纪欧洲在意识形态、军事-政治和经济上的一个特殊耦合，即中世纪欧洲的天主教世界为欧洲提供了一个政治和文化上的整合力量，为中世纪欧洲经济的持续发展和长距离贸易提供了稳定的环境，并在很长时间内担当了欧洲各国政治的协调者、领导者，甚至保护者。中世纪欧洲造就了欧洲的国家传统，给社会发展提供了空间。欧洲社会的经济力量就在天主教世界和封建制的夹缝中得以逐渐恢复、壮大，并发育成一个有效的权力行动者。大约在12世纪，或者说在经历了以上初级发展之后，欧洲社会发展进入一个新阶段，表现为战争（军事权力）的加剧和国家力量（政治权力）的增强。但是，在宗教势力和城市经济势力的制约下，欧洲没有发育出高度专制的国家，而是逐渐发展出弱专制、强协调的地域性国家，并且社会的经济权力在同一时期也得到长足的发展。进入15世纪以后，欧洲国家的宗教势力（意识形态权力）在天主教与新教的斗争以及理性意识形态的冲击下逐渐下降；欧洲战争由于战争技术的改进变得越来越昂贵，为了维持越来越昂贵的战争费用，国家必须在社会中汲取财富，欧洲国家在此过程中得以进一步壮大。但是，在宗教势力和城市经济势力的制约下，欧洲国家继续向对经济发展有着促进作用的、弱专制强协调的有机国家发展。这些有机国家的对外竞争和对内协调促进了社会权力的全面增长，并为工业资本主义、民族国家和民主社会的形成提供了条件。

英国著名学者芬纳在《统治史》中为我们展现的是西方世界在政治、思想、军事、经济各个方面全面性的躁动不安，以及各种力量之间在这全面性的躁动状态下相互依存、相互冲突和对历史发展的促进景象：中世纪的独立城市促进了欧洲经济发展，复兴了罗马的共和政治，保证了城市阶层在欧洲政治过程中的重要作用；文艺复兴和新教运动引进了世俗政治和科层制，破坏了主导欧洲世界达1300年之久的基督教世界及其世界观，促进了不同的世俗理论和世俗性的历史终极理论的涌现和竞争；欧洲的战争促进了国家在组织和税收等多方面的变化，促进了技术和生产能力的发展以及用暴力征服世界其他文明的能力；欧洲及整个西方的政府则不断在被动和主动的统治方法的更新过程中东跌西撞，既是在适应又是在推进西方世界在各个方面的不断变化。

芬纳认为，西方社会的这种多元的躁动不安的互动正是现代国家和工业资本主义兴起的源泉。他说："汉学家们十分正确地指出了中国在历史上所经历的不断的和显著的变化。但是，中国政治虽然在一个长达两千多年历史的帝国模式下不断地丰富和改进着，欧洲政治却从日耳曼蛮族王国开始，其间经历了封建制、新君主制、绝对国家和议会制以及民主和代议制政府，经历了一次又一次断颈式的变化，两者性质截然不同。"进而芬纳又指出："当一个社会中的社会结构、政治结构和主流意识形态互为依存时，这一社会就会获得稳定；而当一个社会中一个至数个结构与其他结构产生冲突时，这样的社会就有了突变的可能。"①在芬纳眼里，中国社会就是前者，而欧洲和整个西方社会则是后者。现代国家和工业资本主义的到来并不是一个单一的技术问题、经济问题或生活质量指标、政治发展和思想"进步"等问题，它们跌跌撞撞地到来是西方社会政治、思想、经济和军事等因素相互冲突的结果。

中西之间的这种不同，曾让明末在中国生活了28年的传教士利玛窦大惑不解。他说，尽管中国有很强的军事实力，本可以轻易征服邻国，但中国皇帝和人民却都没有侵略的野心。与之相反，欧洲人却对扩大自己的统治疆域有着永不满足的欲望②。钱穆在《国史大纲》中比较中西不同时说，如果"将西洋史逐层分析，则见其莫非一种'力'的支撑，亦莫非一种'力'的转换。此力代彼力而起，而社会遂为变形"，"西方于同一世界中，常有各国并立；东方则每每有即以一国当一世界之感。故西方常求其力之向外为战争；而东方则惟求其力于内部自消融"。③

战争催生了国家，国家催生了战争。战争和军备竞赛为西欧的科技创新提供了充沛动力，并在国家竞争体系的推动下高速发展。中国自从秦始皇实现大一统以后，就铸剑为犁，缺乏旗鼓相当和对等意义上的竞争对手，这种独特的地缘政治环境，注定了中华帝国2000年文明的孤独、自我循环与孤芳自赏。不过，像中国这样一个超大型文明体，一旦在更加强大的外部战争压力下"苏醒"，便具备向外来强大国家挑战的潜力④。

---

① 参见芬纳：《统治史》，华东师范大学出版社，2014。
② 利玛窦：《利玛窦中国札记》，何高济等译，中华书局，2010，第58~59页。
③ 钱穆：《国史大纲》，商务印书馆，1996，第24页。
④ 参见文一：《科学革命的密码》，上海人民出版社，2022，第445~446页。

第六章 转型与重建

虽然马戛尔尼的来访没有扰动清廷分毫，但1840年后一次次战争的失败，却打破了清廷天朝上国的迷梦。英吉利、法兰西、日本虽是"蕞尔小国"，但其船坚炮利却是令人震撼与战栗的。晚清时期的李鸿章也不禁惊呼，这"实为数千年来未有之变局。轮船电报之速，瞬息千里；军器机事之精，工力百倍；炮弹所到，无坚不摧，水陆关隘，不足限制，又为数千年来未有之强敌"。同为晚清"四大名臣"之一的胡林翼据说就是在长江巡防时目睹西洋火轮的迅捷如飞，切身感到中外实力相差的悬殊，忧愤之下竟口吐鲜血，不久溘然长逝。

虽说文明无优劣，但实力有高下，争斗有成败，国家有存亡。中华文明卷入了全球化竞争的生死之地，不得不探求救亡之道！

正如之前所说，在帝国主义冲击下，清廷虽然被迫割让了很多领土，但即使到1911年的辛亥革命，中国也没有像其他帝国一样分崩离析，版图基本保持完整，成为世界上唯一一个建立在旧日"帝国"疆域之上的民族国家。这都要归功于大一统文化具有的凝聚力和向心力有力地阻止了外力的冲击，但这也使得中国的现代转型显得格外艰难。

一、踉跄而行

所谓"现代化",既指一种文明形态的结果,又是指一种永不完满的动态进程。具体来说,就是指从以自然经济、等级政体和一元化世界观为特点的传统农业文明向以市场经济、民主政治与社会多元化为内容的现代产业社会的转变。现代化突破了马尔萨斯陷阱,开启了经济的飞速发展与社会、政治、文化、精神状态的变化,"进步"代替原先的"稳定"成为新的核心词。

由于现代化的启动方式不同,可以大体分为两种类型:一是早发内生型现代化,二是后发追赶型现代化。[①]

最早启动现代化的国家,现代化的动力来自社会内部的要求,它是因为其内部的变化而开始现代化的:随着中世纪的束缚一点点地解除,社会容忍程度一点点增加,人的自由慢慢扩大,新的价值标准和新的愿望逐渐被社会接受,所有的变化都是自然而然发生的。使这个社会的人民的自由意识的觉醒,人民在理性上变得成熟,他们的观念、气质、信仰的改变使他们产生对自身状况的不满,要求改革。

追赶型现代化是由于传统社会内在现代化动力机制的缺乏,在受到现代化强国的侵略殖民威迫后,民族面临生死存亡的危机,因而进行的相对被动的现代化。由于缺乏现代性要素,国家在现代化进程中起了主导者的角色。所以一个高效、合法、有现代化意识导向的政治权威的确立,是后进国家实现现代化的首要前提。这种政权的领导者往往具备现代化意识,但却必须运用传统社会中已形成的、大众已理解和认同的价值符号和语言才能进行广泛的社会动员;并以此为中介,培育社会内部现代化要素的成长,并使之与现代化目标配合,建立内源性自主发展机制,整合多元的社会力量,

---

[①] 孙立平:《后发外生型现代化模式剖析》,《中国社会科学》1991年第2期。

逐步扩大人们的政治参与度，推进社会制度的创新，最终完成从传统向现代化的转型。其中，具有现代意识（有觉悟）的精英团体（先进政党）的形成是前提，而动员型政治、社会改造、现代性因素的培育至为关键。

我国在现代化的进程中，西方文明与传统文化的作用都具有双重性：西方文明既是一种外来的力量，又是新文明的代表；中国传统社会结构与文化既是改造的对象，又是我们唯一可继承的遗产和发展的立足点，它是保持民族统一与稳定的凝聚力量。这也就是说，近代中国面临着令人困惑的多重悖论现象：为了防止社会与文化的失序，需要求助于传统文化；为了文化的新生则需要吸收西方文明的成果；为了解救民族危亡，又需要抗击西方的冲击与压迫。所以近世之人往往在自尊与自卑、排斥与羡慕之间经受心灵的煎熬。在现代化的实际运作过程中，"西方示范效应与中国历史文化遗产这一张力场中，各种因素此消彼长，生死存灭，重新组合，形成了错综复杂的格局。无论是西方还是传统，每一要素都具有其特殊的外在条件，一旦超越临界点，其实际功能就向反向转化"[1]。

面对如此复杂多变的局势，如何能触摸两极（肯定与抛弃传统，吸收与拒绝新文明），把握平衡点，实现社会相对稳定的转型，对近代仁人志士和理论研究者来说是最为困难且最为高妙的问题。

李大钊曾说："平心论之，清室非有凶暴之君。"[2]若按中国传统的标准，清末的社会状况和清政府的作为，尚未达到历代亡国之君所表现的荒谬程度。三千年未遇之大变局，盖因遇到三千年未有过的对手与三千年未有之异种文明。

有大一统文化传统的国家在转变政府职能、推进国家治理体系

---

[1] 许纪霖、陈达凯主编：《中国现代化史》第1卷，上海生活·读书·新知三联书店，1995，第4~5页。

[2] 李大钊：《政治对抗力之养成》，载《李大钊全集》第1卷，人民出版社，2006，第104页。

和治理能力方面有着得天独厚的优势，但缺乏现代意识的国家对现代化的抗拒也是无比顽强的。整个晚清时期，清廷的顽固自负与颟顸保守，导致一再错失现代化的机会，使推动社会变革的主导力量不断下降，最终由体制外的力量主导进程，爆发革命。诚如钱穆所评："在上者图变愈迟，在下者求变愈速。"[①]中国的近现代史本质上是以民族主义为内驱力，不断激进化、革命化的现代化史。

1840年鸦片战争的炮火将中国拉入了近代。但东南一隅的失败，并没有引起清廷的重视。直到二十年后，第二次鸦片战争的战火烧到京城时，西方的挑战才作为"夷务"成为清政府不得不面对的现实问题，筹办洋务作为体制内部的自强运动才真正启动。清廷对外部挑战的反应之所以如此迟缓，国内事务的紧迫是其中一个原因。当时的清廷面临着中国历代王朝末世所能面临的一切社会问题。如吏治腐败、经济凋敝、人地关系失衡、流民盗匪大批出现、农民起义此起彼伏等。对清廷来说，"内部事务万分火急，至于西方则可暂缓一步"[②]。但除此之外，传统文化与社会体制也有其保守之处。

具体表现在：一是"天朝上国的自大意识"。中国地域广大、人口众多、历史悠久。自古以来，周边国家的文明很少对中国构成威胁，即使外族侵华也会很快被中原文化所消解吸收。所以中国难以承认并接受外来的异质文明，对外部的挑战也难以产生见微知著的危机意识，无法做出迅速反应。

二是中国传统文化是以"天人合一""天人合德"为核心的一元论文化系统。这种文化传统与宗法等级关系和专制王权秩序高度整合在一起，形成了一个封闭完整的文化系统。由天命圣言提供前提并对世间一切现象做出"合理"的解释，对个人来说是

---

① 钱穆：《国史大纲》，商务印书馆，1996，第904页。
② 柯文：《在中国发现历史》，中华书局，1989，第12页。

通过"修齐治平"的方式把修养与社会实践联系在一起,并以皇权为外在的制度保障。这种文化具有极强的自足性、稳定性与抗演化性。

三是清政权是少数民族政权,相较以往的汉族政权王朝,统治阶层更倾向于维护清贵族的特权与专权,故而清朝统治者更具保守性。以上种种因素导致了清廷对外来冲击低下的反应能力。

当然,任何一个民族与国家都有对生存危机做出反应的意识与能力,表现在文化上就是任何一种文化都具有功能上的可转变性和内容上的多元因素。如中国儒家文化中一直存在"君与道""礼与仁"的内在冲突,在士人思想中表现为一种"从道不从君"的道德自主性以及强烈的忧患意识。忧患意识蕴含了经世致用的现实意识和采取措施改变现实的实际行为趋向。除此之外,中国文化中还有一些非主流、非正统的文化流派,如非儒家学派、民间文化传统等。在近代局势下,这些都能成为应对西方文明挑战的文化资源。实际上,近代民族危机意识与民族主义的兴起,也恰恰与这些文化现象有关。由于清廷的专制与保守,不但没有很好地运用这些文化现象,反而扼制它们,使得民族主义向激进的方向发展,最后反而促成了清朝的灭亡和现代化进程的曲折与艰难。

对西方挑战的漠视,导致了第二次鸦片战争的恶果。清廷在尝到了离都丧君、割地赔款的苦痛后,一部分官员切实地感觉到利炮坚船的威力和时局的变化。"洋务运动"作为具有浓厚应急色彩的自强措施开始展开。这距第一次鸦片战争的爆发,已过了近30年。

洋务运动主要是由少数开明的官员分头搞起来的。他们在经历了洋枪洋炮的威力后,片面地认为西方高明于中国的只在技艺方面,而中国传统的文化之体则远远超出西方之上,这就是所谓的"中体西用"的思想。这种有局限的指导思想与同时代日本全方位学习西方的"明治维新"相比,显而易见地缺乏全盘统筹力和敢于冒险的气魄与主动性。无怪乎吉田茂在回首日本这段历史时感慨地说，日本当时拥有富有想象力和领导能力的明治政府，"这是日本的幸运"[①]。

不同的应战态度与能力，招致了不同的结果。1895年的甲午之战充分显示了两种不同变革方式的实效。日本在东亚崛起并成为强国之时，无能清政府统治下的中国却遭受了列强越来越大、频率越来越高的欺凌。

随着一次次不平等条约的签订，中国国力愈发衰弱，民族危亡程度也一步步加深。在国人心中，清廷的权威和社会整合能力在急剧下降，其统治力急速下滑，士人对传统文化的认同感在愤怒焦灼的情绪中开始崩溃，一股"冲绝伦理纲常网罗"的反传统冲动在迅速滋长。

痛感于外患的时刻侵逼，政事迟迟不进，内政之腐败依然，一部分亢奋浪漫但又缺乏经验的在野士人，蓬勃四起，疾呼要"冲决罗网"，对全部政治做彻底改革。这些"维新派"认为枝枝节节的变动是无益于时事的，只有"大变""全变"才是"保国""保种"的唯一选择。

随着变法维新派的出现，士人阶层出现"变法派"与"保守派"的分立。

与变法派"离经叛道"的激进主张相对应的，是保守派顽固地维护旧制度的神圣地位和他们的既得利益。激进与守旧的分野和斗争，使双方的心态变得愈发情绪化与狭隘。一方是年轻的无政治经验者"病急乱投医"式的浪漫幻想；另一方是顽固守旧者在现实的冲击下方寸大乱，只能盲目地排外与拼命地扼制变法。士人的分裂更是导致了社会与文化秩序的混乱。在西方冲击和内部衰败的双重破坏下，清政府陷入危机之中。社会危机的加剧又反过来导致了更为激进的变革心态与主张的出现。激进主义短时间内由主张"变法

[①] 吉田茂：《激荡的百年》，世界知识出版社，1980，第8页。

维新"变为主张"立宪",后又变为主张"共和"与革命。故钱穆有论,"事势推荡,遂使康有为以一局外之人,而来发动整个政局之改革,其事固必失败。然就晚清全部历史进程而论,康氏此举,不啻即为一种在野对于在朝之革命,戊戌政变乃成为辛亥革命之前驱。前后相隔,亦不过十三年之时间而已"[①]。

在东西方文明的碰撞中,近代中国人对西方文明的认同与对自身传统的反省是同步的。西方文明的胜利所蕴含的示范效应与中国的衰败现实,使近代中国人不得不一步步认同西方文明,一步步省察与否定自己的传统。从学习西方技艺与富强之术到学习西方政治体制,再到整体认同西方文化的价值观念。对自己文化的态度也由修正传统的"中体西用"说,一步步发展到激烈的彻底反传统。

其间,进化论的引入,则从宇宙与人间发展的"公理公例"层次证明中西文明的差别不是类别的不同,而是文化发展阶段的不同,中西之别实质上是新旧、古今之分。很快,"优胜劣汰"与"物竞天择"的观念迅速流行,传统静态"循环"的世界观开始被抛弃。在清末民初的中国,一股视传统为民族发展障碍的激进主义思想占据了社会思潮的主流。余英时曾讲:"严格地说,中国没有真正的保守主义者,只有要求不同程度变革的人而已。"[②]这股基于现实功效性引发的对中西文化的评定,带有极为浓烈的道德价值性色彩。

西胜中败的现实,使近代的中国人主观地认为中学无用、西学有用。现实中的激进与保守两派也被单纯地视为"先进"与"落后""革命"与"反动"的代名词。而且,随着激进主义思潮的不断高涨,激进的标准与内容也不断发展变化,原先的激进

[①] 钱穆:《国史纲要》,商务印书馆,1996,第903~904页。
[②] 余英时:《钱穆与中国文化》,上海远东出版社,1994,第199页。

者很快就被新的更激进者视为保守落后分子。在近代,不进则退的说法得到了最好的证明。在知识层面上,中西、新旧、传统与现代被视为黑白分明的对立方,对其内在的统一和辩证关系缺乏认识和理智的研究。

近代史学者雷颐在总结清王朝的覆亡时,认为清朝的灭亡是它面对"现代"挑战的总体性失败。纵观晚清历史,每当还有一线希望、还能控制一定局面的时候,清廷总是拒不变化,直到时机已逝、丧失了操控能力的时候,它才匆匆忙忙地被动"变革"。但改革愈迟,所付出的"利息"也将愈大。然而清廷对此似乎毫无认识,一次次地"错失良机",总是在下一个阶段才做原本是上一个阶段应做的事情,但时势已经大变,往往会要求做出更多的改变。就这样,破局所需的精力和资源越来越多,但清廷却不愿再多做一点让步和妥协。

朝廷的无能和当权者的颟顸,完全丧失了变革的主动权,推动社会变革的主导力量逐渐虚弱,最终由外部的力量主导进程,爆发了革命。极端的保守使清廷丧失了强有力的政权,它完全是被"形势"推着走,甚至是被拖着走,改革的空间丧失殆尽,最终导致了它的土崩瓦解。清廷的消退就是它为几十年被动错误的政策付出的代价。

对此,雷颐评论道:"武昌起义事起仓促,仿佛只一夜之间,一个硕大无比的王朝就轰然坍塌。其实,这是自1840年起,清王朝对中国面临现代性转型懵然无知,即对现代性的一整套价值体系、制度系统懵然无知,因此应对失据、步步被动,各种问题和矛盾越积越多、越来越尖锐的总爆发。"[①]

改革是当事各方都以理性的态度妥协的结果,只要有一方坚

[①] 雷颐:《帝国的覆没:近代中国社会的转型困局》,东方出版社,2021,第269~270页。

持不妥协,就无法改革,社会矛盾必然会以暴力的方式解决,不是"坚决镇压",就是"激烈革命"。在社会矛盾中,统治者往往居于主导。几乎每个时代都会有各种各样的激进思想,但在和平年代、开明社会,形形色色的激进思想对民众的影响较小,只能是少数人的信念。然而,一旦统治阶层腐朽不堪,而统治者又拒绝通过改革解决危机,民众便会忍无可忍,蛰伏已久的激进思想便成了席卷一切的巨浪大潮。此时此刻,唯有最激进者最有吸引力,暴力肯定不断升级,愈演愈烈,最终玉石俱焚。但事已至此,奈何者谁?①

站在中国重新走向富强与复兴的今天,回顾近代追求富强的历史,不禁让人惊叹近代转型的艰难。来自西方的思想激荡起全面解决问题的心态和赶超式发展的意识,以这些思想为指导的革命与改造荡涤了阻挡发展的旧势力和旧秩序,但最终中国人在国内外形势风云变幻中走出一条不同以往、不同西方,且既有传统特色,又有现代特征的中国式现代化道路。

驱动这一演进历程的,是由中国自身的各种财政、军事和政治资源的相互作用下构成的原动力,而没有像非西方世界的绝大多数"民族国家"那样,在形成过程中受外来影响的决定性支配。"中国的建国力量,从晚清的改良和立宪派,到民初的革命党人,以及20年代以后的国民党和共产党政权,都曾一度倾心于欧美、日本或苏俄的各种建国模式,但是中国的体量太大,历史惯性太强,使那些移植自国外的任何理念和模式,最终不得不让位于植根于中国自身传统和资源的内在动力和逻辑。""既大且强,亦即超大规模的领土和人口,与一个高度强势的政府体制之间独一无二的结合,乃是今天这个作为一个现代国家的最大特征。"②

---

① 参见雷颐:《帝国的覆没——近代中国社会的转型困局》,东方出版社,2021,前言Ⅱ。
② 李怀印:《现代中国的形成:1600—1949》,广西师范大学出版社,2022,第8、388页。

二、自主赶超

现代化是人类史上最复杂的社会变革，有先发与后发之分。在后发现代化中又有后发模仿型和后发赶超型、后发外生型和后发内生型。更复杂的是，现代化是个持续的过程，不同的利益集团、社会阶层愈益繁多，社会结构日趋多元复杂，社会诉求观点更是层出不穷，不同的现代化阶段需要不同的发展战略。在现代化的进程中，需要在宏观上处理国家与民众（内含政府与市场）、国内与国外的变量矩阵关系。其中，国家是主导因素，市场是基础因素，国际是外生因素，国内是内生因素。

在对现代化的把握和努力中，政治具有决定性的作用。在特定的条件下，政治将直接决定一个国家的发展方向、发展形态、发展基础和发展动力。对于后发现代化国家来说，如果能解决政治问题，发展也就有了保证。政治问题没有解决，发展则根本无从谈起。而后发现代化国家解决政治问题不得不面临一个前所未有的重大挑战，即如何首先解决政治转型问题。具体来说，就是如何使国家既有的价值、制度与组织系统，全面地从传统国家转向现代国家。"这种转型的根本动力来自现代化运动，其取向是民主化。"中国极为深厚的历史与文化积淀使中国很快抓到了稳住中国、建构现代政治的重心所在——中华民族的内在统一与中国人民实现当家做主的有机统一。[①]

国家及其代表政府是现代化的关键因素，但正如诺斯悖论所证明的国家能带来繁荣也能导致衰败。在后发现代化国家中，由于自身现代性因素的缺乏，现代化往往缺少民间力量的支持，传统与现代文明之间的异质性与陌生性使得后发国家如要启动现代化进程，必然要依赖一种强有力的力量来推动。在这种情况下，只有政府才

---

① 参见林尚立：《大一统与共和：中国现代政治的缘起》，《复旦政治学评论第十六辑》2016年第1期。

能充当现代化的初始推动者和组织者的角色。所以，有现代意识与改革能力的政府，是现代化启动和顺利展开并带动起飞的前提。清末革命的爆发，就是因为清廷的愚昧颟顸导致矛盾问题越积越多，逐渐陷入半封建半殖民地被动挨打的境况，导致推动变革的力量不断下移，并由体制内变为体制外，最终引发了此起彼伏的革命狂潮。

发展的成败取决于一国的国家自主度和国家能力。国家自主度就是国家摆脱国内外力量的制约，从国家民族整体利益和长远利益出发，制定政策并进行有效治理的独立自主程度；国家能力则是国家通过社会推行自身意志的能力。中国从第三世界脱颖而出的原因有以下几点：第一是中国通过革命，推翻了腐败的旧政权，摆脱了外国列强的威迫。新中国成立后政府通过各种政治运动，进行了全面的社会主义改造，树立了国家的绝对权威，从一开始在国家与社会的关系中就居于主导性地位，具有独立或超越社会集团诉求或利益的目标。第二，通过改革开放重新调整了国家与社会关系，不断提升国家治理体系和国家治理能力。中国也同其他发展中国家一样经历过碎片化时期，即出现过孙中山先生所说的"一盘散沙"的情况。但是，中国共产党把中国重新组织起来，并对不平等的政治制度、土地制度进行了革命性改造，因此才有后来的平等化以及在此基础上的市场经济建设。

一个国家的发展问题是人类面对的最复杂、最棘手却也最紧迫的问题。发展的核心是了解发展的过程，理解发展的顺序，把握发展的节奏，掌控发展的主动。"必须充分了解初始条件和路径依赖，对历史的延续性和强大力量心存敬畏，对简单套用外来理论心存疑虑。"[①]

考察影响现代化国家与社会关系的几个维度，社会维度及基础

[①] 兰小欢：《置身事内：中国政府与经济发展》，上海人民出版社，2021，第306页。

因素，民众的积极性、创造性，市场在资源配置中的基础性根本性作用，是一个国家具有持久内在活力源泉、可持续发展的内在动力。

阿玛蒂亚·森说："自由自立的主体才成为发展的主要动力。"①实际上，自由自立的主体就是指国家的自主独立，也指市场主体企业和社会个体的公民。

在这个阶段，来自市场需求的发展动力、来自社会底层的改革动力将越来越强。这样，现代化的道路除了有自上而下的逻辑外，就还加进了自下而上的逻辑。最后民族产业变得强大，国内市场发育成熟，并逐渐开拓国际市场，参与国内大循环，由"自发赶超型"转变为"自发创新引领型"。

"落后国家能否赶超，关键在于能否找到一套适合国情的组织和动员资源的方式，持续不断地推动经济发展。"②

马克思指出："一个社会即使探索到本身运动的自然规律……它还是既不能跳过也不能用法令取消自然的发展阶段。但是它能缩短和减轻分娩的痛苦。"③政府在放任与管制之间把握分寸，创造优良生长环境，扶持、引导、激励、纠偏，培养市场的自觉主动的内驱力，最后放手让市场自主发展。简单来说，"因势利导型政府"要由保姆变教练，再变为裁判。这是一个稳定持续的改革过程，必须为缓冲和适应留足时间和资源。

市场是个昂贵的公共品，需要国家和各方付出巨大的协调努力和社会投资。在《伟大的中国工业革命》一书中，作者文一认为，作为自由市场本身既不自由也不免费，它赖以存在的基石便是社会

---

① 阿玛蒂亚·森：《以自由看待发展》，任赜等译，中国人民大学出版社，2002，第2页。

② 兰小欢：《置身事内：中国政府与经济发展》，上海人民出版社，2021，第284页。

③ 马克思：《资本论》第一卷，吴半农译，商务印书馆，1934，第一版序言。

秩序和社会信任，但每一个阶段都需要国家能力和政府的强力推进。①

有为政府和有效市场一样，实际上都不是天然存在的，都需要不断地去建设和完善。发展中国家首先需要强大的治理能力，提供安全环境和良好社会秩序；提供促进市场发育产业、发展的软硬件的基础建设，维护公平、正义、竞争、合作秩序；必须拥有强大的制度化能力，有效整合社会的不同力量和发展中产生的不稳定因素。

这些不稳定因素主要表现在以下方面：首先，现代化的基础是经济的现代化，而经济现代化首要的内容就是市场经济体系的确立，而随着市场经济体制的确立，原来的利益格局就会按照市场原则重新分化组合，在这种市场竞争的过程中会相应地产生一些社会问题，比如，社会贫富分化、二元社会对立、社会犯罪率上升等。这些问题是造成社会不稳定的重要因素。

其次，经济现代化会有新组织、新阶层、新利益集团产生。伴随社会复杂性、多样性的提升，不同的利益诉求导致社会冲突的增多，多元的政治诉求必然推动政治参与的扩大与政治权力结构的变化，必然推动政治现代化，而追赶型国家的现代化往往具有"全面性"和"冒进性"的特点。由于这种特点，追赶型国家难以自发地形成包容多种利益要求的机制与比较完善的调控系统，往往出现现有调控系统所不能触及的权力真空或者其不能解决的一些问题，往往造成公民政治参与的失控。在先发现代化国家的所谓"示范效应"下，这种政治参与的失控就会更加严重，甚至会演变为政治动乱。最后，追赶型国家现代化过程中文化价值的冲突也是导致政治不稳定的因素。

这一切都需要国家治理体系和治理能力的持续建设与加强，尤其是在发展解决了温饱问题，人们政治诉求与权利意识高涨的阶段。

---

① 文一：《伟大的中国工业革命》，清华大学出版社，2016。

所以，政府能力不仅包括获取配置资源的能力，也包括随着社会发展不断调整自身角色和作用方式的能力，只有维护国家整体利益和长远利益的政党与政府才能做到适时进行政府治理体制、领导理念、政策和相关制度的转变。

只要后发优势能够有效发挥，后发国家迟早会进入"后赶超"阶段。进入这个阶段后，制度创新与技术供给很大程度上就要依赖自己创新了。产权保护与法治是最好的制度安排，有效的产权保护和良好的法治是经济长期发展的充分必要条件。法治的重要性表现在：第一，约束政府的任意干预。法治的核心是依法治国。依法治国中的重要一条是老百姓可以通过法律约束政府行为。如果政府行为不受法律约束，私有产权、独立企业制度和自由交易就没有根本保障，市场经济就没有基础。第二，约束市场主体和国民的机会主义。人的自利有促进生产和增加社会福利的一面，但是也有增加交易费用和减少社会福利的一面。法治是通过界定和保护私产，执行合约来减少交易费用和增加社会福利的。处理后发优势和后发劣势两难冲突最好的方法是维护和保障私有产权，推行法治，依法治国，减少国家干预经济，让私产所有者在市场中自由选择。私产所有者自发利用后发优势，既可以获得后发优势的好处，又可以最大限度地避免后发劣势的坏处。

当代中国政治制度为什么有强大优势？首先中国的执政党是使命型政党，政府是责任型政府，真正代表人民利益，肩负民族复兴、人民富强的历史使命与梦想；有长远规划，并能接续推进实现；组织严密，整合动员能力强，效率高，应对及时；选贤任能而不是民主选秀。其次，就是中国能够与时俱进，始终站在时代前列，及时预见、感知新情况、新问题、新趋势、新需求，坚持全面建设社会主义现代化国家、全面深化改革、全面依法治国、全面从严治党，始终代表中国先进生产力的发展要求、中国先进文化的前进方向、中国最广大人民的根本利益。

现代化本质上是一种文明转型，是一个综合性系统化的社会全面整合的过程。它的最终目的是人的全面发展——社会发展归根到底是人的发展。而创建一个保障生存与发展的强大政治体制和充满生机与活力的社会结构，是现代化的核心内涵。自由不是自我放纵而是自主，是因自身的强大而获得的选择权和更多的可能性。在发展过程中，政府起到的引导作用最终变为个人权利和国家权力的平衡。只有这样才不至于人们获得自由后，因自身能力的不足导致"逃避自由"，重归专制；也不至于因为过分强调个人自由和私人权利导致国家秩序混乱与衰败。

结 语　永恒的张力

强大国家机器如何能与公民自由共存？一直是人类政治史上最大的难题。

在无政府与极权专制之间，人类始终在寻求一个稳定与发展、秩序与自由、效率与公平兼具的平衡点，即有活力的秩序，期盼出现一种妥善处理政府与市场、国家与社会、个人与集体关系的方法，希望生活在一个又有集中又有民主，又有纪律又有自由，又有统一意志，又有个人心情舒畅、生动活泼的政治局面中。托克维尔将这种理想的国家形态描述为"既能像一个小国那样自由和幸福，又像一个大国那样光荣和强大"[①]。

大规模治理和拥有创造性活力的社会，就像鱼和熊掌一样，不断激发着人们使其二者得兼的探索欲。从理想国到乌托邦，从大同社会到和谐社会，人类怀抱着对美好社会与美好生活的向往与追求，经历了从"执着于对理想的浪漫憧憬到兼顾价值的可欲性和现

[①] 托克维尔：《论美国的民主》，商务印书馆，1996，第183页。

实的可行性的转变"①。

世界历史中除中国外疆域辽阔的统一国家并不鲜见,例如古罗马、古波斯、突厥、拜占庭等都曾是疆域辽阔的国家,不少国家也曾一度形成了大一统的国家形态。但这些国家只经历了短暂统一,没有形成持续稳定的大一统形态,它们在崩溃后也没有成功进行重建。在某种意义上说,这些大一统国家的短暂兴起带有很大的历史偶然性。

而中国的大一统却完全不同,中国自文明伊始就是作为广土巨族的超大规模共同体出现的。虽然在几千年的历史中一次次重构再生,即使曾经历魏晋南北朝长达三百多年的分裂局面,也没有阻隔大一统的历史走向,并且随着历史的发展成为越来越稳定的国家形态。

大一统的国家形态对中国而言绝非一种偶然现象,而是中国发展的内在规律作用的结果。"中国模式并非横空出世,而是一种文明传承所造就的民族复兴,这就需要回答当代中国政治发展是几千年中华文明的一种连续体,其中的关键要素是大一统的国家结构为什么能存续。"②这些都是西方自由主义叙事难以解释的。

中华文明是唯一延续发展至今没有中断的原生文明,被汤因比称为人类史上文明特征保留最完整的文明样本。"那么理所当然,也只有中华文明最适合当作一种标准,用来对比其他文明,进行各种衡量,并描述出人类文明史的一般发展规律。"③

---

① 王小章:《"自由"和"共同体"之间——从西方社会理论看社会建设的价值取向和实践层面》,《浙江社会科学》2011年第11期。
② 杨光斌、释启鹏:《历史政治学的功能分析》,《政治学研究》2020年第1期。
③ 文扬:《看不懂春秋战国,就看不懂中国和世界》,https://www.guancha.cn/WenYang/2019_04_09_496844.shtml

历史与未来

中国大一统的国家形态是中华民族在天、地、人生存构成中，因受地理环境与人文环境的制约，持续为生存发展不断探索博弈的结果。适应地理环境，抵御自然灾害，众志成城，抵御外敌，以及农耕生产的经济基础等因素的历史合力造就了中国大一统的国家形态。

大一统的政治组织形态、生存空间稳定的大一统聚合、大一统的政治认同和"家国同构"的社会观念、文化理念是大一统国家的基本特征。

中国独立于欧亚大陆的东端，隔而不绝，封而不闭，独而不孤，决定了古代中国文明自成一体的风格；而四周险峻中间平坦的地理格局，更是让耕耘其间的文明相较周边游牧部落有着身居天下之中的自我意识和内聚发展的定势。中华文明天生"不是向外征服，而是向内凝结"而成的[1]，即使受自然条件和技术水平制约，即使屡遭战乱与外族入侵，也总能在逐鹿混战之后重归一统。中国能够长期对广土众民进行有效治理，与对统一的追求与认同是分不开的。从封建制大一统到郡县制大一统，大一统的规模治理体系不断完善，治理能力持续提升，形成了一条广土巨族治理的中国道路。

夏商两个王朝，为大一统的初级版——"族天下"时期。夏商两个部族在征战中凭借武力信仰与资源上的优势建立了族邦共主式的广域王权，以王族所在王畿为中心，不断向四方拓展，以夏制夷，以夏变夷，呈现出辐射型统治格局。

经过殷周之变，统治进入了大一统的扩容版——"家天下"时期。周朝通过封建宗法制度变横向联盟关系为纵向等级行政治理体系，周王与众诸侯形成众星捧月式的拱卫型政治格局，尊王攘夷，

---

[1] 钱穆：《中国历代政治得失》，九州出版社，2012年，第7页。

礼乐征伐，王土王民王天下，形成华夏民族共同体。

　　随着春秋争霸，战国变法，郡县官僚制代替了封建制，中央集权君主专制体制逐渐形成，最终秦始皇一统天下，作制明法，强力推进了大一统的迭代版——"朕天下"，金字塔型国家治理格局垂于后世，影响深远。

　　虽然秦朝二世而亡，但以秦政为内核的大一统体制却得以延续。汉朝通过对秦政的纠偏，建立了儒法体系，补齐正当性，提升软实力，就像给狂奔的机车装上刹车装置，更便于操控驾驶。

　　之后朝代更替，大一统系统崩溃宕机。历代通过不断反思总结，针对威胁大一统稳定的各种因素，通过完善制度、设置组织等方式不断堵漏弥缝，治理体系经历代增补日臻完备，但叠床架屋式的结构设置与繁文缛节的僵化体制也降低了社会的活力与创造力，助长了文牍主义、官僚习气与贪腐行为。中国渐露疲态，以至西洋东进之时，固化的中国政府如纸糊旧屋一般不堪一击，在跟跟跄跄中走上了近代之路。

　　辛亥革命后，政党政治兴起，中国的政治格局陷入了军阀混战之中。在内忧外患中，需要先进分子与精英团体作为先锋，唤醒民众，进行社会动员与社会整合，故而此时中国的国家组织体系的重建与运行只能依赖于一个具有强大号召力与组织力的革命党来完成。

　　1949年，新中国成立，中国共产党随即积极开展社会主义建设的不懈探索，建立了一整套党国一体、政社合一的革命教化、政治动员和计划经济体制，形成组织和合法性基础，以适应推进赶超型现代化的需要。国家能够不时打破制度、常规和专业分际，强力动员国家所需要的社会资源，掀起革命建设的国家运动。①

　　如今中国的崛起已成为21世纪最撼动世界的现象之一。一百多

---

　　① 详细论述见冯仕政：《中国国家运动的形成与变异：基于政体的整体性解释》，《开放时代》2011年第1期。冯仕政：《当代中国的社会治理与政治秩序》，中国人民大学出版社，2013。

年前没有人能想到这个人口最多、规模巨大、情况错综复杂、积贫积弱的国家能重新崛起并屹立在世界舞台的中央。

中外专家、学者从各个方面对"中国奇迹"进行过解读,讨论众多却又莫衷一是。以至于张五常都说:"我可以在一星期内写成一本厚厚的批评中国的书。然而,在那么多的不利困境下,中国的高速增长持续了那么久,历史上从来没有出现过……中国一定是做了非常对的事情才产生了我们见到的经济奇迹。那是什么呢?这才是真正的问题。"①诺贝尔经济学奖获得者科斯也说:"面对如此复杂的课题,我们的无知使我们无法穷尽这一惊心动魄的人间戏剧的全貌。"②

中国崛起的原因,历史学家、经济学家、政治学家、社会学家从气候地理环境、种族迁移与冲突融合、军事政治、生产分工与市场、技能资本、思想文化、精神信仰等各个方面详细地揭示了"中国经济奇迹"得以发生的因素,包括其发挥作用的条件、机制及局限性。但是这些研究却在某种程度上忽视了一个非常重要的因素,那就是隐藏在这些条件背后的是一个系统性的制度安排本身的变化。换句话说,当我们将所有这些系统的制度转变划分成一个个单独的因素来分析时,似乎这些单独的因素都显得非常重要,但是,如果没有政府治理体制、领导理念、政策和相关制度的转变,哪里会有这么多单一因素发挥作用的余地呢?③

很显然,中国奇迹不是所谓华盛顿共识模式的胜利,也不是原先计划统治模式的胜利。以私有化、自由化为主线的新自由主义政策,已被证明不仅不会让落后国家腾飞,相反还会导致无休止的混

---

① 张五常:《中国的经济制度》,中信出版社,2017,第117页。
② 科斯:《变革中国——市场经济的中国之路》,徐晓等译,中信出版社,2013,序Ⅵ。
③ 赵红军:《中国经济奇迹:政府治理的作用》,北京大学出版社,2021,内容提要第2页。

乱与战乱。西方经济学和发展理论的最大问题，是犯了倒果为因的错误。①

中国奇迹是中国人民积极探索创造出来的。政府积极有为地指导、引导与主导，试点、总结再推广，出台相应政策与进行体制改革，为社会民众的自发创造与市场竞争带来的创新，共同交映出色彩斑斓、波澜壮阔的发展潮流。一句话，中国政府寻找到了积极发挥"帮助之手"作用而尽量避免"攫取之手"影响的办法。②

活力与秩序

正如俗话所说，大有大的好处，大也有大的难处。大需要统，不然就神散形乱。但大也难统，统得过死、收得太紧就生气全无。大一统内在对秩序、稳定、一元的追求与内含对个体自由、社会自治、市场活力的管控与抑制，反映出大一统文化内在的根本问题，即一统体制与有效治理之间的矛盾。就像钱穆先生所说："中国是一个广土众民的大国家，必需得统一，而实不宜过分的中央集权。这在中国的政治课题上，是一道值得谨慎应付的大题目。"③

耗散理论认为，自然万物都趋向从有序到无序，即熵值增加。建立开放系统，从外界不断吸取能量与信息，抵消耗散过程中产生的混乱与无序，通过持续的新陈代谢才能保持活力。以能量之盾抵御时间之矢。对一个社会来说，外部力量的入侵、内部无序力量与组织的形成、腐败的侵蚀，是导致社会秩序溃败的三大因素。建立在小农经济之上的超经济体制，平衡点是防范土地兼并、贫富分化与失地流民的涌现，政治上则是防范威胁王权各种势力的产生，如

---

① 张夏准：《富国陷阱：发达国家为何踢开梯子？》（修订版），社会科学文献出版社，2020。
② 参见周文：《国家何以兴衰：历史与世界视野中的中国道路》，中国人民大学出版社，2021，自序第4页。
③ 参见钱穆：《中国历代政治得失》，九州出版社，2012，第53页。

豪强军阀与地方割据势力、官僚体制内部的弄权者。

从组织学角度来看，一统体制与治理规模之间的紧张集中体现为官僚体制运作的种种困境：一统体制依赖庞大的官僚体制作为国家治理的组织基础，但是随着行政链条的延伸，组织内在机制及其问题如信息不对称、一统决策与地方多样性、官僚体制的惰性等加剧放大。地主拥地自重，离心力增大，而导致分崩离析。这一趋势和危险因区域辽阔、行政成本增大而加剧。

在中国古代，实现长治久安的最大隐患就是各种离心势力的萌发与坐大，大一统就是对这个熵值上升过程的反控制，其核心就是维持中央权威，力求政令顺通，上下一体，持续对各种自组织力量、分裂割据势力及异端思想保持防范与压制。正如宋代李纲所指出："（郡县之制）举千里之郡而命之守，举百里之县而付之令，又有部刺史督察之，片纸可罢，一言可令，而无尾大不掉之患，尺地、一民、财赋、甲兵皆归之于天子。"①大一统的演进就是对各种离心分裂势力的防范体制的不断强化与完善。

在古代，皇权可谓非常强大，但是时间是皇权最大的敌人。前人曾说过，自给自足的小农经济无时无刻不在生产着"自由主义"，管控范围大，通信与交通条件低下，统治难度与成本不是在这方面出问题，就在那个方面出问题，加之外患的侵扰，多种不稳定因素交集，结果不是土崩就是瓦解。"（郡县制）至其弊则势分而力弱，权轻而吏偷，内有乱臣贼子之祸弗能正，外有夷狄盗贼之虞弗能支，而天下震动，有土崩之势。"②由此，在自发势力与大一统的努力之间形成巨大张力，正是这种张力主导了中国古代分合兴亡的历史大剧。

① 李纲：《论封建郡县》，《李纲全集》（下），岳麓书社，2004，第1392页。
② 李纲：《论封建郡县》，《李纲全集》（下），岳麓书社，2004，第1393页。

在国家与社会关系方面,国家权力如果过分膨胀,过多地侵入社会领域,乃至消除了与社会之间的界限,就会抑制市场活力,且容易官商勾结,出现灰色地带。强有力的国家不等于权力宽泛的国家,一旦国家干预的范围超出政治领域,不再处理纯粹的政治问题,而是侵入社会生活的所有方面,管了不该管的事情,做了力不从心的事,反而导致管理效率降低。而且国家涉足的领域愈广,国家本身的有效性便愈差。

但如果国家不作为或无为,不能有效治理资本的垄断行为,不能组织防止资本无序地野蛮扩张,会造成市场失序,贫富分化严重,垄断排他的利益集团则会恶性膨胀,渗透、把控政权,影响国家政策与法制。社会各种黑恶势力与黑社会组织也会萌生,有令不行,有法不依,土皇帝当道,最终造成整体政治秩序的衰败。

顾炎武在名篇《郡县论》中总结历代政治得失时说,"封建之失,其专在下;郡县之失,其专在上"。如果"封建之意于郡县之中,而天下治矣"。建立开放秩序,监督与治理,行政与议政形成闭环,寓民主于集权之中,则活力与秩序兼得。

百余年来,我国人民艰苦奋斗,逐渐形成国富民强的平衡性政治格局,最终形成有为政府、有效市场、活力社会三者协调发展的命运共同体。

对中国如何走出治乱分离周期率问题,历史给出两个答案:民主,全过程民主;法治,自我革命,将权力关进制度的笼子。

在国家一端,既要将权力放进笼子里,权为民所用,利为民谋,以民为本,全程民主,又要提升国家治理体系和治理能力;在社会一端,既要提升议政、参政、督政的意识与能力,又要防止资本力量的无序扩张,防止无政府力量对稳定公正社会环境的侵扰与侵蚀;在个人一端,既要防止公民个人自由主义的泛滥,又要防范政治冷漠症的流行。

现代中国的国家政治制度是传统大一统国家体系和现代民主制

度，以及马克思列宁主义国家政党制度的有机结合。在中国的环境下构建现代国家面临双重任务，即在缩小国家权力范围的同时增强国家的能力，在限制国家专断权力的基础上强化国家提供公共产品的能力。或者换句话说，在解构全能主义国家的同时实现现代国家构建。这种集解构与构建双重任务为一体的情形在人类历史上见所未见，是真正的世界性难题。①

中国当代政治既不是自然生长而成，也不是人为设计出来的，它是一代代中国人怀着民族复兴和崛起的梦想，通过一次次试错探索实践出来的。其中，有两个历史大势起了决定作用：其一是人民成为国家的主人，即人民民主；其二是保持国家在向现代转型过程中的统一性和整体性，使千年文明古国实现整体的现代转型。"保持中华民族的内在统一与中国人民实现当家做主的有机统一，是中国建构现代政治的重心所在。"②

在这种有机统一中，前者是中国几千年的历史与发展对中国迈向现代国家的内在规定性，要求现代化和民主化必须在"保全中国民族"的前提下展开；后者是现代化和民主化潮流对中国发展的现实规定性。在"辛亥革命使民主共和国的观念从此深入人心，是人们公认，任何违反这个观念的言论和行动都是非法"③的历史大潮流下，要求现代化和民主化必须以人民解放为动力、为目标、为使命。后者对中国现代政治建构起具体决定作用的就是中国人内心最强大的文化信仰和政治使命：在现代化转型中维系住一个统一的中国，使千年古国完整地转型到现代国家。因为，大一统是中国之轴，失去了大一

---

① 国内外学者提出"优主治国""贤能政治""协商民主""后全能主义"等议题，请参见相关论著。
② 林尚立：《大一统与共和中国现代政治的缘起》，载《复旦政治学评论》第十六辑，复旦大学出版社，2016，第4页。
③ 刘少奇：《关于中华人民共和国宪法草案的报告》，载《刘少奇选集》下卷，人民出版社，1985，第135页。

统，中国也就失去了整体存续的基础。民主是价值之轴，失去民主，中国也就失去了合法性与正当性，失去了整体发展进步的动力与价值。

这无疑是全新的政治探索和政治实践。长期以来，人们都由前一个历史大势的作用来理解现代中国政治，于是，中国现代政治就不得不与革命、与民主运动紧密挂钩。实际上，这个历史大势构成的是中国现代政治的价值选择，而中国现代政治的具体制度选择及其所决定的国家组织形态则是由另一个历史大势所决定的。这就是统一性。不同的时代要求决定了国家与社会之间的张力，规整了整个时代生存发展的空间。

著名历史学家汤因比在1972年面对世界能源、气候、环境、人口等种种危机，以及美苏两大阵营的冷战与庞大的核武器时，对人类的命运忧心忡忡。他认为"人类已使他的物质力量增大到足以威胁生物圈生存的地步"，只有组织一个全球性的大一统的"世界政府"才能应对。而中国是一个能给世界带来稳定性的、拥有巨大可能的国家，因为中国是一个富有稳定性与持续性的大一统国家，中国的经验能成为未来的有力导引。

他认为，西方文明有活力但容易分裂，中国文明虽然缺乏进步活力，但长期稳定统一。现在的中国正在探索一条结合"这两者的长处、避免其短处的中道"，"中国必将给整个世界带来久觅不得的持久和平与统一"[①]。

汤因比做出这个预言时中国的国民经济处于崩溃的边缘。当下，在中国崛起的历史性时刻，面对此情此景，我们不禁慨叹：历史学家的眼光竟能深邃如此！

在百年世界大变局的时刻，中国的传统大一统文化能给我们带来更多启示。

[①] 山本新等编：《未来属于中国：汤因比的中国观》，吴栓友译，世界知识出版社，2018，第15页。

参考书目

安格斯·麦迪森, 2003. 世界经济千年史 [M]. 伍晓鹰, 等, 译. 北京: 北京大学出版社.

巴林顿·摩尔, 2013. 专制与民主的社会起源: 现代世界形成过程中的地主和农民 [M]. 王茁, 顾洁, 译. 上海: 上海译文出版社.

白果, 米歇尔·阿格列塔, 2016. 中国道路: 超越资本主义与帝制传统 [M]. 李陈华, 许敏兰, 译. 上海: 格致出版社, 上海人民出版社.

班固, 1962. 汉书 [M]. 北京: 中华书局.

波音, 2019. 草与禾: 中华文明4000年融合史 [M]. 北京: 中信出版社.

陈胜前, 2021. 中国文化基因的起源: 考古学的视角 [M]. 北京: 中国人民大学出版社.

陈星灿, 2021. 考古学家眼中的中华文明起源 [M]. 北京: 文物出版社.

戴维·S.兰德斯, 2010. 国富国穷 [M]. 门宏华, 等, 译. 北京: 新华出版社.

道格拉斯·C.诺思, 等, 2018. 暴力的阴影: 政治经济与发展问题 [M]. 刘波, 译. 北京: 中信出版社.

道格拉斯·C.诺思, 等, 2017. 暴力与社会秩序——诠释有文字记载的人类历史的一个概念性框架 [M]. 杭行, 王亮, 译. 上海: 格致出版社, 上海人民出版社.

道格拉斯·C.诺思,罗伯特·托马斯,2022.西方世界的兴起(900—1700)[M].贾拥民,译.北京:中国人民大学出版社.

德隆·阿西莫格鲁,詹姆斯·A.罗宾逊,2015.国家为什么会失败[M].李增刚,译.长沙:湖南科学技术出版社.

豆建春,2022.中国历史上的人口增长与经济的长期演进研究[M].北京:人民出版社.

杜车别,2019.中国历史停滞吗?对资本主义萌芽问题再探讨[M].北京:世界知识出版社.

范晔,1965.后汉书[M].北京:中华书局.

费孝通,2013.乡土中国[M].北京:生活·读书·新知三联书店.

冯仕政,2013.当代中国的社会治理与政治秩序[M].北京:中国人民大学出版社.

冯天瑜,2010.封建考论[M].北京:中国社会科学出版社.

弗朗西斯·福山,2014.政治秩序的起源:从前人类时代到法国大革命[M].毛俊杰,译.桂林:广西师范大学出版社.

弗朗西斯·福山,2015.政治秩序与政治衰败:从工业革命到民主全球化[M].毛俊杰,译.桂林:广西师范大学出版社.

傅衣凌,2007.傅衣凌治史五十年文编[M].北京:中华书局.

戈德斯通,2010.为什么是欧洲?世界史视角下的西方崛起(1500-1850)[M].关永强,译.杭州:浙江大学出版社.

葛剑雄,2013.统一与分裂:中国历史的启示[M].北京:商务印书馆.

葛剑雄,2020.不变与万变[M].长沙:岳麓书社.

葛荃,2007.认识与沉思的积淀——中国政治思想史研究历程[M].郑州:河南人民出版社.

葛兆光,2001.中国思想史[M].上海:复旦大学出版社.

葛兆光,2011.宅兹中国:重建有关"中国"的历史论述[M].北京:中华书局.

郭建龙,2017.中央帝国的财政密码[M].厦门:鹭江出版社.

郭建龙，2018.中央帝国的哲学密码［M］.厦门：鹭江出版社.

郭建龙，2019.中央帝国的军事密码［M］.厦门：鹭江出版社.

哈维·C.曼斯菲尔德，2005.驯化君主［M］.冯克利，译.南京：译林出版社.

郝大伟，安乐哲，2004.先贤的民主：杜威、孔子与中国民主之希望［M］.何刚强，译.南京：江苏人民出版社.

黑格尔，2001.历史哲学［M］.王造时，译.上海：上海书店.

侯建新，2005.社会转型时期的西欧与中国［M］.北京：高等教育出版社.

侯建新，2014.资本主义起源新论［M］.北京：生活·读书·新知三联书店.

胡阿祥，2018.吾国与吾名：中国历代国号与古今名称研究［M］.南京：江苏人民出版社.

胡鸿，2017.能夏则大与渐慕华风：政治体视角下的华夏与华夏化［M］.北京：北京师范大学出版社.

黄仁宇，2008.中国大历史［M］.北京：生活·读书·新知三联书店.

黄宗智，2022.国家与社会的二元合一：中国历史回顾与前瞻［M］.桂林：广西师范大学出版社.

吉尔伯特·罗兹曼，2014.中国的现代化［M］.南京：江苏人民出版社.

冀朝鼎，2014.中国历史上的基本经济区［M］.朱诗鳌，译.北京：商务印书馆.

贾雷德·戴蒙德，2016.枪炮、病菌与钢铁：人类社会的命运［M］.谢延光，译.上海：上海译文出版社.

金观涛，2015.历史的巨镜［M］.北京：法律出版社.

金观涛，刘青峰，2011.开放中的变迁：再论中国社会超稳定结构［M］.北京：法律出版社.

金观涛，刘青峰，2011.兴盛与危机：论中国社会超稳定结［M］.北京：法律出版社.

卡尔·波兰尼, 2020. 大转型：我们时代的政治与经济起源[M]. 冯刚，刘阳，译. 北京：当代世界出版社.

卡尔·雅思贝斯, 2019. 历史的起源与目标[M]. 李夏菲，译. 桂林：漓江出版社.

卡洛·M.奇波拉, 2020. 工业革命前的欧洲社会与经济[M]. 苏世军，译. 北京：社会科学文献出版社.

孔颖达, 2004. 周易正义[M]. 北京：九州出版社.

兰小欢, 2021. 置身事内 中国政府与经济发展[M]. 上海：上海人民出版社.

李丹, 2008. 理解农民中国：社会科学哲学的案例研究[M]. 张天虹，张洪云，张胜波，译. 南京：江苏人民出版社.

李峰, 2007. 西周的灭亡：中国早期的地理和政治危机[M]. 徐峰，译. 上海：上海古籍出版社.

李峰, 2010. 西周的政体：中国早期的官僚制度和国家[M]. 吴敏娜，译. 北京：生活·读书·新知三联书店.

李峰, 2022. 早期中国：社会与文化史[M]. 刘晓霞，译. 北京：生活·读书·新知三联书店.

李怀印, 2022. 现代中国的形成：1600-1949[M]. 桂林：广西师范大学出版社.

李硕, 2022. 翦商：殷周之变与华夏新生[M]. 桂林：广西师范大学出版社.

李焘, 1995. 续资治通鉴长编[M]. 北京：中华书局.

李宪堂, 2018. 大一统的迷境：中国传统天下观研究[M]. 北京：社会科学文献出版社.

李勇刚, 2021. 天下归心——"大一统"国家的历史脉络[M]. 北京：人民出版社.

李勇刚, 2021. 中国韧性：一个超大规模文明型国家的历史足迹[M]. 北京：新世界出版社.

李约瑟, 2017. 文明的滴定[M]. 张卜天, 译. 北京: 商务印书馆.

李筠, 2020. 西方史纲: 文明纵横 3000 年[M]. 长沙: 岳麓书社.

梁柏力, 2010. 被误解的中国: 看明清时代和今天[M]. 北京: 中信出版社.

梁鹤年, 2014. 西方文明的文化基因[M]. 北京: 生活·读书·新知三联书店.

梁启超, 2012. 先秦政治思想史[M]. 北京: 东方出版社.

刘三解, 2020. 秦砖: 大秦帝国兴亡启示录[M]. 北京: 北京联合出版公司.

刘三解, 2021. 汉瓦: 西汉王朝洪业启示录[M]. 北京: 北京科学技术出版社.

刘守刚, 2020. 财政中国三千年[M]. 上海: 上海远东出版社.

刘守刚, 2021. 打开现代: 国家转型的财政政治[M]. 上海: 上海远东出版社.

刘守刚, 2022. 国家的财政面相[M]. 上海: 上海远东出版社.

刘小枫, 2018. 西方古代的天下观[M]. 北京: 华夏出版社.

刘毓庆, 李蹊, 2011. 诗经[M]. 北京: 中华书局.

刘哲昕, 2014. 精英与平民: 中国人的民主生活[M]. 北京: 法律出版社.

刘哲昕, 2014. 文明与法治: 寻找一条通往未来的路[M]. 北京: 法律出版社.

刘仲敬, 2014. 从华夏到中国[M]. 桂林: 广西师范大学出版社.

鲁西奇, 2015. 中国历史的空间结构[M]. 桂林: 广西师范大学出版社.

吕冰洋, 2022. 央地关系: 寓活力于秩序[M]. 北京: 商务印书馆.

马德斌, 2020. 中国经济史的大分流与现代化[M]. 徐毅, 袁为鹏, 乔士容, 译. 杭州: 浙江大学出版社.

马尔文, 等, 2013. 西方文明的统一[M]. 屈伯文, 译. 郑州: 大象出版社.

马克斯·韦伯, 2014. 儒教与道教 [M]. 洪天福, 译. 南京: 江苏人民出版社.

马克斯·韦伯, 2014. 新教伦理与资本主义精神 [M]. 李修建, 张云江, 译. 南昌: 江西教育出版社.

曼瑟·奥尔森, 2014. 集体行动的逻辑 [M]. 陈郁, 郭宇峰, 李宗新, 译. 上海: 上海: 格致出版社, 上海人民出版社.

曼瑟·奥尔森, 2017. 国家的兴衰 [M]. 李增刚, 译. 上海: 上海人民出版社

曼瑟·奥尔森, 2018. 权力与繁荣 [M]. 苏长和, 嵇飞, 译. 上海: 上海人民出版社.

毛峰, 2014. 大一统文明: 中国梦的文化诠释 [M]. 北京: 知识产权出版社.

宁可, 2014. 中国封建社会的历史道路 [M]. 北京: 北京师范大学出版社.

诺贝特·埃利亚斯, 2018. 文明的进程: 文明的社会发生和心理发生的研究 [M]. 王佩莉, 袁志英, 译. 上海: 上海译文出版社.

潘岳, 2022. 中西文明根性比较 [M]. 北京: 新世界出版社.

佩里·安德森, 2001. 从古代到封建主义的过渡 [M]. 郭方, 刘健, 译. 上海: 上海人民出版社.

彭慕兰, 2016. 大分流: 欧洲、中国及现代世界经济的发展 [M]. 史建云, 译. 南京: 江苏人民出版社

齐涛, 2012. 中国传统政治检讨 [M]. 海口: 南海出版公司.

钱穆, 2012. 国史新论 [M]. 北京: 生活·读书·新知三联书店.

钱穆, 2012. 中国历代政治得失 [M]. 北京: 九州出版社.

钱穆, 2021. 国史大纲 [M]. 北京: 商务印书馆.

秦晖, 2004. 传统十论: 本土社会的制度、文化及其变革 [M]. 上海: 复旦大学出版社.

瞿同祖, 2003. 中国封建社会 [M]. 北京: 商务印书馆.

塞缪尔·P. 亨廷顿, 2021. 变化社会中的政治秩序 [M]. 王冠华, 等, 译. 上海: 上海人民出版社.

桑本谦, 2022. 法律简史: 人类制度文明的深层逻辑 [M]. 北京: 生活·读书·新知三联书店.

山本新, 等, 2018. 未来属于中国: 汤因比的中国观 [M]. 吴栓友, 译. 北京: 世界知识出版社.

沈刚, 2022. 兴亡: 中国两千年治理得失 [M]. 桂林: 广西师范大学出版社.

司马光, 1956. 资治通鉴 [M]. 北京: 中华书局.

司马迁, 1959. 史记 [M]. 北京: 中华书局.

宋濂, 1976. 元史 [M]. 北京: 中华书局.

苏秉琦, 1999. 中国文明起源新探 [M]. 北京: 生活·读书·新知三联书店.

塔米姆·安萨利, 2021. 人类文明史: 什么撬动了世界的沙盘 [M]. 蒋林, 译. 北京: 中国人民大学出版社.

汤因比, 2000. 历史研究: 修订插图本 [M]. 刘北成, 郭小凌, 译. 上海: 上海人民出版社.

托克维尔, 2013. 旧制度与大革命 [M]. 冯棠, 译. 北京: 商务印书馆.

汪晖, 2015. 现代中国思想的兴起 [M]. 北京: 生活·读书·新知三联书店.

汪晖, 2020. 世纪的诞生 [M]. 北京: 生活·读书·新知三联书店.

王爱和, 2018. 中国古代宇宙观与政治文化 [M]. 上海: 上海古籍出版社.

王家范, 2019. 中国历史通论 [M]. 北京: 生活·读书·新知三联书店.

王明珂, 2020. 华夏边缘: 历史记忆与族群认同 [M]. 上海: 上海人民出版社.

王人博, 2020. 1840 年以来的中国 [M]. 北京: 九州出版社.

王绍光, 2007. 安邦之道: 国家转型的目标与途径 [M]. 北京: 生活·读书·新知三联书店.

王绍光,2012.理想政治秩序:中西古今的探求[M].北京:生活·读书·新知三联书店.

文扬,2020.天下中华:广土巨族与定居文明[M].北京:中华书局.

文扬,2020.天下中华——广土巨族与定居文明[M].北京:中华书局.

文扬,2021.文明的逻辑——中西文明的博弈与未来[M].北京:商务印书馆.

文一,2022.科学革命的密码:枪炮、战争与西方崛起之谜[M].上海:东方出版中心.

萧公权,2018.中国乡村:19世纪的帝国控制[M].北京:九州出版社.

萧功秦,2008.中国的大转型:从发展政治学看中国变革[M].北京:新星出版社.

萧功秦,2022.走出天下秩序:近代中国变革的思想视角[M].北京:商务印书馆.

谢和耐,2010.中国社会史[M].黄建华,黄迅余,译.北京:北京人民出版社.

徐勇,2018.国家治理的中国底色与路径[M].北京:中国社会科学出版社.

许宏,2022.溯源中国[M].郑州:河南文艺出版社.

许纪霖,2021.脉动中国[M].上海:上海三联书店.

许纪霖,陈达凯,1995.中国现代化史(1800—1949)第一卷[M].上海:上海三联书店.

许倬云,2015.说中国:一个不断变化的复杂共同体[M].桂林:广西师范大学出版社.

许倬云,2017.万古江河:中国历史文化的转折与开展[M].长沙:湖南人民出版社.

杨伯峻,1981.春秋左传注[M].北京:中华书局.

杨念群,2022."天命"如何转移:清朝"大一统"观的形成与实践[M].

上海：上海人民出版社.

杨师群, 2010. 反思与比较: 中西方古代社会的历史差距[M]. 广州: 花城出版社.

杨师群, 2012. 中国历史的教训[M]. 杭州: 浙江大学出版社.

杨向奎, 2016. 大一统与儒家思想[M]. 北京: 北京出版社.

姚大力, 2018. 追寻"我们"的根源: 中国历史上的民族与国家意识[M]. 北京: 生活·读书·新知三联书店.

姚中秋, 2021. 可大可久: 中国政治文明史[M]. 北京: 华龄出版社.

伊恩·莫里斯, 2014. 文明的度量: 社会发展如何决定国家命运[M]. 李阳, 译. 北京: 中信出版社.

伊恩·莫里斯, 2014. 西方将主宰多久: 东方为什么会落后, 西方为什么能崛起[M]. 钱峰, 译. 北京: 中信出版社.

尤锐, 2018. 展望永恒帝国: 战国时代的中国政治思想[M]. 孙英刚, 译. 上海: 上海古籍出版社.

尤瓦尔·赫拉利, 2018. 人类简史三部曲[M]. 林俊宏, 译. 北京: 中信出版社.

约拉姆·巴泽尔, 2006. 国家理论: 经济权利、法律权利与国家范围[M]. 钱勇, 等, 译. 上海: 上海财经大学出版社.

约瑟夫·泰恩特, 2022. 复杂社会的崩溃[M]. 邵旭东, 译. 海口: 海南出版社.

詹姆斯·C. 斯科特, 2019. 国家的视角: 那些试图改善人类状况的项目是如何失败的[M]. 王晓毅, 译. 北京: 社会科学文献出版社.

詹姆斯·C. 斯科特, 2022. 作茧自缚: 人类早期国家的深层历史[M]. 田雷, 译. 北京: 中国政法大学出版社.

张光直, 2013. 美术、神话与祭祀[M]. 郭净, 译. 北京: 生活·读书·新知三联书店.

张国刚, 2020. 治术: 周秦汉唐的经世之道[M]. 北京: 中华书局.

张海, 2021. 中原核心区文明起源研究[M]. 上海: 上海古籍出版社.

张宏杰, 2019. 简读中国史 [M]. 长沙: 岳麓书社.

张宏杰, 2020. 倒退的帝国: 朱元璋的成与败 [M]. 重庆: 重庆出版社.

张经纬, 2018. 四夷居中国: 东亚大陆人类简史 [M]. 北京: 中华书局.

张廷玉, 等, 1974. 明史 [M]. 北京: 中华书局.

张笑宇, 2010. 技术与文明: 我们的时代和未来 [M]. 桂林: 广西师范大学出版社.

张荫麟, 1998. 中国史纲 [M]. 沈阳: 辽宁教育出版社.

赵鼎新, 2020. 东周战争与儒法国家的诞生 [M]. 夏江旗, 译. 北京: 北京联合出版有限公司.

赵汀阳, 2016. 惠此中国: 作为一个神性概念的中国 [M]. 北京: 中信出版社.

赵汀阳, 2016. 天下的当代性: 世界秩序的实践与想象 [M]. 北京: 中信出版社.

中华书局, 1985. 清实录 [M]. 北京: 中华书局.

钟伦纳, 2015. 华夏历史的重构 [M]. 长沙: 岳麓书社.

周雪光, 2003. 组织社会学十讲 [M]. 北京: 社会科学文献出版社.

周雪光, 2017. 中国国家治理的制度逻辑 [M]. 北京: 生活·读书·新知三联书店.

朱磊, 2019. 国家统一的系统演化动力: 复杂性思维视角下的中国国家统一战略 [M]. 北京: 九州出版社.

E.A. 里格利, 2013. 延续、偶然与变迁: 英国工业革命的特质 [M]. 侯琳琳, 译. 杭州: 浙江大学出版社.

W.W. 罗斯托, 2001. 经济增长的阶段: 非共产党宣言 [M]. 郭熙保, 王松茂, 译. 北京: 中国社会科学出版社.

W.W. 罗斯托, 2014. 这一切是怎么开始的: 现代经济的起源 [M]. 黄其祥, 纪坚博, 译. 北京: 商务印书馆.

后记

2020年冬，海升邀我参加"中国传统政治文化书系"时，我毫不犹豫地选择了大一统这个选题。不仅因为大一统是中国文化最突出的特征，由此入手能够对中国文化有深入的了解与把握，最主要的是，想借机把多年来关于文明起源、中西不同发展道路，乃至现代化方面的一些想法系统地梳理一下，给自己一个交代。不求有多大创见，只求对挂心多年的问题做个逻辑自洽的解说，然后再集中精力开始其他问题的思考与写作。

没想到，一经动手，苦恼频生。

生活中，爱人出国，孩子升学，老人生病，新课催命，常常接这放那，顾此失彼。正如一句新语：理想丰满，现实骨感！

写作上，野心很大，功力太浅，急学废寝，罔思忘食，往往踯躅数日，不着一词。老话诚不我欺：心比天高，命比纸薄！

身心虽受煎熬，但精神却很亢奋。

写作过程中，大量阅读史料与理论，接触伟大头脑，每每会心微笑，感同身受，心有戚戚；更每每恍然大悟，醍醐灌顶，拍案叫绝。读书人的精神愉悦，莫过于此。

实事求是地说，本书是搬运知识的结果，知识消化不良症，在书中处处呈现。我惶恐不安地将太多先贤今哲智慧的珍珠镶嵌在我自己粗糙的思考框架里，不啻暴殄天物。做知识消费者容易，做知识生产者真苦。这是一个热情而又粗陋的思考，恳请大家批评教正。

感谢丛书主编齐涛老师和海升对我的宽容与指导，感谢泰山出版社胡社长对我的信任与支持，感谢编辑王艳艳一遍遍急切而又耐心的催促，没有众位的阳光雨露，就没有这本小书的萌芽成形。

感谢家人对我的关切和关心！老家的老人和在海外的爱人一直担心我的身体，两个刚上初中的儿子也经常关心提醒我不要熬夜。有你们暖暖的关心，做自己喜欢的事情，我是累并快乐着！

作者于济南

2022年12月